böhlau

Tina Breckwoldt

Ein Chor
erobert
die Welt

Die Wiener Sängerknaben
1498 bis heute

Mit Fotos von Lukas Beck

BÖHLAU

Dies ist das offizielle Buch zum 525. Jubiläum der Wiener Sängerknaben:
Wir danken ihnen für ihre Unterstützung.

Bibliografische Information der Deutschen Bibliothek:
Die Deutsche Nationalbibliothek verzeichnet diese Publikation in der
Deutschen Nationalbibliografie; detaillierte bibliografische Daten
sind im Internet über https://dnb.de abrufbar.

© 2023 Böhlau Verlag, Zeltgasse 1, A-1080 Wien, ein Imprint der Brill-Gruppe (Koninklijke
Brill NV, Leiden, Niederlande; Brill USA Inc., Boston MA, USA; Brill Asia Pte Ltd, Singapore;
Brill Deutschland GmbH, Paderborn, Deutschland; Brill Österreich GmbH, Wien, Österreich)
Koninklijke Brill NV umfasst die Imprints Brill, Brill Nijhoff, Brill Hotei, Brill Schöningh, Brill
Fink, Brill mentis, Vandenhoeck & Ruprecht, Böhlau und V&R unipress.

Alle Rechte vorbehalten. Das Werk und seine Teile sind urheberrechtlich geschützt.
Jede Verwertung in anderen als den gesetzlich zugelassenen Fällen bedarf der vorherigen
schriftlichen Einwilligung des Verlages.

Umschlagabbildung: Foto Lukas Beck
Satz: Bettina Waringer, Wien
Korrektorat: Philipp Rissel, Wien
Umschlaggestaltung: Michael Haderer, Wien
Druck und Bindung: Finidr, Český Těšín
Gedruckt auf chlor- und säurefreiem Papier
Printed in the EU

Vandenhoeck & Ruprecht Verlage | www.vandenhoeck-ruprecht-verlage.com

ISBN Print: 978-3-205-21722-0
ISBN e-book: 978-3-205-21723-7

Inhalt

Vorwort 9

Einleitung 11

Dank 13

Auftakt: Music for Hope – Reise nach Jordanien 15

1 Der „Gründer" Maximilian I. 21
   Die Ausbildung von Knabenstimmen in der frühen Neuzeit: ein Überblick . . . 21
   Die Kapelle 22
   Die politische und historische Landschaft – das Heilige Römische Reich 24
   Die Vorgeschichte 25
   Exkurs: Die Habsburger und das Te Deum 29
   Alles für das *gedächtnus:* Maximilians PR-Maschine 47

2 Maximilians Nachfolger 61
   Ferdinand I. 61
   Wer sind die Knaben? 66
   Maximilian II. – der heimliche Protestant 68
   Rudolf II. – der verschrobene Exzentriker 70
   Porträt: Familie de Sayve 73
   Matthias – der ehrgeizige jüngere Bruder 74
   Exkurs: Versorgung der „Singerknaben" 77
   Exkurs: Was passiert nach dem Stimmbruch? 81
   Ferdinand II. – der eifrige Gegenreformator 82
   Exkurs: Pietas Austriaca 89
   Ferdinand III. – der Kaiser mit dem Draht zum Himmel 89
   Exkurs: Barockoper 92
   Leopold I. – der Opernkaiser 94
   Joseph I. – der Schöne 98
   Karl VI. – der letzte barocke Kaiser 99
   Maria Theresia – die sparsame Erbin 104
   Porträts: Joseph und Michael Haydn als Sängerknaben 106

Joseph II. – der radikale Reformer 109

Hofkapellmeister des 18. Jahrhunderts – Übersicht 110

Exkurs: Anwerbung von Sängerknaben 110

3 Die Hofsängerknaben im österreichischen Kaiserreich 117

1803–1848: Das Stadtkonvikt 118

Aufnahme von Hofsängerknaben. 119

Zum Vergleich: Aufnahme von Wiener Sängerknaben und
Wiener Chormädchen heute 122

Vorsingen. 124

Porträt: Franz Schubert – Hofsängerknabe von 1808–1813 124

Exkurs: Kleider machen Leute 129

Musikunterricht im 19. Jahrhundert 134

Musik und Schule 135

Exkurs: Transport 140

Rüpeleien. 142

Medizinische Versorgung 143

Nach dem Stimmbruch 144

Porträt: Hoforganist Anton Bruckner 145

Interview: 16 Fragen an den Künstlerischen Leiter 146

4 Die Erfindung der Wiener Sängerknaben 153

Das Ende der Monarchie 153

Unsichere Zeiten. 155

Pioniere in Sachen Tournee. 161

Exkurs: Feriendomizil Hinterbichl 166

Pioniere in den USA 168

Die Wiener Sängerknaben im Dritten Reich. 177

Neustart mit Hindernissen 186

Exkurs: Nordamerika 1948–1949 187

Liebe auf den ersten Ton: Japan und die Wiener Sängerknaben 193

5 Der Campus Augarten: die Wiener Sängerknaben heute 203

Die Musikvolksschule mit dem Chorus Primus 203

Das Realgymnasium der Wiener Sängerknaben – die Unterstufe 206

Chor als Schulfach. 207

Girl Power: die Wiener Chormädchen 208

Auch Mädchen haben einen Stimmbruch 213

Vier Knabenchöre 213

Das Oberstufenrealgymnasium. 213

Chorus Juventus.	214
Palais und Park	216
Sekirn	220
Exkurs: Der Mythos Wiener Sängerknaben	221
Da capo in Jordanien	227
Coda	**233**
Anmerkungen	**235**
Anhang	**251**
Biografien	251
Literatur (Auswahl)	**261**
online	266
Abkürzungen	266
Abbildungsnachweis	**267**

Bundespräsident
Alexander Van der Bellen

Oft versucht man bei Geburtstagen, die Verwendung von Jahreszahlen oder des genauen Alters eher zu meiden. Hier aber habe ich das Gefühl, dass ebendas durchaus eine Nennung wert ist: 525 Jahre! Das ist mehr als eine Zahl – es ist der in eine Zahl gegossene Beleg eines ganz einzigartigen anhaltenden Engagements und zeitloser musikalischer Exzellenz.

Seit die Sängerknaben gegründet wurden, haben sie Generationen und Generationen von Menschen begeistert. Niemanden, der die Stimmen des Chors schon einmal gehört hat, wundert es, dass sie weltweit bekannt sind. Diese Stimmen machen Leidenschaft zur Musik, Talent und Freude am Singen hör- und spürbar. Was die jungen Künstler auf die Bühne bringen, ist das Ergebnis großer Anstrengung, vieler Stunden Übung und des Gespürs für ein harmonisches – oder, wenn gewollt: disharmonisches – Miteinander. All das macht die Wiener Sängerknaben zu einer der renommiertesten Chorgruppen weltweit und damit zu einem wichtigen kulturellen Botschafter Österreichs.
Das ist schon eine außergewöhnliche Leistung!

Das Buch Ein Chor erobert die Welt führt nicht nur durch die Geschichte der Wiener Sängerknaben: Die Autorin Tina Breckwoldt erzählt vor allem auch von Erfahrungen, von Reisen, von Projekten, von Visionen – und vom Alltag der jungen Künstler. Ich empfinde diesen Einblick als besondere Bereicherung, denn er holt mich als Leser aus dem Publikum und lässt mich am Leben hinter den Kulissen teilhaben.

Meinen allerherzlichsten Glückwunsch zu beeindruckenden 525 Jahren musikalischer und künstlerischer Brillanz!

Den Sängerknaben wünsche ich alles Gute zu diesem Jubiläum – und dass diese Tradition noch viele Generationen lang besteht. Es ist nicht nur die Welt, die sie erobern, sondern auch die Herzen.

Und allen Leserinnen und Lesern dieses Buches wünsche ich eine aufschlussreiche Lektüre.

Einleitung

Die Wiener Sängerknaben, der wohl berühmteste, der Globetrotter unter den Knabenchören, sind aus dem Chor des römisch-deutschen Kaisers Maximilian I., aus den Chören der Habsburger Herrscher hervorgegangen. Sie haben auf dynastischen Hochzeiten gesungen, bei Staatsakten und Beerdigungen, auf Reichstagen, Fürstentreffen und beim Wiener Kongress. Sie haben die Geschichte Europas hautnah miterlebt. Musik spielte eine große Rolle an den Höfen der Habsburger, zur Repräsentation, zur Erholung, zur Unterhaltung. Die Habsburger waren Musikliebhaber, viele von ihnen waren selbst gute, manche sogar sehr gute Musiker. Musik gehörte ganz selbstverständlich zu ihrer Ausbildung; professionelle Musik wurde nach Kräften gefördert. Die Habsburger Herrscher suchten sich immer die besten Musiker, und die besten Musiker kamen.

Singen ist ein Ausdruck von spontaner Freude, aber auch von anderen Gefühlen. Wer singt, kann damit Gefühle verarbeiten. Physiologisch wird die glatte Muskulatur stimuliert, Oxytocin ausgeschüttet, der Sänger fühlt sich wohl. Singen, das weiß jeder, der es tut, macht Freude. Je mehr man singt, je mehr man übt, desto besser wird man, desto größer wird die Freude. Beim Singen im Chor entsteht ohne weiteres ein Gemeinschaftsgefühl; wer im Chor singt, wird Teil einer Gemeinschaft und von ihr getragen. Dabei gehört zum Singen Mut, denn Singen ist ein ganz direkter Ausdruck eines Menschen, seiner Person und seiner Persönlichkeit. Wer singt, ist exponiert. Wer singt, gibt sich preis. Aber wer sich traut, wird belohnt: Singen, so heißt es, macht schlau und es macht gesund. Der Mensch singt, weil es ihm guttut.

Was wir heute wissenschaftlich nachweisen, war den Menschen mit Sicherheit schon immer klar, genauso gehörte das Singen immer schon zu rituellen und spirituellen Handlungen. Wir wissen von Sängerknaben in sumerischen Tempeln. Auch der Gesang von Frauen ist in der Antike gut dokumentiert; in der frühen Kirche sangen Frauen *und* Männer. Das änderte sich mit einer (str)engen Auslegung einer oft zitierten Passage aus einem Brief des Apostels Paulus an die Korinther: *mulieres in ecclesiis taceant,* Frauen mögen in den Kirchen schweigen. Auch wenn Paulus nirgendwo von Gesang spricht, das Diktum wurde allmählich Doktrin und allgemein als gegeben hingenommen, bis der Gesang von Frauen in der Kirche auf dem Konzil von Auxerre 578 ganz verboten wurde. Falls der ein oder andere Kirchenvater bei den Psalmen eine Ausnahme machen wollte, war auch damit keine zwanzig Jahre später Schluss: Papst Gregor verfügte 595, dass Psalmen von Subdiakonen oder Geistlichen mit niederen Weihen gesungen werden sollten. Frauengesang galt als lasziv, unkeusch, obszön. Wollte man hohe Stimmen in der Kirchenmusik haben, mussten die Herren eben falsettieren – oder es mussten Knaben her.

Aus dem kaiserlichen Vorzeigechor ist inzwischen ein moderner Campus geworden, auf dem 300 Jungen und Mädchen eine exzellente Ausbildung nicht nur in Musik erhalten, und auf dem ständig gesungen und musiziert wird.

Dieses Buch ist eine Annäherung an die verschlungene Geschichte eines Chores, der sich mit seinem Gesang auf mehr als 1000 Tourneen die Welt erobert hat, von den ersten Sängerknaben unter Maximilian I. bis zum heutigen Campus. Im ersten Kapitel geht es um Maximilian, im zweiten um seine Nachfolger bis Joseph II. Bis dahin ist die Geschichte des Chores, der Hofkapelle, eng an den Herrscher gebunden. Das ändert sich mit dem Reformer Joseph und dem aufstrebenden Bürgertum; ab da gibt es wesentlich mehr Informationen zu den Kindern. Das dritte Kapitel befasst sich mit den Hofsängerknaben des österreichischen Kaiserreiches. Im vierten Kapitel geht es um die Zeit nach dem Ersten Weltkrieg; es erzählt, wie aus dem kaiserlichen Ensemble ein privater Verein wird. Die „Erfindung der Wiener Sängerknaben" endet mit dem Zweiten Weltkrieg – die Zeit danach zu behandeln, würde den Rahmen dieses Buches sprengen. Im letzten Kapitel springt unsere Erzählung in die Gegenwart, zum modernen Campus im Augarten. Zwischen die Kapitel eingestreut sind Einschübe, die etwa das Reisen behandeln, die unendliche Suche nach Nachwuchs, die Aufnahme in den Chor, das besondere Verhältnis zu Japan und den Japanern oder auch wie die Wiener Sängerknaben in der Populärkultur verankert sind. Ein langes Interview mit dem Künstlerischen Leiter der Wiener Sängerknaben beantwortet alle Fragen, die Sie sonst noch haben könnten.

Vielen Dank den Wiener Sängerknaben, den Wiener Chormädchen, dem Chorus Primus und dem Chorus Juventus für die vielen wunderbaren Erlebnisse, Erich Arthold und Gerald Wirth und dem ganzen Team für ihre tatkräftige Unterstützung. Ohne sie alle gäbe es kein Buch.

Dieses Buch ist der gesamten Institution Wiener Sängerknaben gewidmet.

Dank

Bundespräsident Alexander Van der Bellen

Erich Arthold, Julia Beenken, Lukas Beck, Dr. Philipp Blom, Dr. Ellen Breckwoldt, Prof. Dr. Alix Geusau, Christina Grießer, Herbert Gröger, Maria Großbauer, Harry Gruber, Thomas Hangweyrer, Dr. Thomas Hönigmann, Dr. Maren Hubach-Breckwoldt, Stefan Mayr, Corinne Milliand, Waltraud Moritz, Dr. Barbara Rett, Dirk Rumberg, Dr. Dorothea Noé-Rumberg, Elisabeth Ondraschek, Wolfgang Sattmann, Prof. Dr. Berit Schneider-Stickler, Prof. Dr. Herbert Seifert, Prof. Dr. Gebhard Selz, Elisabeth Stein, Monika Steiner, Daniela Stenzenberger, Sarah Stoffaneller, Gerlinde Tiefenbrunner, Bob Trott, Prof. Dr. Constanze Wimmer, Prof. Gerald Wirth, Prof. Feardorcha Wisgrill, Dr. Felicitas Zawodsky

Bayerische Staatsbibliothek München, Grafische Sammlung Albertina, Herzog-August Bibliothek Wolfenbüttel, Historisches Museum Frankfurt, Korporation Luzern, Kunsthistorisches Museum Wien – Österreichisches Theatermuseum, Österreichische Nationalbibliothek, Österreichisches Staatsarchiv, Staatsbibliothek zu Berlin Preußischer Kulturbesitz, Staats- und Universitätsbibliothek Göttingen

Böhlau Verlag

Deutsche Grammophon

Abb. 1: In k.k. Uniform mit Zweispitz, in Gala- und in Festuniform lassen die Sängerknaben ihren Gründer hochleben: Das Porträt von Maximilian I. ist eine Kopie von Manfred Koechl (geb. 1956); das Original von Albrecht Dürer hängt im Kunsthistorischen Museum Wien.

Auftakt: Music for Hope –
Reise nach Jordanien

Music for Hope ist ein Projekt der Caritas Jordanien und der Wiener Sängerknaben, gefördert vom Asyl-, Migrations- und Integrationsfonds der EU und vom Bundesministerium für Inneres: Über ein Jahr lang teilen Musiker, Kapellmeister und Stimmbildner ihre Proben und ihre Erfahrungen per Zoom und in Workshops mit Musikern aus Jordanien, Syrien und dem Irak. Ziel ist, interessierte Musiker und Lehrer weiterzubilden, ihnen Techniken an die Hand zu geben, mit denen sie als Chorleiter eine größere Gruppe Menschen zum Singen bringen können. Die meisten sind keine professionellen Chorleiter; viele sind selbst Flüchtlinge. Sie singen mit anderen Flüchtlingen, in Schulen, aber auch in Lagern. Für die teilnehmenden Chorsängerinnen und Sänger ist es eine Zäsur im Alltag, vielleicht eine neue Perspektive, eben Hoffnung. Mehrmals im Jahr besucht Gerald Wirth, der Künstlerische Leiter der Wiener Sängerknaben, Jordanien, um Workshops abzuhalten und Konzerte mit den örtlichen Musikern zu machen; mehrmals kommen jordanische und syrische Musiker zu intensiven Workshops nach Wien. Ein Höhepunkt ist der Besuch der Wiener Sängerknaben im Mai 2022 in Jordanien; eine der wenigen internationalen Reisen während der Corona-Pandemie.

5. Mai 2022: Wien – Amman

Wir fliegen mit OS 853 von Wien nach Amman. Eine nicht ganz so kleine Gruppe Kleinmatrosen erregt auch in Schwechat etwas Aufsehen, „Sind das die Sängerknaben?", „Das sind die Sängerknaben", „Von wo sind sie?", „Das sind DIE Sängerknaben", hört man. Und manch einer zückt sein Smartphone, um die Erscheinung abzulichten.

Unsere Erzieher verteilen die Pässe. Wir stammen aus neun Nationen, unsere Pässe kommen aus Österreich, Deutschland, Italien, Japan, Russland, Serbien, Spanien, Südkorea und aus der Ukraine. Der Grenzpolizist schaut erst verdutzt, dann lächelt er. Schließlich steht auf unseren Kappen zu lesen, wohin wir gehören. Auf dem Mützenband steht immer der Name des Schiffes. Zur Reisegruppe gehören Gerald Wirth, unser künstlerischer Leiter, und drei Mitarbeiter des Music for Hope Projektes. Lukas Beck ist dabei: Er wird alles fotografieren und filmen.

Nach vier Stunden überfliegen wir das, was man wohl eine wüste Gegend nennt: Jordanien zeigt sich staubig, zerklüftet, wie eine alte vergilbte Landkarte. Da und dort haben sich ein paar grüne Bäume zu einem Haufen zusammengerottet, eine Anpflanzung, eine Oase. Wie üblich steigen wir als letzte aus dem Flugzeug; das ist übersichtlicher, außerdem können wir dann schnell noch kontrollieren, dass nichts liegen bleibt – keine Bordkarte, kein Buch, kein Handy, kein Pass. Oder gar eine Kappe. Die Crew schaut zu – und bittet um ein Foto, als wir aussteigen. Das wird vermutlich noch am selben Tag irgendwo gepostet.

Abb. 2: Bitte recht freundlich.

Abb. 3: Queen Alia International Airport, Amman.

Abb. 4: Abend in Amman.

Am Queen Alia International Airport nimmt uns ein freundlicher Herr entgegen. Er lotst uns an den Grenzbeamten vorbei, die freundlich lächeln: Wir sind eine *medrese*, eine Schule. Dann verschwindet er mit den Pässen, mit allen Pässen. Wir bilden eine Kette und wuchten die Koffer vom Gepäckband; einen blauen Koffer nach dem anderen; wir haben darin eine gewisse Routine. Auch hier erregen wir wieder Aufsehen, auch hier schaut man und staunt. 22 Kleinmatrosen sind durchaus possierlich. Der freundliche Herr bleibt eine ganze Weile verschwunden, während wir malerisch herumstehen und der Flughafen um uns wogt – Männer in weißen Kandora, mit einer Kufija auf dem Kopf, Frauen mit Abaya und Niqab, Frauen mit Hidschab, Männer im Trainingsanzug (mit Leopardenmuster) und Frauen im Minirock. Schließlich taucht er wieder auf, und in unseren Pässen prangt ein blauer Stempel. Wir dürfen einreisen.

Hinter dem Zoll erwartet uns ein Caritas-Empfangskomitee. Herr Wirth wird von einer ganzen Traube umringt, geherzt und geküsst: Er ist nicht zum ersten Mal in Jordanien, er gehört hier zur Familie. Lukas Beck macht gleich mehrere Gruppenfotos.

Vor dem Terminal steht ein Reisebus, der uns in die Stadt bringen soll, zum Hotel. Er hat Gardinen vor den Fenstern. Hinter der Windschutzscheibe klebt ein Schild, Vienna Boys Choir.

Im Hotel teilen wir uns auf, immer zwei in einem Zimmer: Wir packen aus und machen uns frisch. Abendessen gibt es im Hotel: Es ist ein orientalisches Buffet, es gibt Vorspeisen und Salate,

Abb. 5: Schatzhaus in Petra.

Abb. 6: Ein Königreich für ein Kamel.

Auftakt: Music for Hope – Reise nach Jordanien

Abb. 7: *Music for Hope*, finanziert vom Asyl-, Migrations- und Integrationsfonds der EU und vom Bundesministerium für Inneres.

Abb. 8: Beethoven in Petra: Ihn versteht man überall.

20 Auftakt: Music for Hope – Reise nach Jordanien

Suppen und jede Menge Hauptgerichte, Lamm, Huhn, Rind und Fisch. Aber am besten ist das Nachtischbuffet. Da gibt es kleine Kuchen, Puddinge, orientalische Süßigkeiten und – für die unverbesserlichen Gesundheitsfanatiker – Obst. Nach diesem Essen drehen wir noch eine Runde um den Block; man will ja wissen, wo man ist. Es ist offensichtlich eine vornehme Gegend. Es gibt ein einziges Geschäft, ansonsten nur Wohnhäuser, Einfamilienhäuser und kleinere Apartmentblocks, und über allem thront das Jordan Hospital: Amman ist eine sehr hügelige Stadt.

6. Mai 2022: Petra

Die Nacht ist kurz, denn heute fahren wir nach Petra, in die Wüste. Frühstück gibt es um 7 Uhr im Hotelrestaurant. Anschließend gibt es einen „Treffpunkt"; das heißt, wir bilden eine Traube um unsere Erzieher und warten auf ihre Ansagen.

Die Fahrt dauert knapp vier Stunden: Wir reisen privat, inkognito, die blauen Uniformen und unsere Schuhe reisen separat, im Aluminiumtrunk – denn wir wollen in Petra auch singen.

In Petra geht es erst durch den Siq, eine über einen Kilometer lange Spalte im Sandstein. Siq heißt auf Deutsch Schacht; und dieser Schacht windet sich wie ein kleiner Fluss zwischen den Sandsteinfelsen. Ein alter Fluss, der Regen, die Nabatäer haben ihn über Jahrhunderte gegraben. Es ist wie verzaubert, ein Weg in eine andere Welt. Auf beiden Seiten gibt es Nischen mit kleinen Altären und Inschriften, auf beiden Seiten sieht man Teile antiker Wasserleitungen. Mancher Fels hängt gefährlich über dem Weg, an einer Stelle wurde ein Riss vom Denkmalschutz gekittet. Wir haben einen eigenen Führer, Awni, der uns alles auf Englisch erklärt.

Heute sind viele Familien unterwegs, Touristen aus allen möglichen Ländern, alle sind fröhlich. Wir auch. Irgendwie macht Petra froh. Tief im Siq bieten junge Beduinen Pläne an, Souvenirs, Getränke. Manche sind in unserem Alter, manche auch jünger. Viele von ihnen sind geschminkt. Allmählich wachsen die Felsen über unseren Köpfen zusammen. Ganz hinten, am Ende des Siq, blitzt ein Teil des berühmten Schatzhauses hervor. Die Schachtwände weichen auseinander, und wir stehen vor der gewaltigen Fassade, die die Nabatäer aus dem Felsen gegraben haben. Im Reiseführer haben wir Fotos gesehen; aber das ist nichts im Vergleich zum Original. Hier wimmelt es von Menschen. Auf dem Platz vor dem Schatzhaus liegen Dutzende Kamele und warten auf reitlustige Touristen. Wer zum Schatzhaus will, muss an ihnen vorbei. Die Kamele nehmen es mit Gleichmut.

Die Caritas Jordanien, die unseren Ausflug organisiert hat, hat in einer Ecke ein improvisiertes schwarzes Zelt aufgestellt: die Garderobe. Wir ziehen uns um und stellen uns in Chorformation auf, das Schatzhaus im Rücken: Petra – genauer die Museumsleitung – hat sich ein Ständchen gewünscht. Die Touristen und Beduinen staunen nicht schlecht, als wir Beethovens Ode an die Freude anstimmen, auf Arabisch.

Nach dem Ständchen erkunden wir Petra weiter, das Amphitheater, die Königsgräber, die römische Straße mit den Kolonnaden, dem antiken Marktplatz und dem großen Tempel. Man könnte hier Tage verbringen. Wir essen arabischen Salat, Fladenbrote und Reis mit Huhn unter Pistazienbäumen, dann verlassen wir die archäologische Stätte per Elektrobus.

Reisen liegt in unserer DNA: Schon in der frühen Neuzeit sind die Wiener Sängerknaben ständig unterwegs.

KAPITEL 1

Der „Gründer" Maximilian I.

Die Ausbildung von Knabenstimmen in der frühen Neuzeit: ein Überblick

Knaben in der Liturgie singen zu lassen, bedeutet, dass sie richtig ausgebildet sein müssen. Dafür gibt es schon im Mittelalter entsprechende Ausbildungsstätten, spezielle Gesangsschulen: Der erste Beleg einer solchen *schola cantorum* in Rom stammt aus dem 7. Jahrhundert; mit ziemlicher Sicherheit ziehen die großen Kirchen und Bischofssitze bald nach. Man sucht in erster Linie *pueri bene psallentes*, talentierte Knaben, solche, die ohnehin schon gut singen können. Ein *magister puerorum* ist für Ausbildung und Erziehung verantwortlich, vermutlich auch für die Unterbringung. Die Kirche tritt an Stelle der Eltern, das ist Kalkül; die singenden Kinder sollen der Institution verpflichtet und verbunden sein. Oft kommen sie aus sozial schwachen Verhältnissen; für die Eltern ist es sicher attraktiv – ihre Söhne sind versorgt und haben nach dem Stimmwechsel eine breite Palette von Möglichkeiten, ein Netzwerk, auf das sie zurückgreifen können. Viele ehemalige Kantoreiknaben werden Musiker, gute Komponisten und Sänger sind in ganz Europa gefragt. Die meisten großen Renaissancekomponisten lernen ihr Handwerk als Sängerknaben. Viele Biografien beginnen in der Heimatpfarre oder einer nahen Kathedrale; manche werden schon als Kind Mitglied in einer höfischen Kapelle – dafür muss man schon einiges Können besitzen. Wer kann, wer gut genug ist, verdingt sich als Erwachsener an einem herrschaftlichen Hof. Der Kaiserhof bietet besonderes Prestige; zwar nicht die beste Bezahlung, dafür aber hohe Ehren. Und am Ende einer solchen Karriere erhalten die Sänger und Musiker eine oder sogar mehrere Pfründen – oft wieder in ihrer Heimatgemeinde.

Renaissancemusiker sind mobil; sie sind viel mehr unterwegs als andere Zeitgenossen. Das gemeine Volk ist an seinen Geburtsort gebunden: Man braucht einen Grund zum Reisen, eine Berechtigung – und Papiere. Wer herumkommt, ist Soldat, Händler – oder eben Musiker. Die besten Musiker sind begehrt; ein Pierre de la Rue, Josquin Desprez, Orlando di Lasso, Paul Hofhaimer, Heinrich Isaac, Ludwig Senfl, Philippe de Monte, Jacobus Gallus haben abenteuerliche, nomadische Biografien, und ihre Wege kreuzen sich immer wieder, immer wieder auch an den Höfen der Habsburger.

Im Laufe der Zeit wird die musikalische Ausbildung von Kindern formalisiert. Das fängt mit dem Musiktheoretiker Guido von Arezzo (um 992–1050) an, der den sechs Tonstufen des Mittelalters Silben zuordnet, mit denen sich Choräle leichter lernen lassen: Bei ihm heißt es noch Ut-re-mi-fa-sol-la; später wird daraus Do-re-mi-fa-sol-la-si. Spätestens seit 1400 gibt es Handbücher für den Unterricht. Der Theologe Jean le Charlier de Gerson (1363–1429), Kanzler der Pariser Sorbonne, schreibt 1411 eher allgemein: „Des Weiteren soll der Meister den Knaben zu den festgelegten Stunden in erster Linie den *Cantus planus* und den Kontrapunkt beibringen, außerdem ein paar ordentliche Discant-Sätze, keine aufwühlenden oder lasterhaften Lieder."[1]

In England gibt es schon sehr konkrete Unterrichtsansätze; Leonel Power (um 1370/1385–1445), Ausbilder der Sängerknaben in der Kathedrale von Canterbury, beschreibt seine Methode so: „Wenn man einem Kind beibringen will, seinen Kontrapunkt zu singen, muss es sich zuerst seine Stimme [i.e. die Melodie] vorstellen, die Oktave vom Choral darunter, seine Terz, die Sexte darunter, seine Quinte …".[2] Power ist überzeugt, dass jemand, der sein Traktat ordentlich durcharbeitet und danach übt, in kurzer Zeit „his countirpoint" beherrscht – noch 150 Jahre später zitiert ihn der Komponist Thomas Morley (1557–1602), Gentleman der königlichen Kapelle Elisabeths I. von England, in seinem eigenen Handbuch *Plaine and easie introduction to Practicall Musicke* (1597).

Die Kapelle

„Kapelle" bezeichnet zum einen den Ort, zum anderen das Musikensemble. Das Wort kommt vom Lateinischen *cappa*, Mantel: Das soll sich auf den Mantel des Heiligen Martin von Tours (um 316–397) beziehen.

Der Legende nach war Martin römischer Soldat, als er seinen Mantel zerschnitt, um die eine Hälfte einem Bettler zu geben. Die andere trug er selbst als Überwurf, *capella*, Mäntelchen. Der Bettler, so heißt es, war in Wirklichkeit Christus. Für den Krieger Martin war es ein Wendepunkt in seiner Biografie; er wurde Mönch, später Abt und schließlich sogar Bischof von Tours. Sein Mantel kam in den Besitz der Merowinger, die ihn als Talismantel in einem speziellen Zelt auf ihren Kriegszügen mit sich führten; in diesem Zelt wurde täglich eine Messe gelesen. Der Name von Martins *cappella* wurde auf das Zelt übertragen; später auf den kleinen Teil der Kathedrale von Tours, in dem Martins

Abb. 9: Von Mitte September bis Ende Juni musiziert die Wiener Hofmusikkapelle jeden Sonntag in der Hofburgkapelle: Wiener Sängerknaben, Mitglieder des Herrenchors der Wiener Staatsoper, Mitglieder der Wiener Philharmoniker. Mirjam Schmidt dirigiert.

Mantelhälfte als Reliquie verehrt wurde. In einem solchen intimen Raum sangen die *capellani*, die Kaplane, die Messe. Aus der Bezeichnung für den Mantel wird so zuerst ein Raum, dann der musikalische Vorgang und schließlich das Ensemble, die Musikkapelle.

Die Musikkapelle eines Habsburgers ist wie der gesamte Hofstaat immer an die Person gebunden; das bedeutet, dass die Kapelle eines Herrschers nach seinem Tod zumindest formal aufgelöst wird. Streng genommen kann es also keine durchgehende Geschichte eines einzigen kaiserlichen Ensembles oder der Wiener Sängerknaben geben. Der Kaiser ist tot, es lebe der Kaiser – oder besser, genauer, es lebe der nächste Regent, denn im Heiligen Römischen Reich muss der Kaiser ja erst einmal gewählt werden. Weiter kompliziert wird die Sache dadurch, dass die Habsburger mehrere Kapellen gleichzeitig unterhalten. Eine Kapelle zu haben gehört buchstäblich zum guten Ton. Der Kaiser besitzt eine, die Kaiserin eine andere, Erzherzöge und Erzherzoginnen haben Kapellen, Kaiserwitwen – und so weiter. Mit dem Tod eines Monarchen kann der Nachfolger entscheiden, ob er die Kapelle des Vorgängers übernehmen, seine eigenen Musiker behalten oder Personalrochaden vornehmen will. Unter den Habsburger Kapellen kommt es immer wieder zum Austausch von Personal. Der Kaiser ist tot, es lebe der Nachfolger. Auf jeden Fall mit Musik.

Abb. 10: Motette vor dem Altar der Hofburgkapelle.

Die politische und historische Landschaft – das Heilige Römische Reich

Der Begriff *Sacrum Imperium Romanum* ist 1134 erstmals dokumentiert. Die Herrscher des Heiligen Römischen Reiches sehen sich als Nachfolger der spätantiken römischen Kaiser und somit historisch legitimiert; die vielleicht wichtigere Legitimation kommt allerdings von oben, von Gott. Der heilige römische Herrscher ist auch irdisch gut verankert. Er wird von sieben Kurfürsten gekürt, also gewählt. Bei der Herrscherwahl zählen ihre Stimmen. Wer römisch-deutscher Kaiser werden will, muss sich mit den Kurfürsten gut stellen und dementsprechend lobbyieren. Das geschieht vor allem auf den Reichstagen und vor allem auch mit Geld. Reichstage werden in unregelmäßigen Abständen einberufen; in der Regel vom Kaiser. Sie werden in einer Reichsstadt oder einem Bischofssitz abgehalten, in Augsburg, Frankfurt am Main, Freiburg im Breisgau, Köln, Konstanz, Nürnberg, Regensburg, Speyer, Trier, Worms, Würzburg. Hier wird Politik gemacht, über den Landfrieden verhandelt, über Bedrohungen und Kriegszüge beraten, über religiöse Fragen diskutiert, über eine einheitliche Währung nachgedacht; Könige und Kaiser werden gewählt. Nebenher wird gehandelt, getanzt und gefeiert. Zu all dem gehören ein entsprechendes Zeremoniell und Rituale, vom Einzug der Reichstagsteilnehmer in eine Stadt bis hin zu deren Auszug. Für diese Dinge hat man eine Kantorei, eine Kapelle – mit Pfeifen, Posaunen, Zinken und Trompeten, mit Sängern und mit

Sängerknaben: Die glanzvollste, die beste Kapelle gehört dem Kaiser. Sie repräsentiert die Musikalität, den Kunstsinn des Herrschers, sie macht seine Gottesfurcht, seine Legitimation und vor allem seine Macht sicht- und hörbar.

Die Vorgeschichte

Die Anfänge des Knabenchors in der Wiener Hofburg sind schwer zu fassen: Wahrscheinlich haben Knaben spätestens seit dem 14. Jahrhundert dort gesungen. Die erste Erwähnung einer *schola* für Knaben stammt aus dem Jahr 1296. Herzog Albrecht I. (um 1255–1308) nennt sich *fundator capellae castris Vienensis*, Gründer der Wiener Burgkapelle. Das Gebäude befand sich wahrscheinlich an der Stelle der heutigen Hofburgkapelle.

Unter Herzog Albrecht IV. (der „Geduldige", auch „das Weltwunder", 1377–1404) sind drei *cantores* belegt: Damit dürften erwachsene Sänger gemeint sein.[3] Auch wenn keine Knaben erwähnt sind, kann man spekulieren, dass sie auch zu dieser Zeit schon zur Kapelle gehören. Albrecht V. (1397–1439; als Albrecht II. römisch-deutscher König von 1438–1439) unterhält ebenfalls ein Sängerensemble in der Wiener Burg: eine geistliche Kantorei mit drei oder vier erwachsenen Sängern und vier Sängerknaben. Einige Dokumente aus Albrechts kurzer Zeit als König belegen eine hochkarätige Besetzung mit mindestens einem prominenten Musiker: Jean Brassart (um 1405–1455) aus Lüttich ist zu dieser Zeit ein gefragter Sänger und Komponist, der in den Kapellen von Papst Martin V. und von Kaiser Sigismund, Albrechts Vorgänger, gedient hat. Am 23. Juni 1439 wird Brassart unter die *familiares* von Albrecht II. aufgenommen: Er ist damit einer seiner engen Vertrauten, der den König bei Bedarf sogar offiziell vertreten kann.

Die Kantorei Friedrichs III. (1415–1493, ab 1424 Herzog der Steiermark, von Kärnten und Krain, ab 1439 Herzog von Österreich, ab 1440 römisch-deutscher König, ab 1452 bis zu seinem Tod römisch-deutscher Kaiser) ist besser dokumentiert. Seine Sänger sind oft mit ihm unterwegs. Brassart ist immer noch dabei; Friedrich ist nach Sigismund und Albrecht der dritte Herrscher, dem er dient. In der Fronleichnamsprozession am 31. Mai 1442 während des Reichstags in Frankfurt am Main sorgen „des konges sengere in kostlichem ornamenten" für Aufsehen. Der Frankfurter Stadtschreiber Nikolaus Uffsteiner (belegt von 1431–1470) lobt ihren „gar hoffelichen gesang", und beim anschließenden Gottesdienst singen die königlichen Sänger „die messe mit grosser schonheid."[4] Am 17. Juni 1442 wird Friedrich in Aachen zum römischen König gekrönt; Brassart schreibt für den Einzug des zukünftigen Herrschers die Motette[5] *O rex Fridrice, in tuo adventu*. Es ist eine musikalische Huldigung mit einer klaren politischen Botschaft: Friedrich wird für alle sicht- und hörbar als Friedensbringer gefeiert. Die Kapelle singt, „du regierst jetzt nach dem Tod des berühmten Albrechts Österreich, mit ihm möchte ich dich vergleichen." Die Erwähnung des Vorgängers signalisiert Kontinuität und Stabilität, unterstreicht Friedrichs rechtmäßigen dynastischen Anspruch. Im zweiten Teil der Motette wird Maria angerufen, sie soll Friedrich beim Regieren unterstützen, seine Helferin sein. Während die Knaben in den Oberstimmen alle Heiligen beschwören, intoniert der Bass „mit deiner Ankunft, Herr, errette uns" – ob das auf Friedrich oder Christus zu beziehen ist, bleibt offen.

Zehn Jahre später, am 19. März 1452 wird Friedrich von Papst Nikolaus V. in Rom zum Kaiser gekrönt. Bei dieser Gelegenheit heiratet er Eleonore Helena (1436–1467), die Tochter Königs Eduard von Portugal, die damit Kaiserin wird. Die anonyme *Speierische Chronik* berichtet von 15 *cantores*, die Friedrich begleiten; Knaben sind nicht explizit erwähnt.[6]

Die eigentliche Geschichte der Wiener Sängerknaben beginnt mit Maximilian I. (1459–1519; römisch-deutscher König ab 1486, ab 1493 Regent; 1508 zum Kaiser gekrönt). Friedrichs Sohn kommt am 22. März 1459 in Wiener Neustadt auf die Welt. 1462, da ist Maximilian gerade drei, durchlebt er mit seiner Familie die fast zweimonatige Belagerung der Wiener Hofburg durch seinen Onkel Albrecht VI. und die Bürger der Stadt. Während die Burg beschossen wird, hungert die kaiserliche Familie; es heißt, dass sie gezwungen sind, Ratten zu essen. Das Ereignis wird ihn nachhaltig prägen und mag sein ambivalentes Verhältnis zu Wien erklären.

Maximilians Eltern sind gegensätzliche Charaktere. Der Vater ist für Zucht und Ordnung – für Fähigkeiten, die man zum Herrschen braucht. Vom Verzärteln hält er wenig. Das übernimmt die Mutter; von ihr erbt Maximilian die Liebe zu den Künsten und vor allem zur Musik. Als sie 1467 stirbt, ist er gerade einmal acht Jahre alt.

Dennoch ist auch für Friedrich Musik fixer Bestandteil eines ordentlichen pädagogischen Programms für Prinzen. Maximilian wird nach den Richtlinien des Ladislaus-Traktats erzogen, dem von Enea Silvio Piccolomini – dem späteren Papst Pius II. – verfassten Prinzenspiegel.[7] Demnach gilt Musik – natürlich in Maßen – der Erholung und der Kräftigung, damit die Mühen und Strapazen vor allem des Regierens besser ausgehalten werden können.[8]

Auf dem Reichstag in Trier 1473 verhandelt Friedrich mit Karl dem Kühnen, dem Herzog von Burgund, über eine mögliche Hochzeit seines Sohnes mit Karls Tochter Maria; Maximilian ist jetzt 14, Maria 16 Jahre alt, das ist nahezu perfekt – und bei dynastischen Verbindungen so etwas wie ein Sechser im Lotto. Mit Burgund hätte Maximilian das große Los gezogen – Burgund ist zu dieser Zeit nicht nur eine Pufferzone zwischen dem Heiligen Römischen Reich und Frankreich, es ist auch ein enormer Wirtschaftsfaktor. Zum Herzogtum gehören die reichen Handelsmetropolen Gent, Brügge, Ypern und Löwen. Das ist für einen Kaiser, der ständig Geld braucht und dabei an notorischem Geldmangel leidet, äußerst wertvoll. Aber Friedrich ist nicht der einzige Interessent: Auch die Franzosen haben einen aussichtsreichen Heiratskandidaten – den dreijährigen Dauphin Karl, Sohn Königs Ludwigs XI. Die Franzosen sind der Meinung, dass Burgund als altes Kronlehen ohnehin zu Frankreich gehört. Karl der Kühne weiß das; ihm wäre

Friedrichs Vorschlag lieber. Karl will seinem Herzogtum die Unabhängigkeit bewahren, am liebsten will er es zu einem Königreich erheben lassen. Aber das kann Friedrich nicht zusagen, selbst wenn er es wollte. Ein derart kühner Zug ist mit dem Reichsrecht nicht vereinbar. Trotzdem kommt es 1476 zur Verlobung von Maria und Maximilian. Vielleicht denkt Karl, dass seine Tochter und Erbin mit dem etwa gleichaltrigen Habsburger besser bedient ist als mit einem Kleinkind und dessen machthungrigem Beraterstab, vielleicht meint er auch, dass sich das Heilige Römische Reich weniger in die souveränen Belange des Herzogtums Burgund einmischen wird als der französische König.

Am 5. Januar 1477 fällt Karl der Kühne unerwartet in der Schlacht bei Nancy gegen die Schweizer Eidgenossen. Ludwig XI. – mit dem sympathischen Beinamen Spinne – meldet umgehend seine Ansprüche auf Burgund an, verleibt sich die Picardie, Teile des Artois und das Herzogtum Burgund ein, bevor Maria überhaupt weiß, dass ihr Vater tot ist. Sie erfährt die Nachricht mit mehrwöchiger Verzögerung als absolut Letzte. Jetzt muss sie handeln, warten darf sie nicht. Maria kann ihre Herrschaft nur durch eine Heirat sichern. Sie hat die „Wahl" zwischen Frankreich und Österreich, zwischen Ludwigs jetzt 6-jährigem Sohn und dem 18-jährigen Maximilian. Sie entscheidet sich wenig überraschend für Letzteren und schickt eine dringende Nachricht nach Wiener Neustadt, Maximilian muss kommen, sofort. Sofort – das ist in der frühen Neuzeit ein durchaus dehnbarer Begriff: Der glückliche Bräutigam braucht für die knapp 1500 Kilometer nach Gent drei Monate, und zwischendurch geht ihm in Köln auch noch das Geld aus. Maria muss erst 100.000 Gulden schicken, bevor Maximilian weiterreisen kann. Am 18. August 1477 erreicht Marias Ritter endlich Gent: Immerhin und wie es sich gehört auf einem weißen Pferd, mit einer goldverzierten Rüstung. Bei sich hat er zwei Kurfürsten und ein Gefolge von 1200 Mann. Braut und Bräutigam sehen sich so zum allerersten Mal. Die Hochzeit wird tags darauf in der Kapelle des Prinzenhofs[9] eher schlicht gefeiert – in Burgund herrscht immer noch Hoftrauer. Mit ziemlicher Sicherheit singt dabei die berühmte burgundische Hofkapelle. Die ist zu dieser Zeit in Sachen Gesang das Maß aller Dinge: Während man in den meisten Kirchen landauf, landab eher einstimmige gregorianische Choräle anstimmt, *cantus planus* singt, wird hier vielstimmig „auf brabantische Art" improvisiert, mit Knaben im Diskant. Für den musikliebenden Maximilian ist es ein Schlüsselerlebnis – so muss Musik klingen, *das* ist Gesang.

Maria und Maximilian haben vieles gemeinsam, beide mögen Musik, beide reiten und jagen gern. Den Franzosen ist die Verbindung ein ständiger Dorn im Auge; Burgund sollte unter französischer Herrschaft stehen, der Habsburger ist im Weg. Maximilian, der nur gemeinsam mit Maria regieren darf, wird die nächsten 15 Jahre mit dem burgundischen Erbfolgekrieg beschäftigt sein. 1478 kommt Thronfolger Philipp zur Welt, 1480 wird die Tochter Margarete geboren. Als Maria 1482 an den Folgen eines Reitunfalls stirbt, ist Maximilian persönlich zutiefst betroffen. Gleichzeitig ist ihm mit Marias Tod die Grundlage seiner Herrschaft in Burgund entzogen; allenfalls kann er – so steht es in ihrem Testament – als Regent für den vierjährigen Philipp agieren. Die burgun-

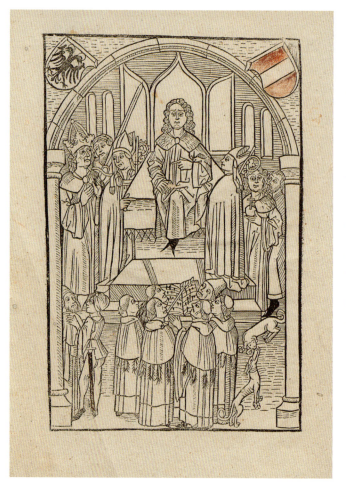

Abb. 11: Erwählung Maximilians zum Römischen König in Frankfurt am 16. Februar 1486. Anonym, In dem buchlin findt man beschriben ..., fol. Iv. Stuttgart 1486. Der Titelholzschnitt zeigt den wichtigsten Moment der Königswahl im Bartholomäusdom. Maximilian sitzt auf dem Altar; er zeigt auf seinen Vater, der links zu sehen ist, um ihn die Kurfürsten. Der gewählte König schaut direkt auf seine burgundische Kantorei. Die sechs Sänger stehen um ein Chorbuch, zwischen dem Betrachter und Maximilian; einer hält einen Stab, ein anderer zeigt den Takt mit der Hand. Rechts im Bild sind zwei Hunde zu sehen, ein Jagdhund und ein Wachhund (vgl. Abb. 15).

dischen Stände – dazu gehören vor allem die reichen Städte in Flandern – verlangen die Vormundschaft der noch sehr kleinen Kinder; Maximilian erkennen sie nicht als Herrscher an. Die nächsten Jahre sind politisch dementsprechend schwierig, und Maximilian unternimmt alles, um sein Ansehen in den Niederlanden zu verbessern. Eine Möglichkeit ist, sich zum römisch-deutschen König wählen zu lassen; das geht nur mit Unterstützung seines Vaters, des Kaisers. Vater und Sohn, die sich immerhin acht Jahre nicht gesehen haben, treffen sich zu Weihnachten 1485 in Aachen. Das hat symbolische Bedeutung; zum einen wird damit die historische Verbindung zu Karl dem Großen demonstriert, zum anderen geht es um eine göttliche Legitimation: Aachen ist zu dieser Zeit einer der wichtigsten Wallfahrtsorte in Europa; zu den hier aufbewahrten Heiligtümern gehört auch die Windel Jesu. Der zukünftige König wird so in eine Reihe mit Christus, dem Friedensbringer, gestellt, und das an Weihnachten.

Vater und Sohn haben einiges zu besprechen; der ungarische König Matthias Corvinus (1443–1490), ein ewiger Widersacher Friedrichs, hat im Juni 1485 Wien erobert und nennt sich inzwischen Herzog von Österreich. Wollen die Habsburger ihre Ansprüche auf ihre Erblande nicht verlieren, müssen sie etwas unternehmen.

Im Februar 1486 findet in Frankfurt am Main ein Reichstag statt. Friedrich III. hat ihn einberufen. Ziel ist die Königswahl von Maximilian – das gelingt dank geschickter Verhandlungen. Maximilian wird nach altem Ritual als neuer Herrscher regelrecht als Christus inszeniert:

„Do satzt man in uff den altar und da huob man an zuo singen und uff der orgeln zuo spielen den Lobgesang Te Deum laudamus."[10] Die burgundische Hofkapelle, die Maximilian begleitet, singt.

Exkurs: Die Habsburger und das Te Deum

Dich, Gott, loben wir, dich, Herr, preisen wir.
Dich, den ewigen Vater, verehrt die ganze Welt.
Dir rufen alle Engel, dir rufen die Mächte des Himmels und des Universums
Dir rufen Cherubim und Seraphim unablässig zu:
Heilig, heilig, heilig ist der Herr, der Gott der Scharen!
Himmel und Erde sind erfüllt von deiner Herrlichkeit, deinem Ruhm.[11]
Dich preist der ruhmreiche Chor der Apostel,
dich die lobenswerte Zahl der Propheten,
dich das leuchtende (weiß gekleidete) Heer der Märtyrer
dich preist die heilige Kirche rund um die Erde;
dich, den Vater unermesslicher Majestät;
deinen wahren und einzigen Sohn;
und auch den Heiligen Tröster Geist.[12]
Du König der Herrlichkeit, Christus,
Du bist des Vaters ewiger Sohn.
Du bist Mensch geworden, um den Menschen zu befreien, hast den Mutterleib der Jungfrau nicht gescheut.
Du hast des Todes Stachel überwunden und denen, die glauben, das Himmelreich geöffnet.
Du sitzt zur Rechten Gottes in deines Vaters Herrlichkeit.
Als Richter, so glauben wir, kehrst du wieder.
Dich bitten wir daher, komm deinen Dienern zu Hilfe, die du mit kostbarem Blut erlöst hast.
Lass uns in der ewigen Herrlichkeit zu deinen Heiligen zählen.[13]
Rette dein Volk, o Herr, und segne dein Erbe;
und führe sie und erhebe sie bis in Ewigkeit.

An jedem Tag segnen wir dich
und loben deinen Namen alle Zeit.
Mögest du, Herr, uns an diesem Tag ohne Schuld bewahren.
Erbarme dich unser, o Herr, erbarme dich unser.
Lass über uns dein Erbarmen geschehen, so wie wir auf dich gehofft haben.
Auf dich, o Herr, habe ich meine Hoffnung gesetzt.
In der Ewigkeit möge ich nicht zugrunde gehen.[14]

QR-Code 1: Antonio Salieri, Krönungs-Te Deum

Das Te Deum ist ein altkirchlicher Hymnus, dessen Teile verschiedene Quellen haben, und der so über die Zeit „gewachsen" ist. Die Autoren sind unbekannt; im Mittelalter, in der Frühen Neuzeit und im Barock gilt der Text als Kollaboration der Kirchenväter Ambrosius von Mailand (339–397) und Augustinus von Hippo (354–430), eine göttliche Inspiration, während Ambrosius Augustinus taufte. Ein Wunder. Kein Wunder also, dass Kranke beim Hören oder Singen des Te Deums plötzlich genesen. Der erste Teil richtet sich direkt an Gott Vater, „wir", also die Menschen, preisen dich, dann folgt eine Aufzählung: Die Welt jubelt, es singen Cherubim und Seraphim, Apostel, Propheten, Märtyrer, eben alle. Der dritte Teil preist Christus als denjenigen, der den Tod für die Menschheit überwunden hat. Im vierten Teil werden Passagen aus verschiedenen Psalmen in eine einzige große Bitte verpackt: Rette dein Volk und segne dein Erbe – in Ewigkeit.

Für Könige und Kaiser ist das Te Deum spätestens seit der Kaiserkrönung Karls des Großen in Rom, der heiligen Stadt, der heilige Gesang der Wahl: gleichzeitig Lobpreis, Dank und Bestätigung der eigenen Herrschaft durch Gott.

Auch Reformator Martin Luther (1483–1546) mag das Te Deum; für ihn ist es – nach dem Nizäno-Konstantinopolitanum und dem Apostolikum – das dritte Glaubensbekenntnis, und damit einer der grundlegenden Texte des Christentums. Er kennt die Anekdote von Ambrosius' und Augustinus' heiliger Eingebung auch: „Das sei also oder nicht; es ist gleichwohl ein Symbolum oder Bekenntnis, wer auch der Meister ist, in Sangesweise gemacht, nicht allein den rechten Glauben zu bekennen, sondern auch darin Gott zu loben und zu danken."[15]

Nicht von ungefähr lassen die Habsburger das Te Deum immer wieder neu vertonen, meistens für einen bestimmten Anlass, für dynastische Feste, für große Siege – wie den des Prinzen Eugen in der Schlacht von Höchstädt im August 1704. Die Besetzung richtet sich nach der Bedeutung des Anlasses und nach den Möglichkeiten am geplanten Aufführungsort. Mindestens sechs Versionen stammen allein von Johann Joseph Fux, zwei davon für Doppelchor und großes Orchester, mit Pauken und Trompeten und mit entsprechenden Unterteilungen, damit dazwischen Salven ertönen oder Glocken geläu-

Der „Gründer" Maximilian I.

tet werden können.[16] Es ist die perfekte Musik, um politische Großereignisse möglichst eindrücklich zu feiern, um den Herrschaftsanspruch der Habsburger in den Köpfen zu verankern; Identifikationsmusik für Herrscher und Volk.

Im April 1486 folgt Maximilians feierliche Krönung im Aachener Dom. Im Anschluss reist der frischgebackene König des Heiligen Römischen Reiches in Begleitung seines Vaters, des Kaisers, fast ein Jahr lang durch die Niederlande, um sich feiern zu lassen – mit seinem ganzen Tross nebst Sängern. Diese Krönungsreise steigert zwar sein Ansehen, verschlingt aber ein Vermögen, das Maximilian nicht hat. Maximilians Finanzen leiden mehrfach: Er führt einen Dauerkrieg gegen Frankreich und muss sich dazu noch zunehmend kriegerisch mit den flandrischen Städten auseinandersetzen, die längst nicht mehr bereit sind, Maximilians Kriege durch ständig steigende Steuern zu finanzieren. Das Ganze gipfelt darin, dass die Bürger der Stadt Brügge den Habsburger und seine Berater im Februar 1488 gefangen nehmen. Die Flamen wollen Frieden mit den Franzosen; Maximilian soll seinen zehnjährigen Sohn endlich an die Stände abtreten und selbst samt Gefolgsleuten möglichst verschwinden. Dafür würde man ihm jährlich eine Million Ecu[17] zahlen. Um den Forderungen Nachdruck zu verleihen, werden Maximilians Räte vor seinen Augen gefoltert, zehn von ihnen schließlich enthauptet. Unter diesem Druck unterzeichnet Maximilian im Mai einen Vertrag, in dem er auf die Regentschaft verzichtet, Bürger und König schwören gegenseitig Urfehde. Der Nichtangriffspakt wird mit einem Te Deum besiegelt, und Maximilian kommt frei. Aber Kaiser Friedrich will und kann solche revolutionären Anwandlungen nicht auf sich beruhen lassen, es kommt trotz Urfehde zu einer Strafexpedition nach Flandern, und das Kämpfen geht weiter. Es sind wilde Zeiten.

1490 verlagern sich Friedrichs und Maximilians Interessen nach Österreich. Der Tod von Matthias Corvinus[18] eröffnet die Möglichkeit, Wien zurückzuerobern, dort eine Residenz aufzurichten. Auf Drängen seines Vetters des Kaisers und der Tiroler Stände überlässt der hoch verschuldete Erzherzog Siegmund von Tirol sein Amt König Maximilian; dazu gehört auch die Innsbrucker Hofkapelle. Als Friedrich III. 1493 wohl an den Folgen einer Beinamputation stirbt, erbt Maximilian zusätzlich noch dessen Kapelle. Damit verfügt der designierte Kaiser zumindest theoretisch über drei Musikverbände an drei verschiedenen Orten; ein Luxusproblem.

1494 wird der inzwischen 16-jährige Philipp der Schöne für volljährig erklärt; damit kann Maximilians Sohn die Regierung in Burgund übernehmen. Volk und Stände sind zufrieden, ist mit Philipp doch ein Einheimischer auf dem Thron, der als wahrer Sohn des Landes die burgundischen Interessen vertritt. Im April finden in Mecheln die Erbhuldigungsfeierlichkeiten für Philipp statt: Friedrich der Weise, Kurfürst von Sachsen, notiert in seinem Tagebuch, die Messe sei „von des Königs oberländischen und französischen Singern" gesungen worden, die österreichische und die burgundische Kapelle Maximilians musizieren gemeinsam. Im Anschluss an die Feierlichkeiten übergibt Maximilian die burgundische Kapelle seinem Sohn.

Andernorts gehen die Kriege für Maximilian weiter: Die Franzosen marschieren in Italien ein und gelangen bis nach Neapel; Maximilian weiß, dass er Italien auf seine Seite ziehen muss. Auch aus diesem Grund heiratet er in diesem Jahr in zweiter Ehe Bianca Maria Sforza (1472–1510), die Tochter des Herzogs von Mailand; ein weiterer gewichtiger Grund ist ihre beträchtliche Mitgift.

Zwischen Juli und November 1496 ist Maximilian erfolglos damit beschäftigt, die aufmüpfigen oberitalienischen Städte zu bekriegen. Für ihn gehört Norditalien zum Reich; schließlich sieht er sich in der Nachfolge der römischen Imperatoren. Der Feldzug ist aus militärischer und politischer Sicht ein Desaster. Immerhin: In Pisa begegnet Maximilian dem flämischen Komponisten Heinrich Isaac (um 1450–1517). Maximilian ist begeistert, für seine Kapelle in Wien einen der berühmtesten zeitgenössischen Komponisten verpflichten zu können, und er fackelt nicht lange: Noch aus dem Feldlager fordert er die Beamten in Innsbruck auf, seinen Kaplan Hans Kerner nebst zwölf Sängerknaben sowie Isaac und dessen Frau nach Wien zu übersiedeln; sie sollen dort weitere Befehle abwarten.[19] Von acht Knaben sind die Namen aus späteren Quellen bekannt[20]: Hans Hauser, Michel Khendler, Philipp Knodler, Arbogast Kottler, Jörg Küninger, Sebastian Sittich, Cristian Tott und Hans Ybser erhalten nach ihrem Stimmbruch 1504 ein dreijähriges Stipendium an der Universität Wien; ein neunter, Johann Wolff, kommt wohl schon 1497 in den Stimmbruch. Er erhält im Oktober des Jahres ein Stipendium.

Während des Freiburger Reichstags 1498 werden die Pläne für eine Residenz in Wien weitergetrieben: Maximilian organisiert seine komplette Hofhaltung neu; die Kosten bürdet er der niederösterreichischen Kammer[21] auf – sein eigenes Budget soll möglichst nicht belastet werden. Natürlich wünscht er sich für Wien eine Kapelle nach burgundischem Vorbild; seine Sänger sollen „brabantisch diskantieren" können. In den Akten vom 7. Juli 1498 heißt es: „Heute errichtete KM [= Königliche Majestät] ain capell in Wien und bestiftete diese mit caplanen, singern und knabn."[22] Maximilian fordert dafür neue Knaben an; zwei schickt er vom Freiburger Reichstag. Hans Harrasser, dem Hubmeister[23] in Wien, wird befohlen, die Sänger des Königs, die schon in Wien sind, zu bezahlen und ihnen zu sagen, wo und wann sie das tägliche Amt singen sollen. Der Tiroler Kammermeister Bartholomäus Käsler erhält den Auftrag, den Bassisten Bernhard sowie die vier Sängerknaben Emmerich Profoß, Veit Metzger, N. Hasenschütz[24] und Wilhelm von der Grueben bei ihrem Innsbrucker Wirt auszulösen und neu unterzubringen. Außerdem soll er sie und die beiden Freiburger Knaben mit Zehrgeld für die Reise nach Wien ausstatten, „weil der König sie alle der Wiener Kapelle zugeteilt hat".[25] Schließlich instruiert der Monarch seinen Schatzmeister Balthasar Wolff, er möge „der senger geschefft" in die Hand nehmen und jedem Mitglied der neuen Wiener Kapelle Sold und Hofkleidung für das nächste Jahr geben lassen.

Über die Identität der beiden Freiburger Knaben kann man spekulieren; einer ist vielleicht Caspar Pirker, später Bassist in Maximilians Kapelle. Der andere könnte der Schweizer Ludwig Senfl sein, den ein „armer Mann" aus Zürich nach Freiburg zum

Der „Gründer" Maximilian I.

König bringt. Senfl ist besonders talentiert; er wird einen großen Teil seines Lebens in Maximilians Diensten verbringen: Der arme Begleiter – vielleicht Senfls Vater – wird mit einem kostbaren Stoff für einen Mantel belohnt, sozusagen mit einer Ladung Kaschmir oder einem Fuchspelz bezahlt. Aus Freiburg gibt es zudem eine Rechnung über die Einkleidung von zehn Sängerknaben, ein Hinweis darauf, dass Maximilian auch auf diesem Reichstag mit Kapelle und Knaben unterwegs ist.

Zwei Wochen später schickt Schatzmeister Wolff detaillierte Anweisungen zur Umsetzung der herrscherlichen Wünsche an Hans Harrasser. Das Dokument, das nur in einer Kopie aus dem 18. Jahrhundert existiert, erwähnt namentlich den *singmaister* Georg Slatkonia[26], die Bassisten Bernhart Meder und Oswalt[27] sowie sechs Chorknaben[28], die mit ihren Herkunftsorten bezeichnet sind: Adam von Lüttich – der spätere Komponist Adam Rener (um 1485–1520) –, Bernhart von Bergen[29], Matthias von Krems, Simon von Krems, Simon aus Bruck an der Leitha, Johannes aus Gmunden und Steffan aus Ybbs. Der Umstand, dass die Namen genannt sind, zeigt, dass es sich um eine Auswahl handelt.

> Mein willig freuntlich dienst zuvor, lieber Herr Huebmaister. Die Röm. K.M. etc., unser allergnedigister Herr, hat zu Wien ain capellen auffzurichten furgenomen, und derselbig capellen herren Georgen N.[= Slatkonia][30] zu singmaister, Bernharten Meder und Oswalten zu zwayen bassisten, auch sechs mutanten knaben [...] zu discanten auff brabandisch zu discantieren verordent und mir demnach Ernstlich befollen, den obgemelten singern dis kunfftig jar fur sold und underhaltung, nemlich dem singmaister vier und zwainzig, und dem Bernharten und Oswalten 16 yedem, und yeglichem knaben zwelff, macht zusamen hundert acht unnd zwainzig gulden Reinisch, darzu ir all und yedem besunder thuech zu Recken [= Röcken] und hosen, auch studenten kappen, sovil ir yeglicher zymlicher weyß bedurffen wirdet, durch euch von dem ambt ewrer Verwesung [= Verwaltung] auszurichten und zu geben verordnet. Demnach beger Ich als schatzmaister und befilh euch zu namen Kon. M. etc., das Ir den gemelten singer yr Soldt und Claydung, wie oben steet entrichtet und bezalet [...]. Und Ir thut daran der Kon. M. befelh. Geben zu Freyburg im preysgew den zwainzigsten. tag des monats July Anno etc. [1498].[31]

Maximilian hat also seine „Wiener" Sängerknaben in Etappen in die Stadt geschickt, aus verschiedenen Kapellen. Vielleicht kann man es so rekonstruieren: Im November 1496 schickt er die ersten Zwölf mit Heinrich Isaac und Hans Kerner nach Wien; sie sind erst einmal dort stationiert – wahrscheinlich mit weiteren erwachsenen Sängern. Am 7. Juli 1498 kommen die vier Knaben aus Innsbruck und zwei aus Freiburg dazu, und am 20. Juli folgen die sechs oder sieben namentlich genannten Kinder. Demnach müsste die Kapelle in Wien Ende Juli 1498 mindestens elf, höchstens aber 20 Sängerknaben gehabt haben; und ganz sicher gibt es dort auch Tenöre und Bässe. Das wirft die Frage auf, ob Maximilian möglicherweise in Wien eine „stehende" Kapelle plant, einen Stützpunkt, von dem aus er bei Bedarf Sänger und Musiker anfordern kann?

1500 ist die Wiener Kapelle mit Maximilian auf dem Reichstag in Augsburg. Für den Aufenthalt seines Hofstaats verfasst der Herrscher Regeln für seine Leute, mit genauen Anweisungen, was sie zu tun oder zu lassen haben, wie sie sich in den Herbergen verhalten sollen. Da heißt es unter anderem, dass die Sänger „weder zu fursten noch anndern herren geen" sollen. Damit ist gemeint, dass sie keine Privatkonzerte geben dürfen, niemand anderer soll sich mit dem Chor des Kaisers schmücken können. Auf einem Reichstag sollen sie nur für ihn singen; schließlich sind sie seine Sänger, nur er kann dafür sorgen, dass sie singen. Umgekehrt bedeutet es, dass die Sänger zu anderen Gelegenheiten vermutlich gegen gutes Geld auch für andere potente Herrschaften konzertieren; sonst wäre das Verbot unnötig.

1503 ist Maximilian ohne seine gesamte Entourage im Elsass unterwegs. Am 22. Mai fordert er die Reichsstadt Straßburg auf, die Wagen seiner *Canterey* binnen drei Tagen in das 100 km entfernte Ensisheim[32] zu bringen. Tags darauf ergeht sein „strenger befehl" an alle im Reich, vom Kurfürsten bis zum geringsten Untertanen, die Wagen, die sich auf der Reise zu Maximilian befinden, „so mit etlichen unser Singerknaben, auch Truhen und Harnasch, uns zugehorend, geladen … allenthalben sicher und zollfrei" passieren zu lassen und ihnen „sicheres Geleite" zu geben.

Im selben Jahr kommt es in Innsbruck zu einem Treffen zwischen Maximilian und seinem Sohn, dem Prinzgemahl der spanischen Thronerbin Johanna.[33] Anlass ist der Tod von Maximilians Schwager, Ermes Maria Sforza (1470–1503), der in Innsbruck Zuflucht gesucht hat: Im heimischen Mailand sind die Sforza unter erheblichem Druck. Philipp der Schöne reist aus Spanien mit 39 Musikern seiner *Capilla flamenca* an; Maximilian bringt 49 Musiker mit. Die Kapellen bestreiten das Seelenamt für den verstorbenen Bruder der Königin gemeinsam. Die Burgunder singen ein Requiem, Maximilians Kantorei singt die *Messe de l'Assumption Nostre-Dame* von Heinrich Isaac. Zeitgenössischen Berichten nach ist es „die melodiöseste Sache, die man zu hören bekommen hat."[34]

Im Frühjahr 1504 befindet sich der Hof in Augsburg; am 15. Februar veranstaltet der König eine Mummerei, einen Maskenball. Er selbst ist mit 40 Musikern dabei, darunter sind auf jeden Fall Sänger. Ob Knaben dabei sind, lässt sich nicht belegen. Immerhin zeigt sich hier die private Seite des Monarchen:

Dornstag jn der nacht veranstaltete KM[35] auf dem Tanzhaus eine köstliche Mummerei. KMs Schwester (= Herzogin Kunigunde von Bayern-München) mit ihren drei Töchtern, mit vielen Fürsten und Edelleuten nahm daran teil. KM erschien mit 40 Spielleuten und 30 Begleitern, alle in Bauernkleidern; darunter waren auch sechs Jungfrauen und Bürgersfrauen, die einen Bauerntanz aufführten. Darauf wurden die Bauernkleider abgelegt, und KM erschien mit sechs Begleitern in goldenen welschen[36] Kleidern, die sechs Frauen hingegen in rot karmesin atlas mit goldenen Verbrämungen; es wurde auf welsch getanzt, Laute geschlagen und zum Saitenspiel gesungen. KM war sehr fröhlich.[37]

Der „Gründer" Maximilian I.

Abb. 12: Die vier Knabenchöre mit ihren Kapellmeistern. Links hinten der Mozartchor mit Manuel Huber, rechts hinten der Schubertchor mit Oliver Stech. Vorne links der Haydnchor mit Jimmy Chiang, vorne rechts der Brucknerchor mit Manolo Cagnin. In der Mitte der Künstlerische Leiter, Gerald Wirth.

Später im Jahr wirft sich Maximilian mit seinem Heer in Donauwörth für seine Schwester Kunigunde und deren Mann, Herzog Albrecht von Bayern, in die Schlacht; zwischen den verschiedenen Zweigen der Wittelsbacher tobt der Krieg um die Landshuter Erbfolge. Seine Kapelle lässt Maximilian zunächst in Augsburg, aber lange hält er es auch im Krieg ohne Musik nicht aus. In einem Brief heißt es, „auch so ist vnser her kunig Zu dilingen vnd sol de wasser baden vnd hab nach sinen Sengeren geschickt vnd wol disse pfingsten kurtzwil haben."[38] Maximilian gönnt sich eine Gefechtspause mit Wellness und Gesang. Da die Sänger über Pfingsten bestellt sind, kann man annehmen, dass sie bei den Pfingstgottesdiensten singen, und das spricht für die Anwesenheit von Sängerknaben. Der Konflikt wird erst Mitte 1505 auf dem Reichstag in Köln beigelegt, mit einem Schiedsspruch Maximilians zugunsten der Bayern. Die Wittelsbacher haben nicht viel davon; das Land ist nach dem Krieg verwüstet. Maximilian erhält als Lohn für seine Bemühungen die Gerichte Kufstein, Rattenberg und Kitzbühel. Der Kölner

Reichstag ist ein Höhepunkt in Maximilians Karriere: Maximilian hat mit dem Sieg im Landshuter Erbfolgekrieg seinen Ruf als Kriegsherr wiederhergestellt; sein größter politischer Kontrahent, der Mainzer Erzbischof Berthold von Henneberg (um 1441–1504), ist tot. Für Sohn Philipp ist mit dem Tod von dessen Schwiegermutter Isabella von Kastilien der Weg zum spanischen Thron frei; Maximilian plant, die Niederlande zu befrieden und nebenher einen kleinen Ungarnfeldzug. Der Herrscher schwimmt auf der Welle des Erfolgs. Er fühlt sich als absoluter Monarch, absolut wohl. Die Habsburger Propagandamaschine funktioniert bestens, und Maximilian lässt singen.

Lange hält das Glück nicht an, 1506 folgt ein herber Schlag: Am 25. September stirbt Philipp der Schöne unerwartet in Burgos an einem Fieber, das er sich beim Ballspiel zugezogen haben soll, an Typhus, heißt es. Maximilian – und er ist bei Weitem nicht der Einzige – argwöhnt, dass man seinen Sohn vergiftet hat, verdächtigt den französischen König. Tote kann man nicht lebendig machen, wohl aber seine eigene Expansionspolitik weiterverfolgen. Maximilians oberstes Ziel ist die Kaiserwürde; er will endlich auch formal Kaiser sein, der Papst soll ihn krönen. Maximilian beruft für das folgende Frühjahr einen Reichstag ein – Austragungsort ist Konstanz; von dort kann man gut nach Rom weiterreisen, zum Papst. In Vorbereitung lässt Maximilian eine gedruckte Denkschrift zirkulieren, die sein politisches Programm enthält, die Tagungsordnung für den Reichstag. Nur zwei Punkte gibt es: Den geplanten Romzug; dafür braucht er die Unterstützung, die Truppen und vor allem das Geld der Fürsten. Und Philipp soll geehrt werden.

Für die Eröffnung des Konstanzer Reichstags im Frühjahr 1507 schreibt Heinrich Isaac eine zweiteilige Staatsmotette. Im ersten Teil wird der Heilige Geist als göttlicher Beistand und Ratgeber angerufen. Was wie eine Pfingstsequenz[39] beginnt, wird schon im zweiten Satz zu einer politischen Botschaft: Maximilian, „der die Angelegenheiten des Reiches glücklich hält", wird ausdrücklich als Kaiser bezeichnet, was er strenggenommen ja noch nicht ist. Im zweiten Teil, *Imperii proceres,* werden die Teilnehmer des Reichstags angesungen und dabei an ihre Pflichten erinnert, nämlich in erster Linie den frommen, den besten, den rechtmäßigen Maximilian in seiner Arbeit zu unterstützen. Der Schluss richtet sich direkt an Papst Julius II.[40], dann an Gott. Die Texte – im Grunde sind es PR-Texte, aber in vollendeten lateinischen Hexametern – stammen wohl von Georg Slatkonia.

I

Der heilige Geist steh' uns bei mit Feuer und Liebe, Gott, der den Geist mit Mut erfüllt,
sieh ihn an, der in Konstanz die Angelegenheiten des Reiches glücklich hält.
Milder und richtiger Ratgeber, wie Du dem Himmel den Frieden befiehlst,
unter Deinem Schutz möge Kaiser Maximilian hier unten Frieden halten.[41]

II

Ihr Fürsten des Reiches, Ruhm des römischen Reiches,
ihr Kurfürsten, ihr Erzbischöfe und alle Priester, wie auch der ganze geistliche Stand,

Abb. 13: Reichstag in Konstanz, Messe am 16. Mai 1507: Chronist Diebold Schilling beschreibt die Musik als „so loblich, costlich vnd herlich ...". Im Vordergrund des Bildes sieht man die kaiserliche Kapelle mit sechs Sängerknaben, vier älteren Sängern und zwei Erwachsenen, von denen einer den Mensurstab – eine Art früher „Taktstock" – hält, der zweite auf das Chorbuch zeigt. Zwei der älteren Sänger haben die Hand auf den Schultern der Sänger vor ihnen, um den Takt oder einen Einsatz anzugeben. – Kaiser Maximilian ist rechts neben dem Altar zu sehen.

ihr Herzöge, ihr mächtigen Landgrafen, Markgrafen – soweit anwesend –,
Grafen und Barone, Bürgermeister und Vertreter verbündeter Völker:
Beratet gemeinsam, helft den Schwachen in ihren Dingen, stützt die heilige Kirche;
verbunden durch das heilige Band der Eintracht kümmert euch um eure eigenen Belange.
Hört den frommen Maximilian, der sich um euch sorgt.
Setze dich dafür ein, bester Julius [= Papst Julius II.], der du Vater aller Väter bist,
dass den hochmütigen Völkern Einhalt geboten werde.
Gib, Gott, gib, Gott, dass der Feind unter den gerechten Waffen des Reiches fallen möge.
Daher bringen wir dir in diesem Gesang unseren Dank,
und möge die Tugend, Germania, deine Loblieder singen.
Amen.[42]

 QR-Code 2: Heinrich Isaac, Imperii proceres

Der berühmt-berüchtigte Schweizer Chronist Diebold Schilling der Jüngere (um 1460–1515), von Beruf eigentlich Notar, aber auch Priester, eine Art frühneuzeitlicher Adabei mit einem Hang zum Skandal, zeigt sich hingerissen: „Und also ward da das ampt von der heiligen mäß … von der künglichen maiestat organisten vnd sengern sollichermaß vnd so loblich, costlich vnd herlich angefangen vnd volbracht, das daruon nit ist ze schriben."[43]

Solche Kritik kann man sich nur wünschen. Allerdings war der schillernde Schilling bei näherem Hinsehen möglicherweise nicht ganz objektiv: Er war auf persönliche Einladung Maximilians in Konstanz.

Die Reichsstände tagen von Ende April bis Ende Juli: Es ist ein langer Reichstag mit vielen Festen und ganz unterschiedlichen Arten von Musik. Der sächsische Gesandte Peter Karl berichtet von einer Wasser- und Feuerwerksmusik zu Pfingsten; da fahren zum Gaudium der versammelten Reichstagsteilnehmer Schiffe mit brennenden Pechfässern und andere Schiffe mit Trompetern, Pfeifern, Paukisten und Sängern beladen auf den Bodensee. Zwar sind Sängerknaben nicht ausdrücklich erwähnt, wohl aber der Gesang auf dem Wasser, und Knaben und Feuerwerk sind immer eine zündende Kombination.

> Darnach hat die ksl. Mt. in pfingstfeyertagen laßen zurichten ein faß von 8 aymern, mit pech wol durchgoßen, und darein ob die 600 röhr gleicher größ eineß fingers mit pulfer und papier geladen, dan eingesteckt, darnach zwey faß darneben gesetz[t], mit holz und stroh wohl gestuckt und aufs schief gesetzt und ditz auf daß waßer auf den Bodensee gefürt und drummeter, heerpauker, deßgleichen singer und pfeufer in andern schiffen darbey, … Da sich tag und nacht scheidet, wurden solche drey faß angezündt und so brennende auf dem waßer geführt. Da aber daß feuer an sulche röhr, mit pulfer geladen, kam, waß ein solchß schißen auf dem waßer mit jubelirn, singen und posaunen, biß so lang die drey faß ganz und gar verbrunnen. Da wahren auch alle Ff. [=Fürsten] und Hh. [=Herren].[44]

Im Juni finden die aufwändigen Exequien für Philipp den Schönen im Konstanzer Dom statt; man singt ein Requiem und eine Marienmesse, sehr wahrscheinlich von Heinrich Isaac. Peter Karl beschreibt die Feierlichkeiten. Der ganze Dom ist in Schwarz gehüllt, überall brennende Kerzen, „deß Königs singer" sind als Ausführende erwähnt.

> …mitten im tum (= Dom) aufgeschlagen ein gestihl, dasselbig gestühl alleß sambt mit schwarzen tüchern unten und oben behangen und mit vil brennenden körzen; deßgleichen alle altar im tum mit schwarzen tüchern verschlagen und mit schilden behengt, mit kerzen versorgt und zu einem jeden altar 2 knaben in schwarz gekleydt mit zweyen brennenden fackeln zu end aller meß bestanden, und gar vil ehrlicher pristerschaft daselbst. Die zahl weiß ich aber nicht. Aber der kerzen alle in einer summa, ward ich von einem bericht, der solche kerzen aufgesteckt hat, 1800 sunder. … Waß versamblet die kgl. Mt.

mit allen Ff. und Hh. im tum, deßgleichen die Kgin. mit 36 jungfrauen. ... Und nach endß deß requiems ward ein sermon von einem doctor Barfüßers ordens [Konrad von Bondorf] getan, der solchen verstorbenen Philippum, Kg. von Castilia, gar sehr hoch rümpt und klagt. Nach end der sermon ward angefangen ein schön officium von unßer lb. Frauen assumptionis von deß Kg. singern, deßgleichen pfeifern und posaunen und zinken, bließen ein stuck umb daß ander. Ging aber die kgl. Mt. und alle Ff. und Hh., deßgleichen auch die Kgin. zum opfer, also wart solche trauer hingelegt. Requiescat in pace.

Und nach end deß officiums lud die kgl. Mt. alle Ff. und Hh. zu tisch. [...] Und von stund an solche schwarze tücher und grab hinweggenommen und armen leüten geben.[45]

Nach dem kostspieligen Reichstag – allein die 1800 Kerzen für Philipps Exequien kosten ein Vermögen, ganz zu schweigen von den Spesen, die ein quasi-kaiserliches Gefolge in drei Monaten verschlingt – kann Maximilian die Zeche wieder einmal nicht zahlen. Er lässt daher – nicht zum ersten Mal – in bewährter Manier seine Frau und seine Kapelle als Pfand zurück. Maximilians Gläubiger brauchen Geduld: Königin und Musiker sitzen fast zwei Jahre am Bodensee fest. Die Musiker wohnen im Wirtshaus „by dem gulden schaff" und musizieren mit der Konstanzer Dommusik; vermutlich ersingen sie sich so Essen und Unterkunft. Unter den Musikern befinden sich Heinrich Isaac[46] und Georg Slatkonia – und wo Slatkonia ist, sind mit Sicherheit auch Sängerknaben. Der ein oder andere Knabe kommt vermutlich in dieser Zeit in den Stimmbruch, und manches Mitglied der kaiserlichen Kapelle wird vom Konstanzer Dom abgeworben. Im April 1508 lässt das Domkapitel bei Isaac nachfragen, ob der „in [ge]ringem sold", möglichst günstig, einige Stücke für die Hochfeste komponieren würde? Isaac willigt ein, und so entsteht der *Choralis Constantinus*, eine Sammlung von 375 Motetten für das ganze Kirchenjahr.

Während die Kapelle wartet, lässt sich Maximilian im Februar 1508 in Trient zum römisch-deutschen Kaiser krönen: Nach Rom, wie eigentlich geplant, kommt er nicht. Die Venezianer lassen ihn nicht durch ihr Gebiet ziehen, und so erhält Maximilian den päpstlichen Segen nur aus der Ferne. Danach lässt er sich als Kaiser in den Niederlanden feiern, schließt in Cambrai einen Bündnisvertrag mit den Franzosen, dem Papst und den Königen von Spanien, England und Ungarn gegen Venedig und etwaige Angriffe der Osmanen. Kurz, er ist beschäftigt und findet erst im April 1509 Zeit, Kaiserin Bianca Maria und die Kantorei endlich auszulösen.

Den Jahreswechsel 1511/1512 verbringt Maximilian in Linz. Die Kapelle, die sich zu dieser Zeit noch in Innsbruck befindet, wird zu ihrem Dienstherrn beordert; der Kaiser wünscht sich wieder einmal Musik. Aber spontanes Reisen ist nicht so leicht zu organisieren, zumal im Winter. Aus einer Abrechnung mit den Fuhrmännern, „so die Capellen und neun Truhen Wiltpret von hie zu ksl. Majestet gen Linz gefüert", geht hervor, dass die Musiker in zwei Gruppen reisen. Die erste ist mit drei Wagen mit zwölf Pferden 23 Tage unterwegs; die zweite, ebenfalls mit drei Wagen, hat nur zehn Pferde zur Verfügung und braucht einen Tag länger für die rund 320 Kilometer. Im Schnitt schafft man

Der „Gründer" Maximilian I.

bei dieser Gelegenheit also nur etwa 13 Kilometer pro Tag; mit Sicherheit sind daran die schlechten Straßen und die winterlichen Verhältnisse schuld.

1512 findet ein Reichstag in Trier statt; der Kaiser hat diesmal seine Kapelle dabei. Der Kurtrierer Kanzleischreiber Peter Maier (um 1460–1542) hat den Auftrag, die Ereignisse des Reichstages zu dokumentieren – durch die Brille des Gastgebers. Ganz offensichtlich ist Maier an Musik interessiert; er unterscheidet zwischen „figurierten" und „diskantierten" Messen, zwischen polyphonen und homophonen Gesängen.

Zwischen dem 12. März und dem 9. Mai 1512 singt die kaiserliche Kapelle in verschiedenen Kirchen und Klöstern, im Dom und im erzbischöflichen Palast zumindest 20 Messen. Am 22. März 1512, zehn Tage nach dem ersten Auftritt, lädt die kurtrierische Kanzlei die kaiserliche Kapelle zu einem Festmahl ein.[47] Maier zählt die erwachsenen Sänger namentlich auf; die Namen sind in seinem Bericht so arrangiert wie bei einer Tafel, vielleicht entspricht das der tatsächlichen Sitzordnung. Geistliche mit niederen Weihen sind mit einem kleinen *d* für „dominus" gekennzeichnet. Die zehn Sängerknaben werden summarisch erwähnt, *cum x juvenibus,* mit zehn Jugendlichen. Sie sitzen vermutlich am Katzentisch.

> Desselben tags vnd die Zit hat die Triersch Cantzlie Zu gast gehabt des Keisers Senger.
> Jrer Namen:
>
> | | |
> |---|---|
> | Te[nor] d[ominus] thomas | Nicodemus Bas |
> | Bas d[ominus] wilhelmus | Georius Alt |
> | Te[nor] d[ominus] Gregorius | Gregor Te[nor] |
> | Bas Rotensteyner | Michael Te[nor] |
> | Alt Georius fogel | |
> | Cum x Juuenibus. | |
>
> Die Jnen vorgestallt gerichte: Mandelsoppe / Heiß Carpen / Kappesmueß / Backfisch / Hecht / mitt eyner saels / Salmen Im peffer / Gebacken bieren / Galentin / Fladen.

Vielleicht ist es aus Sicht des Gastgebers wichtig, die Speisenfolge zu dokumentieren; auf jeden Fall gibt der Text einen seltenen Einblick in die frühneuzeitliche Küche. Der 22. März 1512[48] ist ein Montag in der Fastenzeit, das Menü fischlastig. Man speist Karpfen, Backfisch, Hecht und Lachs. Kappesmus ist ein Kohlgemüse, „Gebacken bieren" wohl ein Bierteig, und hinter Galentin verbirgt sich vielleicht Fischgelatine, also Aspik.[49] Ob sich so mancher der zehn Juvenes doch lieber an Mandelsuppe, Bierteig und Fladen hält?

Maiers Bericht zufolge besteht Maximilians Kantorei in Trier aus zwei Altisten, vier Tenoristen, drei Bassisten und zehn Sängerknaben. Die Zusammensetzung entspricht ungefähr der, die man bei einem zeitgenössischen flämischen Vokalensemble erwarten würde.[50]

Am Palmsonntag findet im Trierer Dom ein Gottesdienst statt, bei dem die kaiserliche Kapelle mit der des Ulrich von Württemberg[51] gemeinsam musiziert. Beide Ensembles gelten als ausgezeichnet; sie singen Polyphonie. Kanzleischreiber Maier betätigt sich als euphorischer Musikkritiker:

> Vff den heiligen Palmtage ist Keis. Maiestat im doem zu kirchen gewest, mitt nachfolgenden Chur vnd fürsten, vnd bottschafften. Beide, keiserlich vnd wirttembergische Senger haben das officium vnd passion figurirt, vnd vbermassen wol.[52]

Im Herbst 1513 hält sich Maximilian in den Niederlanden auf; die Kapelle soll zu ihm kommen. Am 14. September erhält Slatkonia, der ja für die Sängerknaben verantwortlich ist, einen Passierschein „auf 7 Truchen, 1 Vassl, 2 vällis (= Rucksäcke), ein Positiv (= ein Orgelpositiv), darinnen Kleider, Puecher und anderer Plunder, so Ime, den Gesellen und Knaben in der Capellen zugehört".[53]

Vom 17. bis zum 29. Juli 1515 ist Wien im Hochzeitsrausch; die sogenannte Wiener Doppelhochzeit ist der Höhepunkt der kaiserlichen Heiratspolitik. Es geht um die Absicherung des Reiches gegen die Bedrohung durch die Osmanen, um eine gemeinsame Politik mit dem König von Böhmen, Kroatien und Ungarn. Maximilian hat das Ganze von langer Hand vorbereitet, es geht um zwei Ehen zwischen seinen Enkelkindern und den Erben der ungarischen Krone. Am 17. Juli 1515 ziehen der Kaiser, König Vladislav II. von Böhmen, Ungarn und Kroatien, und König Sigismund I. von Polen in Wien ein. Slatkonia, inzwischen Bischof von Wien, empfängt den Zug vor dem Stephansdom; die Kapelle singt *suavissimus concentibus*, mit den süßesten Harmonien, wie sollte es anders sein, ein Te Deum. Am 22. Juli finden die beiden Hochzeiten statt; zwei Neunjährige, Ludwig und Maximilians Enkelin Maria von Habsburg, geben sich das Jawort, und der doch schon 56-jährige Großvater Maximilian heiratet in Vertretung eines seiner Enkelsöhne die zwölfjährige Anna von Ungarn und Böhmen. Peinlicherweise kann er nicht sagen, welchen Enkel er vertritt, denn eigentlich sind beide, Karl und Ferdinand, bereits anderweitig dynastisch verplant. Aber das kann die Stimmung nicht trüben: Eine Woche lang wird weiter gefeiert; die ganze Stadt ist ein einziger Turnierplatz. Mit den Hochzeiten sind die politischen Weichen für die Zukunft der Habsburger gestellt. Maximilian hat das Großevent ganz bewusst in Wien inszeniert, vor den Augen der Welt; die Sängerknaben sind mittendrin. Es ist ein Riesenspektakel, das eine Riesensumme verschlingt, 200.000 Goldgulden. Mindestens 54.000 muss Maximilian sich vom Augsburger Kaufherr und Bankier Jakob Fugger (1459–1525) leihen, der dafür sechs Jahre lang Zugriff auf die kaiserlichen Minen erhält.

1518 findet wieder ein Reichstag in Augsburg statt, es wird Maximilians letzter sein. Die allgemeine Stimmung ist gereizt. Der Kaiser bemüht sich vergeblich, einen Kreuzzug zusammenzustellen; Martin Luther wird verhört. Maximilian ist inzwischen schwer krank; es

Abb. 14: Ab 1509 lässt Jakob Fugger der Reiche im Westchor der Augsburger Kirche St. Anna eine Grabkapelle für sich und seine Brüder errichten; Jörg Breu d.Ä. (um 1475–1537) sorgt für die Malereien an der Orgel. Das Bild befindet sich auf einer der Flügeltüren am Orgelpositiv und zeigt Mitglieder von Maximilians Kantorei, an den roten, grünen und schwarzen Dienstkleidern zu erkennen: Wie auf dem Holzschnitt von Weiditz (Abb. 15) sind es drei Knaben, zwei Jugendliche und vier erwachsene Sänger; sie singen Mensuralmusik aus zwei Chorbüchern, der Leiter hält einen Mensurstab. Die Vermutung liegt nahe, dass es sich hier um Porträts handelt. Um 1516/1517.

heißt, er reise nun ständig mit seinem Sarg. In Augsburg streiten sich die drei neben dem Kaiser wohl mächtigsten Fürsten Europas um seine Nachfolge, der französische König Franz I., der englische König Heinrich VIII. und Maximilians Enkel, der spätere Kaiser Karl V. Jeder der drei versucht, die Kurfürsten auf seine Seite zu ziehen. Das geht am besten – man ahnt es schon – mit Geld. Spione tragen den Habsburgern die Summen zu, die Franz und Heinrich bieten; so kann Maximilian die Konkurrenz ausstechen – wieder nur mit einem Darlehen von Jakob Fugger, das die Habsburger weiter in die finanzielle Abhängigkeit treibt. Die Verhandlungen sind anstrengend und zermürbend. Maximilian, der diesmal auf seine Musiker verzichtet hat, lässt sie schließlich doch noch holen: „dieweils wir aber ... unser Capellen yiz auf den Reichstag notturfig sein."[54] Am Ende kann der Kaiser seinen Enkel als Nachfolger durchsetzen.

Im Spätherbst 1518 weigern sich die Innsbrucker Wirte, dem kaiserlichen Gefolge Quartier zu geben: Vom letzten Aufenthalt des Hofes sind noch 24.000 Gulden offen, und die Kreditwürdigkeit des Herrschers ist inzwischen mehr als zweifelhaft. Der Kaiser ist auf dem Weg nach Wien, als ein hohes Fieber ihn zwingt, in Wels Station zu machen.[55] Am 12. Januar 1519 stirbt Maximilian in der Welser Burg. Selbst seinen Tod hat er im Vorhinein inszeniert: Man soll ihn ausziehen, geißeln, ihm die Haare scheren, die Zähne ausbrechen und seinen Körper in ein Büßergewand stecken. Dass das auch so geschieht, hält ein anonymer Hofmaler im Bild fest. Maximilians Körper wird in Wiener Neustadt beerdigt, sein Herz – angeblich – in Burgund, bei seiner ersten Frau Maria. Sein aufwändig geplantes Grabmal mit den Bronzestatuen

Abb. 15: Kaiser Maximilian die Messe hörend. Hans Weiditz (um 1500–1536) oder dem sogenannten Petrarca-Meister zugeschrieben. Holzschnitt. – Der Kaiser kniet im Hintergrund rechts vom Altar auf einem Betstuhl und folgt der Messhandlung; die Figur vorne links könnte Matthäus Lang (1468–1540) darstellen. Hinter ihm sitzt Paul Hofhaimer an der Orgel, ein Kalkant tritt den Blasebalg. Dem Organisten gegenüber steht Maximilians Kantorei: Hier sind es vier Knaben, zwei etwas ältere Jugendliche und vier erwachsene Sänger, die um ein Pult mit großem Chorbuch gruppiert sind; Orgel und Chor musizieren zusammen. – Die Szene gehört zum Reichstag in Augsburg; mit der idealisierten Darstellung ist wohl die St. Anna-Kirche gemeint. Die drei Wappen (Reichswappen, Wappen von Papst Leo X., österreichisches Wappen) liefern einen Hinweis zur Datierung: Die päpstliche Delegation kam am 7. Juli 1518 in Augsburg an. Die beiden Hunde – wieder ein Jagdhund und ein Wachhund – sind diesmal vorne in der Mitte zu sehen; beide stehen für Treue und Loyalität, vgl. Abb. 11.

seiner 40 „Ahnen" und Getreuen wird noch seine Urenkel beschäftigen. Heute stehen 28 Skulpturen, Schwarzmanda, in der Innsbrucker Hofkirche.

Quis dabit oculis ist eine der Motetten, die offiziell bei den Exequien zum Tod des Kaisers landauf, landab gesungen werden; vielleicht hat er sich das sogar gewünscht. Es ist eigentlich eine Komposition des Italieners Costanzo Festa[56] mit kleinen Textänderungen durch Ludwig Senfl, Maximilians ehemaligen Sängerknaben aus der Schweiz. Die biblischen Textpassagen stammen aus den Büchern des Propheten Jeremias.

> Wer gibt unseren Augen eine Tränenquelle, damit wir vor dem Herrn weinen können?
> Deutschland, was weinst du? Musica, warum schweigst du?
> Österreich, warum verzehrst du dich, in Lumpen gehüllt, vor Gram?
> Wehe uns, Herr, Maximilian ist uns gestorben.
> Die Freude unseres Herzens ist in Trauer umgeschlagen.
> Die Krone ist von unserem Haupt gefallen.

Also heult, ihr Knaben, weint, ihr Priester, trauert, ihr Sänger,
wehklagt, ihr Soldaten / Adlige[57] und sprecht:
Maximilian ruhe in Frieden.[58]

 QR-Code 3: Costanzo Festa / Ludwig Senfl, Quis dabit oculis nostris

Mit *pueri* sind die Sängerknaben direkt angesprochen, die Kaplane und die Sänger werden extra aufgezählt. Maximilians gesamte Kapelle soll heulen, weinen, trauern: Der Tod des Herrschers ist besonders für die Musiker ein tiefer Einschnitt, ihre weiteren Wege müssen sich erst noch weisen.

Persönlicher geht es Ende Februar bei einer Seelenmesse für den verstorbenen Kaiser in der Kirche St. Pierre in Mecheln zu; unter den Anwesenden sind Maximilians Tochter Margarete und sein Enkel Karl V. mit ihrem jeweiligen Gefolge. In den Rechnungsbüchern des Hofes finden sich Ausgaben für Trauerkleidung für diejenigen Hofangehörigen, „die mit meinem genannten Herrn und meiner genannten Dame bei den Obsequien und der Messe anwesend waren, die am vorletzten und letzten Tag des Februars 1519 in der Kirche St. Pierre in Mecheln für das Seelenheil des verstorbenen Kaisers Maximilian abgehalten und gefeiert wurde; möge Gott (ihn) erlösen."[59]

Die Trauermotette *Proch dolor*, O Schmerz!, findet sich in Margaretes privatem Gesangbuch.[60] Komponist ist wahrscheinlich Josquin Desprez, der – vermutlich schon „in Pension" in seinem Heimatort Condé-sur-l'Escaut – mit Margarete in engem Kontakt steht.[61] Der Text, angefangen von dem lautmalerischen Ausruf „Proch", wirkt persönlich betroffen, vielleicht stammt er von Margarete selbst. Die kleine Motette ist zum Zeichen der Trauer in schwarzer Notation geschrieben; sie steht im Zweiertakt, einem sogenannten *tempus imperfectum*[62], vielleicht ein Hinweis auf die Ewigkeit. Josquin verwendet als Cantus firmus den Schluss der gregorianischen Totensequenz *Dies irae*; die Bitte um die ewige Ruhe für den Verstorbenen *Pie Jesu, dona ei requiem* lässt er als dreistimmigen Kanon in drei verschiedenen Tonhöhen drei Mal singen. Über den Noten steht die Anweisung: *Caelum terra mariaque succurrite pio*, „Himmel, Erde und Meere, steht dem Frommen bei". Es ist eine Art Rätsel: Damit zeigt der Komponist, dass der Kanon beim zweiten Mal eine Quart, beim dritten Mal eine ganze Oktave tiefer zu singen ist. Der Chor ist in sieben Stimmen geteilt, das entspricht den sieben Trauertagen in der Bibel.[63]

O Schmerz!
Die Menge des deutschen Volkes möge um den verlorenen großherzigen König weinen.
Jener liegt (tot) darnieder und plötzlich stürzt der leuchtende Stern des Kaisers:
Keine Wunde kann größer sein als dieser Schmerz jetzt.

Die himmlische Schar nehme den großen Mann auf.
Sanfter Herr Jesus, gib ihm (ewige) Ruhe."[64]

QR-Code 4: Josquin Deprez, Proch dolor

Eine Hofliste gibt Aufschluss über die Zusammensetzung des kaiserlichen Hofstaats und damit der Kapelle unmittelbar nach Maximilians Tod – das ist wichtig, da der Hofstaat ja jetzt aufgelöst wird, werden muss: „Statt des Hoffgesindts/ so nach absterben der Khay: Matt: &c. Hochlöblicher gedachtnus zw Welß Im Monat Januarj des 1519. Jar gemacht worden ist/ Wie hernach volgt."[65]

Unter der Überschrift „Capelln Personen" sind sechs Tenoristen, sechs Bassisten, sieben Altisten – darunter Ludwig Senfl – und 21 „Singer Knaben" genannt: Ludovicus Gitterhofer, Georgius Peigartsamer, Johannes Pantzer, Petrus Staudacher, Matthias Plaser, Bartholomeus Merßwanger, Balthasar Aster, Nicolaus Schinkho, Martinus Heutaller, Lucas Tillger, Laurentius Wagner, Gerhardus Mell, Rupertus Frueauf, Sebastianus Slauerspach, Bartholomeus Raichensperger, Martinus Alfantz, Hainricus Friesenberger, Georgius Teschinger[66], Georgius Stoltz, Sebastianus Gstalter und Ruepertus Hunger. Die Liste ist nicht alphabetisch, möglicherweise entspricht die Reihung dem Alter der Knaben oder – wahrscheinlicher – ihrem Eintrittsdatum in den Kapelldienst.

Zu dieser Zeit gibt es auf dem Gebiet des Heiligen Römischen Reiches nur drei vergleichbare Kapellen, die ebenfalls im burgundischen Stil musizieren: die kursächsische, die kurpfälzische und die württembergische Kapelle. Der Betrieb einer eigenen Kapelle ist kostspielig; die Wenigsten können sich das leisten. Besonders zur Kapelle Friedrichs des Weisen von Sachsen (1463–1525) gibt es viel Kontakt. Gelegentlich leiht Maximilian Friedrich sogar seine Musiker, das macht er sicher nicht für jeden. In einer anonymen Chronik zu Maximilians letztem Reichstag heißt es:

„Volgenden tage hat Kay. May. etzlich mall alle yre singerey/ organisten und ander spielleut meinem gnedigsten hern dem Churfursten/ zugeordent auff sein Churfurstlich gnaden zuwarten wie sie dan gethan/ und seinen. Chur. G. etzliche messen gesungen und geslagen haben/ des sie auch bey seinen Churfurstlichen gnaden/ wol gnossen/ und eyne reiche presentzs darum entpfangen haben."[67]

1507 wird ein ehemaliger Sängerknabe und Isaac-Schüler Kapellmeister an Friedrichs Hof in Torgau: Adam Rener[68] bringt neue Musik mit und die kursächsische Kapelle auf internationales Niveau. Maximilians Kapelle genießt bei den Zeitgenossen einen exzellenten Ruf. Mitglied der kaiserlichen Kapelle zu sein, ist die Krönung einer Musikerkarriere – und so attraktiv, dass man die schlechte Zahlungsmoral des Hofes und die damit verbundenen finanziellen Engpässe hinnimmt. Sängerknabe in der kaiserlichen Kapelle zu sein, bedeutet, mit ausgezeichneten und berühmten Musikern zu singen, von ihnen

Abb. 16: Warten auf den Auftritt. Eurovision Song Contest, Stadthalle Wien, 19. Mai 2015.

Abb. 17: Klimagipfel in der Wiener Hofburg am 15. Mai 2018. Im Publikum neben viel Politprominenz Arnold Schwarzenegger (Mitte) und Primatologin Dr. Jane Goodall (vierte von links). Die Wiener Sängerknaben sind Ehrenbotschafter des Jane Goodall Institutes Austria.

zu lernen, große Ereignisse direkt mitzuerleben. Es bedeutet Gemeinschaft und Abenteuer. Und das ist heute noch so.

Alles für das *gedächtnus:* Maximilians PR-Maschine

Maximilian ist schon zu Lebzeiten eine schillernde Figur. Für den Herrscher des Heiligen Römischen Reiches ist Propaganda überlebensnotwendig. Repräsentieren gehört nun einmal zum Handwerk, und Kleckern ist nicht Maximilians Stil. Er hat daher nicht nur erstklassige Musiker in seinen Diensten, sondern engagiert auch die besten Bildhauer, Grafiker und Maler der Zeit, darunter Jörg Breu d.Ä., Hans Burgkmaier, Lucas Cranach d.Ä., Jörg Kölderer, Bernhard Strigel und gleich zwei Albrechts: Altdorfer und Dürer.

In Sachen Eigenwerbung ist Maximilian eine Klasse für sich, er inszeniert sich immer wieder als Ritter in glänzender Rüstung und auf einem weißen Ross, er ist buchstäblich der *knight in shining armour* – so wie er ja auch 1477 bei Maria von Burgund zum ersten Mal erscheint. Gleichzeitig arbeitet er kontinuierlich am eigenen Nachruhm. Wie schon sein Vater entwirft er einen fiktiven Stammbaum, der bis zu Adam und Eva reicht; das *Who Is Who* der Menschheit zeigt, in welcher Tradition Maximilian sich begreift. Dabei spielt es keine Rolle, ob die Person wirklich gelebt hat – wie etwa Karl der Große und Julius Cäsar – oder nur gelebt haben könnte – wie etwa König Artus. Für sein eigenes Grabmal plant Maximilian das Ganze dreidimensional, mit 40 überlebensgroßen Bronzestatuen, 100 kleineren Habsburger Heiligenfiguren und 34 Büsten antiker Imperatoren. Namhafte Künstler sind an den Entwürfen beteiligt. Das kostet natürlich eine Kleinigkeit, ist es aber auch wert. Sparen ist nicht nur sinnlos, sondern sogar eine Niederlage, eine Schande. Meint Maximilian:

> Wer ime in seinem leben kain gedachtnus macht, der hat nach seinem tod kain gedächtnus und desselben menschen wird mit dem glockendon vergessen, und darumb so wird das gelt, so ich auf gedechtnus ausgib, nit verloren, aber das gelt, das erspart wird in meinem gedächtnus, das ist ein undertruckung meine kunftigen gedächtnus, und was ich in meinem leben in meiner gedächtnus nit volbring, das wird nach meinem tod weder durch dich oder ander nit erstat.[69]

Für ein ordentliches *gedächtnus* muss man also tunlichst selbst sorgen. Maximilian beginnt damit spätestens um 1500: Er stellt ein Gebetbuch zusammen. Er entwirft (oder lässt entwerfen) eine Ehrenpforte aus Papier, die sich gedruckt bis in alle Ewigkeit erhalten kann und großteils von Albrecht Dürer stammt. Gleichzeitig plant er einen 54 Meter langen Triumphzug aus 210 Holzschnitten, in dem sein gesamter Hofstaat am Betrachter vorbeireitet oder -fährt. Auf einem der reich verzierten Prunkwagen prangt

Abb. 18: Triumphzug Kaiser Maximilians, Kantoreiwagen. Anonyme Kopie des von Albrecht Altdorfer und Gehilfen um 1513/1515 angefertigten, heute unvollständigen Originals.

Abb. 19: Die Sänger auf dem Kantoreiwagen: Posaune und Zink spielen mit. Ausschnitt aus Maximilians Triumphzug.

Organist Paul Hofhaimer, auf einem anderen fährt Maximilians Kantorei mit Heinrich Isaac, Georg Slatkonia, mit den erwachsenen Sängern sowie dem Zinkisten Augustin Schubinger und dem Posaunisten Hans Steudlin; dazwischen eingezwängt die Sängerknaben. Alle drängen sich um ein großes Notenpult, alle mit Lorbeerkränzen auf dem Kopf.

Der Kaiser diktiert seinem Sekretär Marx Treitzsauerwein (um 1450–1527) gleich mehrere Bücher: Im *Theuerdanck* zieht Maximilians alter Ego Theuerdanck auf Brautfahrt zu Fräulein Ernreich, gemeint ist natürlich Maria von Burgund. *Freydal* ist ein weiteres Pseudonym des Herrschers; in dieser Rolle ist Maximilian sportlich auf Turnieren und bei Tänzen zu finden.

So entsteht auch der *Weißkunig*, eine Mischung aus Heldenroman, Chronik und unverhohlener Eigenwerbung, Maximilians idealisierte Autobiografie.[70] Der Weißkunig ist der Entwurf des perfekten christlichen Fürsten – das Vorbild und angestrebte Ideal ist der biblische König David. David ist in vielerlei Hinsicht perfekt, er ist, wie es so schön heißt, *the whole package,* Hirte, Musiker, Krieger und Regent in einem: Schon als kleiner Junge ist er ein gewitzter Kämpfer, der mit einer schlichten Steinschleuder gepanzerte Riesen bezwingt. Gleichzeitig ist er ein singender Knabe, der es versteht, auf der Leier zu spielen und so König Saul von bösen Geistern befreit (1. Samuel 16:14–23) – ein klarer Hinweis auf die heilende Kraft der Musik. David ist eine Ansammlung von Superlativen, der beste Krieger, der beste Beter, der beste Musiker und noch dazu ein vollendeter Dichter und Sänger, stolze 78 Psalmen sind ihm in der Bibel zugeschrieben. Dazu kommt ein ganz besonderes Verhältnis zu Gott; David, dessen Name „der Geliebte" bedeutet, hat bei Gott einen solchen Fels im Brett, dass ihm jeder Fehltritt, jeder Fehler verziehen wird. Obendrein ist er als Abkömmling von Jesse unter Jesus' Ahnen zu finden: Das Neue Testament bezeichnet Jesus gar als *Sohn* Davids. Wenn sich ein Herrscher also an David orientiert, muss er selbst ein idealer Herrscher sein.

Im *Weißkunig* heißt es:

> Auf ein zeit gedacht er an kunig Davit [...] und laß den psalter, darynnen er gar oft fand: lob got mit dem gesang und in der herpfen. Da beweget er wie groß gefellig sölichs got were [...] und als er kam in sein gewaltig regirung, hat er am ersten in dem lob gottes nachgefolgt dem kunig Davit, dann hat er aufgericht ain söliche canterey mit ainem sölichen lieblichn gesang von der menschn stym, wunderlich zu hören, und söliche libliche herpfen von newen werken und mit suessen saytenspil, das er alle kunig ubertraf und ime nyemands geleihn mocht; sölichs underhielt er für und für, das ainem grossen furstenhof geleichet, und prauchet dieselb conterey allein zu dem lob gottes, in der cristenlich kirchen.[71]

Maximilian erzählt, wie das Lesen der Psalmen Davids ihn dazu gebracht hat, seine Kantorei zu gründen; zum Lob Gottes. Zunächst folgt er David nach, indem er selbst singt

Abb. 20: Maximilians *gedächtnus*: Aus einem Chor mit einer Handvoll Knaben wird ein ganzer Campus mit 300 Kindern und Jugendlichen, Wiener Sängerknaben, Chorus Primus, Wiener Chormädchen, Chorus Juventus und Chorus Viennensis. Festkonzert zum 525-jährigen Jubiläum am 14. Mai 2023 im Musikverein Wien.

und Harfe spielt; er tut ein Übriges, indem er eine Kantorei gründet, wie sie die Welt noch nicht gesehen, geschweige denn gehört hat. Darin übertrifft er sämtliche Könige, auch David. Interessant ist der Hinweis auf neue Musik, zeitgenössische Werke. Maximilians Kantorei singt noch nie Gehörtes, Unerhörtes. Der Weißkunig unterhält sie „für und für", auf jeden Fall solange er lebt. Die Beschreibung „das ainem grossen furstenhof geleichet" bezieht sich wohl auf die für die Zeit ungewöhnliche Größe der Kapelle. Ganz wörtlich muss man Maximilian nicht nehmen: Das hohe Loblied auf die eigene Kantorei ist auch Propaganda.

Dennoch: Maximilian ist Musik, vor allem geistliche, tatsächlich persönlich wichtig. Im *Weißkunig* erzählt der Herrscher, dass er selbst von Jugend an musiziert hat und was ihm das bedeutet:

> nach vyl arbeyt, nott, vnd mye, darin dan der mensch Zere verzerdt wirt, ain ergetzung haben möge, die verschwendt krefften wider Zeu ernewern, ist von den naturlichen Maister geschriben, das alles so leben empfangen hab, nit lan werden möge, sonder speyß vnd

Rue. dem nach der Jung kunig als er empfandt des alten kunigs seines vattern groß vnd schwer gescheffte, vnd Jm nach tott seines vattern nit gemyndert, sonder gemeret wurden, als er dan auch ausschlagn muest, Hyerumb menigerlay (= mancherlei) handtspil auff lauten herpfen, klauicordj gelernet. Dadurch alzeit beliben bey gutem gesunndt, vnd embsiger begiere mer vnd mer Zu begreiffen.[72]

Maximilian analysiert genau, was Musik mit ihm und für ihn macht. Er braucht sie, um Dampf abzulassen, um sich von „viel Arbeit, Not und Mühe" zu erholen. Musik ist Ergötzung[73], Erholung, sie hält ihn gesund und gibt ihm Kraft – auch und gerade, als er den doch sehr anstrengenden Job als Kaiser des Heiligen Römischen Reiches übernimmt.

Eigentlich hat der Kaiser auch ein eigenes Buch über Musik geplant; dazu kommt es aber nicht mehr. Aber für sein *gedächtnus* hat er alles getan: Wir reden heute noch über ihn als großen Förderer vor allem der Musik.

Exkurs: Das Wandern ist der Sänger Lust

QR-Code 5: Carl Friedrich Zöllner, Das Wandern ist des Müllers Lust (Volkslied)

QR-Code 6: Franz Schubert, Die Forelle

Reisekönigtum und Wanderhof

Als römisch-deutscher Herrscher ist Maximilian I. dauernd auf Achse. Weil das Reich so groß ist, ist Reisen ein wesentlicher Teil des Regierens. Maximilian muss sich seinen Untertanen und vor allem auch seinen Fürsten immer wieder zeigen; er muss ihre Anliegen kennen, und für seine eigenen Anliegen muss er netzwerken und werben. Sein politischer Erfolg hängt nicht zuletzt von seiner Mobilität ab.

Durchschnittlich 500 Personen[74] gehören zum Hofstaat; sie alle müssen aus der Staatskasse ernährt und gekleidet werden, manche erhalten darüber hinaus noch einen Sold. Nicht immer sind alle mit auf den Reisen, aber bei den großen „umraysen" zu den Reichstagen dürfte ein Großteil der Hofangehörigen dabei sein, allein schon, um mit einem prunkvollen Einzug den richtigen Eindruck zu schinden. Bei solchen Gelegenheiten ist die Kapelle sicher mit Maximilian unterwegs; ob und wie viele Mitglieder der Hofmusik mitreisen, richtet sich nach dem Anlass – und wohl auch nach den Finanzen.

Maximilians berühmter *Triumphzug* zeigt eine idealisierte Version des Reisens mit dem ganzen Hofstaat auf 84 Wagen. So geordnet geht es auf den rauen Wegen sicher nicht zu. Die einen – Maximilians engere Entourage – reiten auf ihren Pferden, sie sind schneller, beweglicher und können auch schwierigeres Gelände bewältigen. Andere – dazu gehören die Sängerknaben – fahren auf Wagen, wieder andere begleiten den Tross zu Fuß: Wer wann wie und mit wem fährt, muss sorgfältig geplant werden. Damit es sich unterwegs einigermaßen standesgemäß leben lässt, kommen Proviant, Möbel, sogar Tafelsilber mit. Ein funktionierendes mobiles Büro ist essenziell, samt den dazugehörigen Akten. Die wiegen nicht nur schwer, sondern müssen auch noch besonders gesichert werden, sie dürfen nicht verloren gehen oder in die falschen Hände fallen. Reisen ist gefährlich; dazu passt auch Maximilians persönlicher Wahlspruch, „per tot discrimina rerum", durch so viele der schlimmsten Gefahren.[75]

Logistik

Das Straßennetz in der frühen Neuzeit lässt zu wünschen übrig, viele Straßen stammen noch aus der Römerzeit, und manche Wege sind eher Trampelpfade. Oft geht es durch buchstäblich unwegsames Gelände, über Stock und Stein; insbesondere die Wagen sind stark von Wegen und Witterung abhängig. Im Durchschnitt schaffen die Fuhrleute 30 Kilometer an einem Tag, wenn es gut läuft auch einmal 50. Im Winter sind es zwischen elf und 13 Kilometern. Wenn irgend möglich, reist der Hof auf dem Wasserweg, auf der Donau, dem Rhein, der Mosel. Dabei wird auch musiziert; das vertreibt die Zeit. Gelegentlich macht man so auf sich aufmerksam, Wasser verstärkt bekanntlich den Schall. Als Maximilians Schiffe 1490 oder 1491 an Regensburg vorbeifahren, brüskieren sie die am Ufer wartende Bevölkerung mit dem Lied „O du armer Judas, was hast du getan/ dass du deinen Herren also verraten hast?/ Darum musst du leiden in der Hölle Pein/ Luzifers Geselle musst du ewig sein/ Kyrieleison"; die Regensburger fühlen sich – zu Recht – verhöhnt.[76]

Wenn er nicht gerade auf einem Kriegszug ist, hält sich Maximilian zumeist in einer Kernregion auf; er reist zwischen Augsburg und Innsbruck, zwischen Speyer und Wien. In diesem Gebiet verfügt der Monarch über mehrere Stützpunkte: Er hat Residenzen in Innsbruck und Linz; in Kaufbeuren und Steyr besitzt er eigene Häuser. Andernorts gibt es Adlige oder reiche Bürger, die Maximilian ausgesprochen gerne aufnehmen. Dem Herrscher einen Gefallen zu tun, macht sich auf die ein oder andere Weise bezahlt.

Das Dach über dem Kopf

Reichsunmittelbare Städte und Reichsabteien sind verpflichtet, Maximilian und sein Gefolge unterzubringen; das ist einerseits eine Ehre, andererseits eine Last. Selbst wenn der Aufenthalt des Hofstaats bezahlt wird (und das geschieht oft erst wesentlich später), ist es nicht immer ohne Weiteres möglich, Quartier und vor allem Versorgung für die Reisenden zu gewährleisten. Auch aus diesem Grund müssen die Reisen des Herrschers gut geplant sein; wie die Tourneen der Sängerknaben heute. Route und Stationen liegen fest. Die prospektiven Gastgeber müssen wissen, wer (und was) auf sie zukommt. Maximilian und seine Kanzlei brauchen nicht nur einen angemessenen Schlafplatz, sie brauchen Schreibstuben, Beratungszimmer, Empfangsräume, in denen Hof gehalten werden kann; das mobile Palastoffice. Maximilian reist nicht mit einem Laptop.

Kosten

Reisen sind teuer, auch damals schon; das führt dazu, dass Maximilian ständig mehr Geld braucht, ständig klamm ist und eigentlich ständig auf Pump lebt. Manche Hofangestellte warten jahrelang auf ihre Gehälter – die Musiker können ein Lied davon singen. Die teilweise enormen Kredite bei seinen Gläubigern sichert Maximilian mit zukünftigen Schürfrechten in den kaiserlichen Minen. Gelegentlich lässt er auch seine Musiker oder die Gattin als Pfand zurück, wie zum Beispiel nach dem Reichstag in Konstanz 1507.

Das ständige Herumgereise zerrt an den Nerven, bei manchem liegen sie blank – das geflügelte Wort vom „Zigeunerleben" geht um. Im Dezember 1510 freut sich der Erste Rat Blasius Hölzl (um 1471–1526), dass er sich jetzt endgültig niederlassen kann; er „habe es satt, ein Leben lang ein zygeyner zu sein".[77] Organist Paul Hofhaimer ist oft in Maximilians Gefolge, wenn nicht, fordert ihn der Herrscher gelegentlich extra an; manchmal einfach, um sein Orgelspiel um sich zu haben. Hofhaimers Freund Joachim Vadian[78] konstatiert im Mai 1524: „Ich dannck got, das ich nymmer wye ayn zigeyner umraysen bedorff. Hab ytz ain hausfrawen von edlem und erbern geschlecht."[79]

QR-Code 7: Robert Schumann, Zigeunerleben

Das Singen und die Politik

Für den Herrscher ist die Musik, ist das Singen ein ganz wesentlicher Teil seiner Repräsentation. Ungeplante und spontane Auftritte zwischendurch gehören ganz selbstverständlich zum Reisen: So musiziert die Kapelle beispielsweise bei Gottesdiensten in Kirchen, die Liturgie übernehmen die ortsansässigen Priester, oft hochrangige Geistliche. Wo sie hinkommt, erregt die Kapelle Aufsehen; immer wieder erwähnen zeitgenössische Chronisten den offenbar außergewöhnlichen Gesang. Wenn es um Politik geht, sind die Auftritte der Kapelle genau geplant. 1504 werden sie zu einem speziellen Hochamt nach Kaufbeuren bestellt, um vor hochrangigen Diplomaten für Maximilian zu punkten: vor den Gesandten des

Papstes, des französischen Königs Ludwig XII., vor der venezianischen Signorie und dem Gefolge seines eigenen Sohnes, Erzherzog Philipps.[80] Einige Wochen später geht es bei den Friedensverhandlungen im elsässischen Hagenau noch etwas festlicher zu; dort singen Maximilians Sänger und Philipps burgundische Kapelle gemeinsam.[81] Auf den Reichstagen bringen auch andere Herrscher ihre Kapellen mit; vor allem die Gottesdienste geraten so zu regelrechten Leistungsschauen.

Abb. 21: Allzeit bereit zum Abflug. Vienna International Airport, Schwechat, Mai 2019.

Reisen im 20. und 21. Jahrhundert

Nach ihrer Wiedergründung als privater Verein im Jahr 1924 sind die Wiener Sängerknaben auf das Reisen angewiesen. Konzertreisen bringen Geld – im Gegensatz zu Maximilians Reisen, die nur kosten. Die Erlöse der Tourneen bilden die finanzielle Grundlage der Sängerknaben. Nicht immer läuft alles glatt, nicht immer lässt sich alles planen. Aber die Wiener Sängerknaben erweisen sich bald als Weltmeister im Improvisieren. Während die ersten Reisen sich noch sehr bescheiden und harmlos ausnehmen – in Österreich, der Schweiz und Deutschland kann man sich ja ohne größere Schwierigkeiten verständigen –, sind Reisen in die Tschechoslowakei, nach Jugoslawien oder Polen schon etwas anderes. Nicht immer haben die Sängerknaben die richtigen Papiere dabei, aber man weiß sich zu helfen: Zu dieser Zeit ist es durchaus üblich (und in manchen Ländern sogar vorgeschrieben), dass bei Konzerten die jeweilige Nationalhymne gesungen wird. Wenn beim Grenzübertritt also keine Papiere vorliegen, nehmen die Knaben beim Schlagbaum Aufstellung und singen die Landeshymne. Das funktioniert *immer*.

Übernachtet wird oft – weil es so viel einfacher und billiger ist und obendrein noch Zeit spart – in den Zügen, da schlafen die Kinder auf den Sitzbänken, auf dem Boden, zwischen Koffern oder im Gepäcknetz. Letzteres ist sogar ausgesprochen beliebt. In den Anfangsjahren wird nach manchen Konzerten einfach das anwesende Publikum gefragt, wer denn wohl ein paar Knaben aufnehmen möchte? Es melden sich immer genügend Quartiergeber, und die Erwachsenen kontrollieren, wo und wie die Kinder untergebracht werden.

1929 – keine drei Jahre nach der ersten vorsichtigen Stippvisite der Wiener Sängerknaben im deutschsprachigen Ausland – stehen Italien, Frankreich und Spanien, Schweden, Dänemark und Norwegen auf dem Reiseplan, 1930 kommt Griechenland dazu. 1932 geht es das erste Mal nach Nordamerika. Die frühen Reisen der Sängerknaben dauern Monate; oft geht es über Weihnachten und Neujahr. Den Rekord hält eine legendäre Weltreise, die 254 Tage dauert, vom 22. Juli 1935 bis zum 1. April 1936.

1948 sind die Sängerknaben das erste Mal mit einem Flugzeug unterwegs. Das spart viel Zeit. In den 1950er-Jahren dauern Tourneen zwischen zwei und vier Monaten; Fernreisen nach Südamerika, Südafrika oder Australien können deutlich länger sein: Reisekosten müssen mit Konzerten wettgemacht werden.

Heute sind die Reisen der Wiener Sängerknaben deutlich kürzer. Die längsten Tourneen gehen nach Japan oder nach Nordamerika: Sie dauern etwa zwei Monate. Die etwa 90 aktiven Knaben sind auf vier gleichrangige Konzertchöre aufgeteilt, die alle unter dem Namen „Wiener Sängerknaben" auftreten. Die Tourneen sind so eingeteilt, dass jedes Kind möglichst viele unterschiedliche Reisen machen kann; sie folgen einem bewährten „Tournee-Rad": Im Herbst sind immer zwei Chöre unterwegs; einer fährt nach Asien und nach Deutschland, der andere bereist die USA und Kanada. Im Frühjahr fährt der dritte Chor nach Südkorea und Europa, Ende April reist der vierte Chor für zwei Monate nach Japan – das ist derzeit die längste Tournee und bei vielen Sängerknaben die beliebteste.

Die Wiener Sängerknaben arbeiten in den verschiedenen Ländern mit lokalen Agenturen zusammen; die Agenturen akquirieren Konzerte, kümmern sich um Genehmigungen und behördliche Auflagen, organisieren Transport, Unterkünfte und Verpflegung.

Abb. 22: Hong Kong Harbour. Februar 2019.

Schließlich werden Route und Ablauf vorgeschlagen. Währenddessen werden in Wien Uniformen vorbereitet, Kinder geimpft, Visa besorgt, Material für Pressekonferenzen und Interviews vorbereitet. Zu guter Letzt wird der endgültige Ablauf mit der Agentur abgestimmt. Dann kann es erst losgehen – meistens mit einer Busfahrt zum Flughafen Schwechat.

Mehr als 1000 Tourneen in an die 100 Länder haben die Wiener Sängerknaben seit 1924 absolviert; manche dieser Länder gibt es nicht mehr.

Von den Wiener Sängerknaben besuchte Länder

(mit * markierte Länder sind alte Bezeichnungen)
Andorra: 2012
Argentinien: 1936
Armenien: 2006
Australien: 1935
Bahamas: 1974
Bahrain: 1980

Reisen im 20. und 21. Jahrhundert 57

Abb. 23: Shaw Studios, Hong Kong. Februar 2019.

Belgien: 1934
Bolivien: 1949
Bosnien und Herzegowina: 2022
Brasilien: 1936
Bulgarien: 1930
*Ceylon: 1954
Chile: 1936
China: 1992
Costa Rica: 1971
Curaçao: 1934
Dänemark: 1929
Deutschland: 1926
Dominikanische Republik: 1937
Ecuador: 1949
El Salvador: 1971

Estland: 1933
Fidschi: 1935
Finnland: 1933
*Formosa: 1961
Frankreich: 1929
Georgien: 2006
Griechenland: 1930
Großbritannien: 1934
Hawaii: 1935
*Hong Kong: 1959
Indien: 1961
Indonesien: 1986
Irland: 1952
Island: 2001
Israel: 1985

Abb. 24: Großgepäck für die USA-Tournee 1936.

Italien: 1929
Jamaika: 1949
Japan: 1955–56
Jordanien: 2014
Britische Jungferninseln: 1979
*Jugoslawien: 1927
Kanada: 1934
Katar: 2012
Kenia: 1973
Kolumbien: 1949
Kroatien: 1992
Kuba: 1937
Lettland: 1934
Libanon: 1967
Liechtenstein: 1938
Litauen: 1934
Luxemburg: 1954
*Macao: 1990
Malaysia: 1959
Malta: 1989
Mexiko: 1937
Neuseeland: 1935
Nicaragua: 1971
Niederlande: 1934
Norwegen: 1929
Palästina: 2015
Panama: 1949
Paraguay: 1949
*Persien: 1964
Peru: 1949
Philippinen: 1967
Polen: 1928
Portugal: 1946

Puerto Rico: 1937
*Rhodesien: 1967
Rumänien: 1936
Russland: 2006
Samoa: 1935
Saudi-Arabien: 1988
*Schlesien: 1932
Schweden: 1929
Schweiz: 1926
Serbien: 2016
Singapur: 1959
Slowakei: 2006
Slowenien: 1992
Spanien: 1929
Sri Lanka: 1986
Südafrika: 1952
Südkorea: 1969
Taiwan: 1961
Tasmanien: 1954
Thailand: 1967
*Tschechoslowakei: 1927
Tunesien: 1988
Türkei: 1964
Ungarn: 1928
Uruguay: 1936
USA: 1932–33
Vatikan: 1965
Venezuela: 1937
Vereinigte Arabische Emirate: 1980
Vietnam: 2007
Zimbabwe: 1981
Zypern: 2023

KAPITEL 2

Maximilians Nachfolger

Ferdinand I.

Maximilians jüngerer Enkel, Ferdinand I., wird 1503 in Acalá de Henares bei Madrid geboren. Er wächst zunächst in Spanien bei seinem Großvater und Namensvetter Ferdinand II. von Aragón auf. Als Teenager kommt er an den Hof seiner Tante Margarete in Mecheln. Hier lernt der „spanische" Ferdinand vermutlich Französisch, Flämisch, vielleicht ein bisschen Deutsch; Letzteres wird er sein Leben lang nicht richtig beherrschen. Wahrscheinlich entdeckt er an Margaretes Hof die Liebe zur flämischen Polyphonie, und wahrscheinlich lernt er hier den fast gleichaltrigen Kapellknaben Pieter Maessins kennen, der in Margaretes Kantorei singt. Maessins wird später über abenteuerliche Umwege Musiker in Ferdinands eigener Kapelle werden.

1521 erhält der inzwischen 18-jährige Ferdinand nach zähen Verhandlungen mit seinem älteren Bruder, Kaiser Karl V., den österreichischen Teil des Habsburgerreiches inklusive der Hälfte der von Maximilian I. geerbten Schulden, dazu das Recht, den Kaiser offiziell zu vertreten. Am 26. Mai 1521 heiratet er Anna von Böhmen und Ungarn (1503–1547). Er löst damit das Hochzeitsversprechen ein, das sein Großvater 1515 stellvertretend für ihn gegeben hat, und sichert den Anspruch der Habsburger auf Ungarn. Als neuer Erzherzog von Österreich muss Ferdinand entsprechend repräsentieren; er braucht eine angemessene Musik. 1524 erlässt er eine erste Kapellordnung, in der die Ämter, die es geben soll, mit ihren jeweiligen Funktionen aufgeführt sind. Das Dokument ist in einem kuriosen Sprachgemisch von Latein, Deutsch und Flämisch verfasst, vielleicht sogar von Ferdinand selbst.

Ferdinands Pläne sind klar strukturiert: Die Kapelle bekommt einen geistlichen und einen musikalischen Leiter, Spezialisten auf ihrem jeweiligen Gebiet. Auf der geistlichen Seite ist der Hofprediger, der *obriste caplan,* der Chef. Er ist für die liturgisch korrekte Durchführung der Messe verantwortlich. An der Spitze der Musiker steht der *capelle*

Abb. 25: Campus-Life: Schülerinnen und Schüler der Oberstufe beim Fußballspiel nach dem offiziellen Regelwerk der Fifa.

magister, der Hofkapellmeister, der für die musikalische Qualität und den polyphonen Gesang zuständig ist. Im Dokument sind daneben ein Vizekapellmeister, der einen Teil der lästigen administrativen Aufgaben übernimmt, die erwachsenen Sänger, ein oder zwei Organisten, ein Orgelstimmer, ein Kalkant, der den Blasebalg tritt, und ein Notenschreiber angeführt. Zehn Sängerknaben sind auch vorgesehen; sie sollen vom Vizekapellmeister betreut werden. Das Dokument erwähnt explizit, dass die Oberstimmen von Knaben gesungen werden sollen, *ut moris est germanici discantum cantabuntur*, wie es Sitte bei den Deutschen ist, den Diskant zu singen; im Gegensatz zu den Gepflogenheiten in den spanischen Kapellen, in denen Männer im Diskant falsettieren.

1527 – inzwischen ist Ferdinand auch König von Böhmen, Kroatien und Ungarn – gibt es eine neue Kapellordnung; diesmal sind zumindest einige der erwachsenen Amtsinhaber namentlich angeführt. Hofkapellmeister wird Heinrich Finck (um 1444–1527), der schon Maximilian I. gedient hat. Der über 80-jährige hochgeachtete Meister wird ausdrücklich geholt, um „der Knaben Prezeptor[82] sein und sy lernen". Mit Fincks Ernennung unterstreicht Ferdinand die Verbindung zu seinem Großvater Maximilian und dessen Kapelle, und er zeigt, welchen Stellenwert er der Ausbildung der Knaben beimisst. Als der greise Finck ein halbes Jahr später stirbt, beruft Ferdinand den Flamen

Arnold von Bruck (um 1500–1554) zu dessen Nachfolger. Arnold komponiert eine ganze Reihe Werke speziell für die Knaben. Vizekapellmeister ist der Sänger und Posaunist Stephan Mahu (um 1480/90–1541), der wie Arnold aus Flandern stammt.

Ende 1529, vielleicht unter dem Eindruck der ersten Türkenbelagerung Wiens[83], erlässt Ferdinand eine Verordnung, die eine eigene Kapelle für seine vier Kinder vorsieht.[84] Maximilian, der Thronfolger, ist gerade einmal zwei Jahre alt: Ein guter Habsburger kann offensichtlich gar nicht früh genug anfangen, eine Kapelle zu haben. 1531 wird Ferdinand zum römisch-deutschen König gewählt; mit seinen immer höheren Ämtern scheint auch die Hofkapelle zu wachsen.

1543 kommt Pieter Maessins – der ehemalige Sängerknabe aus Mecheln – als Vizekapellmeister an den Hof. Er bringt zwei niederländische Sängerknaben mit, Wilhelm Geenmaull[85] und Johann Persin.[86] Sie werden für 15 Gulden und 45 Kreuzer neu eingekleidet: Das ist mehr, als ein erwachsener Kapellsänger zur gleichen Zeit im Monat verdient; Mode und besonders Hofkleidung sind teuer. 1546, nach Arnolds Tod, rückt Maessins zum Kapellmeister auf. Jetzt ist er für die Sängerknaben, ihren Unterricht und Unterhalt verantwortlich: Die Kinder wohnen auch bei ihm.

Abb. 26: Campus-Life: Pausensport. In der B-Note eine glatte 10.

Eine Abrechnung von 1548 gibt einen Einblick in den Alltag bei Maessins; sein beachtlicher Haushalt besteht aus ihm selbst, seiner Frau, einem Verwalter, einem Hausknecht, einer Köchin und ihrer Gehilfin, einem Präzeptor für die Grammatik, einem zweiten für die Musik und 16 Kantoreiknaben. Maessins verdient 20 Gulden pro Monat. Für seinen Haushalt erhält er zusätzlich 25 Gulden pro Woche; davon müssen die Gehälter des Personals und der Wocheneinkauf bestritten werden. Ausgaben wie Kleidung für die Knaben, Bücher, Noten, Papier, Federn und Tinte, Friseur- und Arztbesuche werden extra abgerechnet. Für Reisen stehen Maessins und seinem Verwalter zwei Wagen und Pferde zur Verfügung, für die Knaben und ihre beiden Präzeptoren sechs Wagen; zumindest theoretisch. Der Gebrauch muss angemeldet und durch den obersten Hofmarschall bestätigt werden.

1547/48 ist die Kapelle mit ihrem Dienstherrn auf dem sogenannten „geharnischten Reichstag"[87] in Augsburg, und weil es sich auf Reisen bekanntlich teurer lebt als zu Hause, werden Maessins „aus Gnaden" für den Unterhalt der Knaben zusätzlich 100 Gulden zugesprochen – das ist sicher nötig.

Auf diesem Reichstag ist Karl V. zwar noch der Kaiser, aber Bruder Ferdinand ist als römisch-deutscher König und damit designierter Nachfolger auch dort. Beide, Kaiser und König, haben ihre Kapellen dabei. Im zeitgenössischen Urteil kommt der fröhliche Ferdinand viel besser weg als sein nüchterner großer Bruder. Für Karls Gefolge hat Reichsherold Nicolaus Mameranus (1500–1567) einen Katalog verfasst, der die Teilnehmer des Reichstags gewissermaßen unsterblich macht. An erster und prominentester Stelle ist Karls kaiserliche Kapelle mit 35 Mitgliedern aufgeführt, darunter zehn Chorknaben.

Im November 1554 erhält Pieter Maessins das Bürgerrecht in Wien: So richtig sesshaft wird er deswegen aber nicht. Er erinnert Ferdinand daran, dass er ihm ein „heimgefallenes" Gut – ein Lehen, das wieder an die Krone gefallen ist – als erbliches Eigentum versprochen habe, und er hat auch schon eines im Blick – das sogenannte „Pikharden-Haus"[88], ein baufälliges Gebäude im mährischen Litomyšl. Maessins schwebt eine besondere Verwendung für das Anwesen vor, er hat die Vision einer Künstlerakademie für Kinder. Sie sollen „in allen Tugenden und freien Künsten" erzogen werden. Vor allem sollen sie eine hervorragende musikalische Ausbildung bekommen, sodass man am Hof jederzeit geeigneten Nachwuchs für die Kapelle hat.

Zwar wird aus den visionären Plänen nichts, aber Pieter Maessins ist nach wie vor im Dauereinsatz für seine Knaben. 1557 bezahlt er die ärztliche Behandlung eines Kantoreiknaben, der sich den Fuß gebrochen hat; 1558 bemüht er sich für die Abgänger Peter Satler, Christoph Han, Johann Schwellner, David Jennisch, Balthasar Neumair, Georg Rheindl und Wenceslaus Rot nach deren Stimmbruch um Stipendien bei den Jesuiten. Ferdinand I., inzwischen Kaiser, ist mit Maessins sehr zufrieden: Er erhebt ihn in den erblichen Adelsstand, aus Maessins wird Massenus von Massenberg. In der Nobilitierungsurkunde heißt es, Maessins habe eine vorher unbekannte Art des Singens

Abb. 27: Schülerinnen und Schüler der Musikvolksschule.

am Wiener Hof eingeführt, „die sie Kontrapunkt nennen".[89] Während einer Reise mit dem ganzen Hofstaat durch das Elsass findet Pieter Maessins' Leben ein dramatisches und tragisches Ende; in der Nacht vom 10. auf den 11. Dezember 1562 fällt er einem frühneuzeitlichen Verkehrsunfall zum Opfer. Reichsvizekanzler Dr. Georg Sigmund Seld (1516–1565), der vermutlich bestinformierte Mann am Wiener Hof, berichtet:

> Sonst hat sich diese Reise Gottlob mit Ihrer Majestät und dem ganzen Hofgesinde trotz des schweren Winters und der schlechten Wege ganz gut zugetragen. Lediglich mit Ihrer Majestät Kapellmeister gab es einen Unfall. Nachdem Ihre Majestät am Samstag, den 10. Dezember von Straßburg aufgebrochen war und 3 Meilen weiter in einem Städtchen Benfeld übernachten wollte, man Ihre Majestät aber informiert hatte, dass man dort nur sehr schlecht unterkäme, zog Ihre Majestät bis Schlettstatt und also 6 Meilen weiter, in der Annahme, dass der Kapellmeister mit den Sängern folgen würde, um dort am Sonntag das Amt zu singen. Nun hatte sich der gute Mann in Straßburg etwas aufgehalten, so dass er erst um 3 Uhr nachmittags mit seiner Gattin aufbrach. Um den Dienst dennoch nicht zu versäumen, wollte er die Nacht durch fahren. Als sie zu dem Städtchen Benfeld kamen, warf der Fuhrmann, der vielleicht schläfrig, zum Teil wohl auch bezecht gewesen sein mag, den Wagen um, in der Folge schrie der Kapellmeister nicht Ach und Weh, sondern blieb auf der Stelle liegen. Bevor man ihm in dieser Finsternis zu Hilfe kommen konnte, auch seine Frau konnte ihm in dieser Not nicht helfen, ist er unter den Kissen und Pols-

tern, die er wegen der Kälte im Wagen bei sich hatte, erstickt. Der allmächtige Gott möge seiner Seele gnädig und barmherzig sein.[90]

Sekundenschlaf und Alkohol am Steuer; noch dazu ein schlecht funktionierender Airbag: Das gab es schon im 16. Jahrhundert.

Die nächsten anderthalb Jahre bis zum Tod des Kaisers 1564 übernimmt Jean Guyot[91] aus Châtelet die Kapellmeister-Stelle. In den Hoflisten ist eine stattliche Kapelle dokumentiert, mit der es sich ordentlich repräsentieren lässt: Es gibt drei Hofprediger, den Almosenier[92], den obersten Kaplan, zwölf weitere (Unter-)Kaplane, zwei Kapelldiener, den Kapellmeister, zwei Sängerknaben-Präzeptoren, zwei Organisten und nicht weniger als 39 erwachsene Sänger. Zu dieser Zeit singen 24 Knaben in der Kapelle; zumindest ein Teil von ihnen wird später in die Kapelle von Ferdinands Sohn Maximilian II. übernommen. Aus Ferdinands Regentschaft sind für die Jahre von 1543 bis 1564 120 Namen von Kantoreiknaben belegt. Normalerweise werden Knaben nur dann genannt, wenn sie die Kapelle verlassen, dann nämlich, wenn man ihnen ein Stipendium oder Zehrgeld auszahlen muss, nur das zählt in der Buchhaltung. Manchmal geht es um zusätzliche Zuwendungen für Dinge, die man nur ab und zu braucht – wie Bücher oder neue Hosen.

Wer sind die Knaben?

Die frühneuzeitlichen Knaben stammen aus Flandern, aus Frankreich, aus verschiedenen deutschen Fürstentümern, aus Italien oder Spanien und natürlich aus Österreich. Unter ihnen sind Adlige, Kinder von Hofangehörigen, Kinder von Kapellmitgliedern, aber auch Kinder aus einfachsten Verhältnissen oder Waisen. Viele sind miteinander verwandt: Georg und Christoph Habenschaten sind vermutlich Brüder, wie auch Johannes und Florius Pretlickh und Georg und Dionysius Hanifl. Jacob und Philippus Januß stammen aus einer Familie, vielleicht gehört auch Michael Johanuß dazu. Der Name Michael Duquesne (= Duchesne) findet sich zwei Mal unter den Knaben, allerdings mit elf Jahren Abstand; vielleicht sind es zwei Generationen. Bei Nicodemus Schaunstain könnte es sich um einen Adligen handeln: Die von Schauenstein sind ein adeliges Rittergeschlecht aus der Schweiz, Ministeriale des Fürstbischofs von Chur, das zum österreichischen Reichskreis gehört. In manchen Fällen sind die „Nachnamen" eher als Beinamen aufzufassen: Es gilt, vier Lukasse, sechs Jakobs und Nikoläuse, sieben Peter, neun Michaels und achtzehn Johannesse zu unterscheiden. „Jacob vom Hof" könnte einen Knaben bezeichnen, dessen Familie zum Hofstaat gehört; die Bezeichnung findet sich öfter in den Listen auch der erwachsenen Hofangestellten. Andere Namen enthalten womöglich die ein oder andere kleine Spitze: Nicolaus Pepedit, wörtlich „Nicolaus Er-hat-gepupst", litt wohl unter Blähungen. Manche der Zu- oder Beinamen belegen die

Abb. 28: Von jedem aktiven Sängerknaben wird jedes Jahr ein offizielles Porträt gemacht.

Abb. 29: Verschmitzt

Abb. 30: Verwegen.

Abb. 31: Vergnügt.

internationale Herkunft der Knaben: Abraham Erdtfurtianus kommt aus Erfurt, Christoph Behaimb aus Böhmen. Sebastians Beiname Tyroller ist ein deutlicher Hinweis auf die Heimat, und bei Wenceslaus Pragenus oder Daniel Fänusch „von Dräßden" muss man nicht lange fragen, woher sie kommen. Michael Vallensis ist vielleicht aus dem Wallis – oder doch aus Wallonien. Gerhart von Prugg könnte – wie Kapellmeister Arnold – aus Brügge stammen oder aber auch aus Bruck an der Leitha. Anthoni Spanier ist sicher das, was sein Name behauptet, und sein Namensvetter Anthoni de Frießn kommt möglicherweise aus Friesland. Die Knaben mit den Beinamen „Wiener" und „de Vienne" dürften Einheimische sein; Petrus Toutpays klingt französisch und geheimnisvoll – vielleicht war er weit gereist.

Nach dem Tod des Kaisers werden die österreichischen Erblande unter den drei Söhnen Maximilian, Ferdinand und Karl aufgeteilt. Maximilian, der Älteste, folgt dem Vater als Kaiser Maximilian II. in Wien, der zweite Sohn wird als Erzherzog Ferdinand II. von Österreich-Tirol Landesfürst in Innsbruck, der Jüngste geht als Erzherzog Karl II. von Innerösterreich nach Graz. Alle drei unterhalten bereits eigene florierende Kapellen; zwischen ihnen besteht reger Austausch an Musik, an Noten und auch an Personal.

Maximilian II. – der heimliche Protestant

Der älteste Sohn von Ferdinand I. und Anna von Böhmen und Ungarn wird am 31. Juli 1527 in Wien geboren. Aus dem Jahr 1544 gibt es ein Hofstaatsverzeichnis des noch nicht einmal 17-jährigen künftigen Kaisers. Anlass für die Aufzeichnung ist ein Feldzug gegen Frankreich; es ist Maximilians erster militärischer Einsatz, bei dem er sich auszeichnet. Das Gefolge ist noch überschaubar und umfasst zwar eine Kapelle, aber keine Sängerknaben.[93]

1554 ist wieder eine Hofliste für Maximilian überliefert, die zeigt, wie wichtig Musik auch für diesen Maximilian ist. Sein Kapellmeister Jacobus Vaet (um 1529–1567) hat die Verantwortung für zwölf Kapellknaben. Dazu kommen ein Schaffer[94], ein Hausknecht und eine Köchin mit Gehilfin. Ab 1557 ist ein gewisser Jacob Regnart (um 1545–1599) unter den Kapellknaben; drei Jahre später wird er unter den Tenoristen der Kapelle zu finden sein.

 QR-Code 8   Jacobus Vaet, Angelus ad pastores ait

Maximilians Kapelle wächst mit seinen Aufgaben. 1560 besteht sie schon aus sechs Bässen, sechs Tenören, und acht Altisten. Dazu kommen der Kapellmeister, ein Organist, ein Orgelstimmer *(concordero)*, ein Kopist und ein Präzeptor[95], der sich um die Ausbildung und Erziehung der Sängerknaben zu kümmern hat.

Auf dem Augsburger Reichstag 1566, knapp zwei Jahre nach seiner Krönung zum römisch-deutschen Kaiser, hat sich Maximilians Kapelle fast verdoppelt. Der jetzt kaiserliche Chor zählt elf Bässe, elf Tenöre, dreizehn Altisten und vier erwachsene Diskantisten. Spätere Dokumente aus den Jahren 1567, 1569 und 1574 nennen ähnliche Zahlen.[96] Die Zahl der Chorknaben ist nicht angegeben; gemessen an der Zahl der erwachsenen Sänger kann man mit etwa 20 bis 24 Knaben rechnen, vergleichbar mit der Kapelle seines Vaters im Jahr 1564. Mit einem Chor von 39 Erwachsenen und 20 Kindern lässt sich deutlich mehr Staat machen als mit der kleineren Kapelle von 1560; passend zur höheren Position. Wenn man allerdings bedenkt, dass staatstragende Messen und Motetten zu dieser Zeit nicht selten 16-stimmig sind, sind 60 Choristen nicht übertrieben viele.

Für die zwölf Jahre von 1564 bis 1576, in denen Maximilian offiziell Kaiser ist, sind bislang die Namen von 29 Knaben bekannt. Zwei Namen berühmter Komponisten fallen sofort auf: 1568 ist Lambertus de Sayve aus Sayve bei Lüttich genannt, 1571 Carl Luython aus Antwerpen; beide beginnen ihre Ausbildung in der kaiserlichen Kapelle, beide bleiben lange mit ihr verbunden.

Aus dieser Zeit sind auch die Namen von vier Sängerknaben-Präzeptoren überliefert. Seit 1564 ist Johann(es) Pl(o)uvier[97] Präzeptor; er erhält dafür pro Jahr 12 Gulden. Johann Lotinus ist sechs Jahre lang Präzeptor *in litteris*; Heinricus de la Court gibt ein eher kurzes Gastspiel als Präzeptor *in musica*. Seine Stelle übernimmt im November 1570 jener Jacob Regnart, der Sängerknabe in Maximilians erzherzoglicher Kapelle war; er bleibt bis 1582 in kaiserlichen Diensten.

In einer Besoldungsliste von 1567 erfährt man nebenbei etwas über die Versorgung der Sängerknaben nach deren Ausscheiden. Heimkehrer erhalten 20 Goldgulden als „Zehrgeld"; wer studieren will, bekommt 80 Goldgulden pro Jahr – diese Stipendien werden für zwei oder drei Jahre gezahlt:

> Magister Johann Pleuier 12fl. –
> Und sollen hinfüro zwelf Singer knaben bey vnnserer Cantorey ordinariter gehalten werden. Vnd wann derselben Ainer oder mer mutiern wirdet, so wöllen wir je Ainem zu Zerung widerumb Anhaimbss zu ziehen Zwainzig Carolus gulden. Vnnd dann so er studiren wolte auf ein Jar Vnterhaltung Achzig Carolusgulden ... im Niderlandt richtig machen lassen.[98]

Am 8. Januar 1567 notiert der Kaiser in seinem Diarium den Tod seines Kapellmeisters: „Den 8. Januarij ist main capelmaister Jacobus Faet in gott verschieden." Vaet, der Maximilian 13 Jahre gedient hat, Maximilians politische Karriere begleitet hat, der die richtigen Texte für ihn vertont hat, dieser Vaet wird nur 38 Jahre alt. Für Maximilian ist es ein schlimmer Verlust, Vaet ist nicht so leicht zu ersetzen.

Der Kaiser sucht lange nach einem geeigneten Nachfolger für ihn; der neue Kapellmeister soll vor allem in der Kunst des Komponierens erfahren sein: Maximilian will keinen einfachen Tonsetzer, er will einen Künstler, keinen Handwerker. Der Kaiser beauftragt seinen Gesandten in Rom, Graf Prospero d'Arco (1522–1572), mit der Suche. Der erste Kandidat, François Roussel, ein Spezialist für Madrigale und Kapellmeister an der Kirche San Luigi die Francesi, hat überzogene Lohnforderungen, obendrein, so hört man, trinkt er gerne einen über den Durst. Maximilian fragt nach Philippe de Monte (1521–1603), von dem er viel Gutes gehört hat. Prospero d'Arco wiegelt ab, der sei erstens in Neapel und zweitens schreibt er abfällig, sei er Flame oder Franzose und hätte ein

„ziemlich wankelmütiges Hirn".[99] Er bringt stattdessen den jungen Palestrina ins Spiel, der wäre großartig und würde für 400 Scudi[100] im Jahr kommen. Das ist aber deutlich mehr Geld, als Maximilian ausgeben will, und so erhält der kaiserliche Agent in Neapel, der den schönen Namen Hilfreich Gut trägt, den Auftrag, de Monte anzufragen. De Monte verlangt zunächst noch mehr Geld als Palestrina; die Gerüchteküche hat inzwischen aus 400 Scudi 500 gemacht. Schließlich wird man sich doch bei 240 Scudi – das ist das Gehalt von Vaet – handelseinig, und im Mai 1568 reist de Monte nach Wien, um die prestigereiche Stelle anzutreten. Innerhalb der ersten Monate schreibt de Monte eine ganze Reihe von nicht-liturgischen Motetten auf Psalmen, die die religiöse Einstellung des Kaisers spiegeln, sie sind gewissermaßen überkonfessionell. Er, von dem vorher eigentlich nur Madrigale bekannt sind, schreibt jetzt geistliche Musik im Akkord. 34 Madrigalbücher mit mehr als 1200 Madrigalen sind von de Monte überliefert; im Dienst der Habsburger entstehen außerdem 40 Messen und 250 Motetten.

Im November 1570 ist der ehemalige Sängerknabe Jacob Regnart, der sich inzwischen mit einem kaiserlichen Stipendium in Italien weitergebildet hat, wieder an Maximilians Hof zu finden, jetzt als Vizekapellmeister und Lehrer der Sängerknaben. Und er komponiert; ein Motettenband von 1575 ist seinem Dienstherrn gewidmet. Darüber hinaus schreibt er weltliche Lieder und Madrigale, mit deutschen und italienischen Texten.

Wie sehr Maximilian Musik liebt, spiegelt sich in den Einschätzungen seiner Zeitgenossen. Giovanni Michiel (1516–1596), der venezianische Gesandte in Wien, urteilt 1570 über den Kaiser und seine Kapelle:

> Er ist ein großer Musikliebhaber, er gibt viel Geld dafür aus, denn er besitzt eine Kapelle, die sowohl im Hinblick auf die Zahl als auch auf die Qualität der Musiker, die jedes anderen Fürsten übertrifft. Und sie bereitet ihm eine solche Freude, dass er oft sagt, wenn er seinen eigenen Neigungen und seinem eigenen Geschmack folgen könnte, würde er nie etwas anderes tun. Er ist außerdem selbst Musiker, er singt seinen Part sicher und er tut das immer wieder auch im Privaten in seiner Kammer.[101]

In den 1570er-Jahren verschlechtert sich Maximilians Gesundheitszustand; er stirbt 1576 auf dem Reichstag in Regensburg an einer nicht diagnostizierten Krankheit; die katholischen Sterbesakramente lehnt er ab: für die Habsburger ein Skandal. Sein ältester Sohn Rudolf folgt dem Kaiser nach.

Rudolf II. – der verschrobene Exzentriker

Der neue Kaiser, geboren 1552 in Wien, übernimmt das Personal der Kapelle seines Vaters weitgehend: Vor allem bleibt Philippe de Monte Hofkapellmeister. Der exzentrische Rudolf gilt allgemein als eher desinteressierter Herrscher in Sachen Reichspolitik. Von fünf Reichstagen in seiner Regierungszeit besucht er nur die ersten beiden; auf diesen hat er seine Kapelle dabei. 1582 beruft er einen Reichstag in Augsburg ein: Er braucht finanzielle Unterstützung für den Krieg gegen die Osmanen, und für die dazu nötigen Steuererhöhungen benötigt er die Zustimmung des Reichstags. Rudolf reist schon im Januar in Augsburg an; er wohnt bei Hans Fugger (1531–1598) in den Fuggerhäusern. Der palastartige Gebäudekomplex ist die Schaltzentrale des Fuggerschen Imperiums; hier gibt es ein eigenes kaiserliches Quartier, ein Palatium mit Prunkräumen, das für Karl V. eingerichtet wurde – sicher sehr komfortabel. Der Reichstag an sich beginnt ein halbes Jahr später, am 2. Juli 1582. Einer der kaiserlichen Herolde, der Ehrenhold Peter Fleischmann, führt akribisch Buch. Er nennt die Namen der Anwesenden, auch die Mitglieder der Hofkapelle. 37 Sänger befinden sich in Rudolfs Gefolge; sieben Bässe, sieben Tenöre, neun Altisten und vierzehn Diskantisten – die meisten davon sind Sängerknaben. Sie singen beim Eröffnungsgottesdienst ein Te Deum. Sicherlich haben sie in den folgenden Monaten noch weitere Auftritte, Fleischmanns Aufzeichnungen zufolge ist auch der Lehrer der Sängerknaben, der *praeceptor in litteris*, in Augsburg dabei. Am Ende des Reichstags, am 20. September 1582, erhält Rudolf die gewünschte Zustimmung zur Steuererhöhung. Im Sommer darauf verlegt der Kaiser seinen Hof nach Prag. Die Gründe sind unklar: Vielleicht fühlt er sich in Wien nicht sicher, die Bedrohung durch die Osmanen ist allgegenwärtig. Kapellmeister de Monte kann den Umzug nicht gleich mitmachen; er ist krank und bleibt vorerst mit den Sängerknaben in Wien – und muss sich später bemühen, die Kosten für den Unterhalt der Kinder ersetzt zu bekommen.

1583 wechselt Vizekapellmeister Regnart an die Kapelle von Erzherzog Ferdinand in Tirol, den Onkel des Kaisers. Weil es wohl Fragen in Bezug auf Bezahlung und Aufgaben gibt, schickt der Erzherzog seinen Hoffourier – das ist der für die Logistik zuständige Quartiermeister – in Geheimdienstmanier nach Prag, er möge „in gehaim und alspald" in Erfahrung bringen,

> was aines Vicecapellmaisters an ihrer Majestet Hofe Instruction und Verrichtung seye, ob er die Capellknaben in der Music und mit dem Singen teglich yebe auch den Contrapunct und die Composition lehre und ob er solches in seiner Ordinarj-Besoldung zue thuen schuldig odder deswegen sonderbar, auch wie hoch sovil orinarj als extraordinarj besoldet werde.[102]

Die Antwort kommt prompt:

> Ir kaiserlich Majestet Vicecapellmaister wirdt monatlich mit 20 fl Hofdienstgelt besoldet, und der Knaben wegen, welche er teglich von 9 bis 10 Uhren in allem, so die Music betrifft, als nemblich Singen, Contrapunct und Componieren, underweist, zu den vorigen monatlich 20 fl noch darzue mit 5, also in allem mit 25 fl besoldet. Ist gleichwohl zu etlichmal kain Vicecapellmaister gewesen, sondern solches durch ainen dem Capellmaister gefelligen Musicum verricht, hergegen dieser mit besagten 5 fl monatlich belont worden.

Der tägliche Musikunterricht wird also üblicherweise vom Vizekapellmeister abgehalten; ist die Stelle nicht besetzt, muss der Kapellmeister dafür sorgen, dass ein anderer Musiker das erledigt – für den gleichen Lohn.

1588 beschuldigen Camillo Zanotti und Antonio Budi, zwei Kapellsänger, die noch dazu bei Philippe de Monte wohnen, ihren Chef, dass er seiner Haushälterin Madalena gestatte, ungeeignete Knaben aufzunehmen. Der Kapellmeister schreibt sich seinen Ärger in einem privaten Memorandum von der Seele:[103]

> Es lässt mir keine Ruhe, dass Signor Camillo glauben kann, ich sei so dumm, Madalena zu erlauben, Sängerknaben ohne meine Zustimmung aufzunehmen oder abzulehnen, und als er mir sagte, der Knabe, der zum Vorsingen geschickt wurde, sei nicht geeignet, wusste er wohl nicht, dass ich Madalena dazu veranlasst habe, den Patres zu erklären, er sei nicht geeignet, weil ich nämlich die deutsche Sprache nicht genügend beherrsche. Ich glaube, dass er damit Pinellos Sohn meinte, der auf gar keinen Fall gut genug für die Kapelle ist, aber dennoch in meinem Hause wohnt; er hat wohl gedacht, dass Madalena ihm erlaubt hat zu bleiben. Ich habe dem Burschen einen Scudo gegeben und ihn der Mutter sagen lassen, dass sie ihn zurücknehmen soll, weil ich selbst nicht das Herz dazu hatte. Für den Moment will ich ihn hier behalten, und wenn ich das wollte, auch für immer, so wie ich auch Christoforo, den Sohn von Giacomo Flamme, acht Jahre und dreieinhalb Monate und Frederico, sechs Jahre, aus Barmherzigkeit aufgenommen habe; er (Camillo) will alles im schlechtesten Licht darstellen.

In jedem Fall ist Philippe de Monte ganz offensichtlich ein Pädagoge mit Empathie: Von 83 ehemaligen Sängerknaben, die von ihm ausgebildet werden, finden sich zehn als Erwachsene in den Hoflisten als Mitglieder der kaiserlichen Kapellen, darunter die Komponisten Lambert de Sayve, Carl Luython und Philippe de Duc (um 1550–1586) sowie die Notenschreiber Leonhard Franz und Andreas Gisterle.

Anfang der 1590er-Jahre steckt Kaiser Rudolf in einer selbst gemachten diplomatischen Klemme; statt des üblichen und erwarteten Tributgeldes hat er Uhrwerke und Kuriositäten an den osmanischen Hof geschickt, und Sultan Murad III., ein Freund harter Währung, ist *not amused*. Er lässt den Emissär samt Gefolge ins Gefängnis werfen und benutzt die Episode als Vorwand, um dem Reich im August 1593 ganz offiziell den Krieg zu erklären: Vermutlich will er die osmanische Niederlage in der Schlacht bei Sissek im Juni des Jahres zu rächen. Der Kaiser braucht daher wieder einmal Geld und Soldaten und die Unterstützung der Fürsten. Also beruft er im April 1594 einen Reichstag in Regensburg ein. Zwölf herrschaftliche Höfe sind vertreten, fünf haben lediglich (immerhin!) Trompeter dabei, fünf weitere, darunter die Höfe der Erzherzöge Matthias und Maximilian, reisen mit Chor und Instrumentalisten. Die Brüder und Rivalen des Kaisers wissen ebenfalls, wie man repräsentiert. Rudolfs eigene Hofmusik ist am besten ausgestattet: Sie zählt diesmal 44 Sänger, sieben mehr als in Augsburg. 19 singen den Diskant,

16 von ihnen sind Knaben. Leiter ist immer noch der „Capelenmeister", der „Ehrwürdig-Edel und Hochberühmbte Herr Philippus de Monte Canonicus & Thesauerarius Metropolitanae Ecclesiiae Cameracensis": De Monte hat inzwischen eine Pfründe, ein Amt, das mit Einkünften verbunden ist, an der Kathedrale von Cambrai erhalten. Sänger und Trompeter führen bei dieser Gelegenheit mindestens ein prächtiges Te Deum auf. Als Kaiser Rudolf mit seiner Kapelle abreist, hat er die Zusage für die nötige Unterstützung.

Insgesamt zeigt Rudolf aber kein besonderes Interesse an der Hofmusikkapelle, ihrer Weiterentwicklung oder gar an neuen Kompositionen. Die Kapelle singt vorwiegend älteres und erprobtes Repertoire. Rudolf lässt die Dinge laufen, reagiert kaum auf die Bitte des inzwischen hochbetagten und an Gicht erkrankten Philippe de Monte um Entlassung. Posten werden entweder aus den eigenen Reihen oder gar nicht nachbesetzt. 1591 erhält der Sänger Matthias de Sayve „neben seiner ordinari besoldung wegen das er auss abgang aines Vicecapellmeisters die capellenknaben in der musica unterweist, noch monatlich fünf gulden, als ein extraorinary besoldung, vomm ersten May dis ainundneunzigsten jars anzuraitten."

Als Philippe de Monte 1603 stirbt, scheint das egal; einen Nachfolger gibt es nicht. Zu diesem Zeitpunkt schuldet der Hof dem verstorbenen Kapellmeister noch 2000(!) Gulden; das Gehalt von fünfeinhalb Jahren. 1604 wird der ehemalige Sängerknabe Carl Luython – bis dahin Hoforganist – zum Hofkomponisten ernannt; er ist damit eigentlich an der Spitze des Ensembles. Die Stelle des Hofkapellmeisters bleibt frei.

Rudolf hat in dieser Zeit vermehrt depressive Schübe; er zieht sich immer mehr in sich selbst zurück. Seine drei jüngeren Brüder lassen ihn 1606 schließlich für geisteskrank erklären. Der ehrgeizige Matthias wird Familienoberhaupt. Im April 1606 zieht Matthias feierlich in Wien ein; die Hofburg wird wieder zur kaiserlichen Residenz. Rudolf ist in Prag isoliert und stirbt schließlich im Januar 1612, vermutlich an Tuberkulose. Für die 36 Jahre, in denen er als Kaiser regiert hat, sind die Namen von 76 Sängerknaben belegt.

Porträt: Familie de Sayve

Viele Mitglieder der Musikerdynastie de Sayve finden sich in den Kapellen der Habsburger, eine ganze Reihe von ihnen auch als Sängerknaben. Ursprünglich stammt die Familie aus Sayve, einem kleinen Ort in der Nähe von Lüttich.[104]

Lambert, der Prominenteste, geboren um 1549, erhält seine erste Ausbildung als Chorknabe an einer der Kirchen im Hochstift Lüttich. Singen kann er sicher gut: Noch als Kind wird er für die Hofkapelle Ferdinands I. abgeworben – spätestens 1562 ist Lambert Sängerknabe in Wien. 1568 erscheint er in den Hoflisten als Abgänger der Kapelle von Maximilian II. 1569 wird er Singmeister der Chorknaben in Melk, wohl auf Empfehlung von Hofkapellmeister de Monte. 1570 reist Lambert im Gefolge der Tochter des

Kaisers, Anna von Österreich, nach Spanien. Er musiziert bei ihrer Hochzeit in Segovia: Anna heiratet ihren Onkel, den spanischen König Philipp II.; für diesen ist es bereits die vierte Ehe. Nach seiner Rückkehr unterrichtet Lambert Sängerknaben in Melk. Im Februar 1577 wird er *Capeln-Singer-Knaben-Preceptor* am Hof von Erzherzog Karl in Graz, und 1582 wechselt er in die Kapelle von Erzherzog Matthias. Der hat zu diesem Zeitpunkt keine großartigen Perspektiven; als Statthalter in den Niederlanden hat er im Grunde versagt. Lambert begleitet Matthias' politische Karriere über Linz, Wien und Prag bis zu dessen Kaiserkrönung in Frankfurt am Main. Als Dank für seine loyalen Dienste erhält Lambert einen Hof in Niederösterreich als erbliches Lehen. 1612 wird er Hofkapellmeister, ein Jahr später ist er auf dem Reichstag in Regensburg dabei. 1614 stirbt Lambert de Sayve 65-jährig in Linz.

Ein Bruder, Mathi(a)s de Sayve der Ältere, könnte sowohl jünger als auch älter als Lambert sein; sein Geburtsjahr ist unbekannt. Auch er erhält seine erste Ausbildung als Chorknabe in Lüttich, vielleicht kommt er über Vermittlung seines Bruders an einen Habsburger Hof. Von 1590 bis 1617 ist er als Altist in den Kapellen von Kaiser Rudolf II. und Kaiser Matthias belegt. Von 1591 bis 1597 fungiert Mathias de Sayve in Rudolfs Kapelle zusätzlich als Sängerknaben-Präzeptor. Unter den Knaben finden sich mindestens zwei seiner Söhne: Arnold und Mathias der Jüngere. Arnold ist bis 1592 Sängerknabe in Rudolfs II. Kapelle, Mathias der Jüngere nimmt 1595 Abschied. Beide kehren nach dem Studium in den Dienst des Kaisers zurück: Arnold wird 1602 als Altist engagiert, der jüngere Mathias 1603 als Tenorist. Das Dienstverhältnis des jüngeren Mathias endet 1612 mit der Auflösung von Rudolfs Kapelle, Arnold und Mathias der Ältere werden von Kaiser Matthias übernommen, dessen Hofkapellmeister ist ja „Onkel" Lambert de Sayve.

Erasmus de Sayve, auch Raso genannt, ist wahrscheinlich der älteste Sohn von Mathias senior; er kommt um 1563 in Lüttich zur Welt und wird dort Sängerknabe. In den 1590er-Jahren ist er in der Kapelle von Erzherzog Matthias angestellt, vielleicht als Assistent seines Onkels Lambert. Ab 1613 ist Erasmus – mit Lambert – für die Sängerknaben in der kaiserlichen Kapelle zuständig.

Der Jüngste der Familie, Libhart, beendet sein Sängerknaben-Dasein am Kaiserhof von Rudolf II. im Jahr 1601. 1604 singt er „extraordinari" in der Hofkapelle; er ist also wie seine Brüder wohl auch Musiker.

Matthias – der ehrgeizige jüngere Bruder

Nach Rudolfs Tod wird Matthias auch offiziell römisch-deutscher Kaiser; er hat den sogenannten Bruderzwist gewonnen. Kaiserwahl und Kaiserkrönung finden in Frankfurt am Main statt und werden mit entsprechendem Pomp begangen. Mindestens vier Kurfürsten sind mit Kapellen vor Ort. Seine Majestät, der zukünftige Kaiser, reitet am 23. Mai 1612 mit einem Gefolge von unfassbaren 2061 Personen und 2116 Pferden in der

Matthias – der ehrgeizige jüngere Bruder

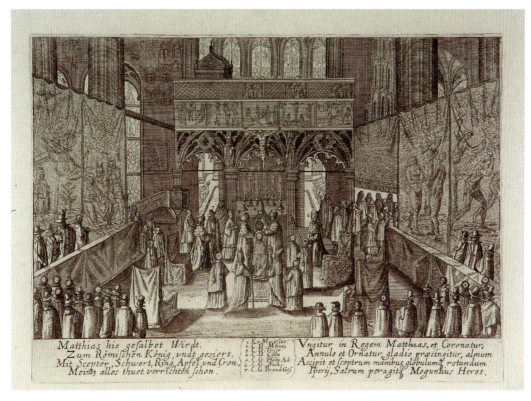

Abb. 32: Krönung und Salbung von Kaiser Matthias in Frankfurt am Main im Juni 1612. Kupferstich von Johann Theodor de Bry (1561–1623). Der Stich wurde als Teil des „Krönungs-Diariums" des Kaisers weit verbreitet – sozusagen die Illustrierte ihrer Zeit.

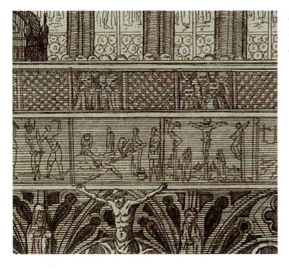

Abb. 33: Auf dem Lettner sind die Mitglieder der Kapelle zu erkennen. Ausschnitt aus Abb. 32.

Stadt ein – dabei sind eigentlich maximal 200 Reiter vorgesehen. 33 Musiker und 17 Trompeter und Heerpauker sind im Zug dabei. Matthias lässt bereits an seinem ersten Sonntag in der Stadt „dero Musicanten in der Lieb-Frauen Kirchen stattlich figurieren und singen". Der Wahltag wird auf den 13. Juni festgelegt; vorher müssen alle Besucher, die nicht zu einer der offiziellen Delegationen gehören, die Stadt verlassen. Am Wahltag selbst werden die Stadttore verschlossen. Der zukünftige Kaiser, die Kurfürsten und Wahlgesandten versammeln sich im Rathaus und ziehen in einer feierlichen Prozession zum Dom. Die Wahlmesse findet im Chorraum der Kirche statt, hinter dem Lettner, den Blicken des Publikums entzogen; Trompeter und Paukisten sind auf eigens errichteten Holzemporen in der ganzen Kirche verteilt. Die Sängerknaben haben einen bevorzugten Platz und den vermutlich besten Überblick: Sie stehen mit ihren erwachsenen Kollegen auf dem Lettner und singen. Der gewählte Herrscher wird auf den Hochaltar gesetzt; Orgel, Trompeter, Pauken und die Kapelle auf dem Lettner musizieren abwechselnd und gemeinsam ein feierliches Te Deum, die ganze Kirche badet im Klang: Surround Sound im 17. Jahrhundert.

Die eigentliche Krönung findet elf Tage später, am 24. Juni 1612 statt; dieses Mal *vor* dem Lettner, deutlich sichtbar, um eine möglichst große Öffentlichkeit zu erreichen. Zum Einzug des Kaisers singt die kaiserliche Kapelle eine Motette mit einem eher ungewöhnlichen biblischen Text, *Siehe, ich schicke meinen Engel, der dir vorausgehen und dich immer beschützen wird*[105]: Dieser Kaiser steht hörbar unter Gottes Schutz. Zwei Tage später wird Matthias' Frau, Anna von Österreich-Tirol (1585–1618), in einem eigenen Gottesdienst zur Kaiserin gekrönt. Den Messgesang beginnt ein Bischof aus Mainz, „so von der Keyserlichen Capellen mit statlicher Music continuieret worden"[106]; natürlich wird auch bei dieser Gelegenheit ein Te Deum gesungen. Die Feierlichkeiten, Bankette, Turniere, Bälle und Feuerwerk, ziehen sich über Tage.

Allerdings scheint mit dem Erreichen der absoluten Macht Matthias' ganze Energie verpufft: Er bleibt ein farbloser Kaiser, seine Regierung uninspiriert; Konflikten geht er tunlichst aus dem Weg. Stattdessen bemüht er sich um Kompromisse mit den mehrheitlich protestantischen Fürsten und Ständen. Vielleicht liegt es auch an seinem Gesundheitszustand: Matthias leidet offiziell an Gicht, einer typischen Krankheit der Reichen. Möglicherweise leidet er auch an etwas anderem – Syphilis hat ähnliche Symptome und würde die Kinderlosigkeit des Kaisers erklären. In jedem Fall bleibt Matthias ohne legitimen Erben, wie seine Brüder auch. In den Augen der Dynastie ist das ihr wohl schlimmster Makel. Die Brüder verständigen sich auf einen Cousin als Nachfolger, den steirischen Erzherzog Ferdinand, einen Enkel und zugleich Urenkel von Kaiser Ferdinand I. Der Erzherzog ist im besten Mannesalter und grundkatholisch; vor allem hat er schon für Söhne gesorgt. Und er ist ehrgeizig: Gegen Ende von Matthias' Regierung stellt der designierte Nachfolger den ohnehin ratlosen Kaiser kalt, so wie der seinerzeit seinen Bruder Rudolf kaltgestellt hat. Bei seiner Wahl zum König von Böhmen 1617 verspricht Ferdinand den Ständen zwar noch, die Privilegien der Protestanten weiter zu garantieren, aber man glaubt ihm nicht so recht. Am 23. Mai 1618 werden drei kaiserliche und also katholische Beamte kurzerhand und sehr unsanft aus den Fenstern der Prager Burg befördert; die Protestanten wählen einen Gegenkönig. Für Ferdinand heißt das, man hat sich gegen ihn und damit gegen das Gesetz gestellt. Gewalt ist daher jetzt in Ordnung. Und so bricht wenige Monate vor dem Tod von Kaiser Matthias der Dreißigjährige Krieg aus.

Matthias zeigt zeitlebens großes Interesse an höfischer Zerstreuung und vor allem an Musik: Spätestens seit 1583 unterhält er in Linz eine eigene Musikkapelle, lange bevor er Kaiser wird. Sein erster Kapellmeister ist Alard du Gauquier, Tenorist aus der Kapelle seines Vaters Maximilian II. Lambert de Sayve, der ehemalige Sängerknabe aus der Kapelle von Ferdinand I., wird Alards Nachfolger, und Lamberts Neffe Erasmus wird Vizekapellmeister. Matthias nimmt seine Musiker aus Linz mit nach Wien; einige wenige werden aus Rudolfs Prager Kapelle übernommen, die anderen müssen sehen, wo sie bleiben.

Exkurs: Versorgung der „Singerknaben"

Ein Dokument aus dem Wiener Hofkammeramt[107] aus der Zeit um 1615 beschreibt die Pflichten des Hofkapellmeisters im Hinblick auf die Sängerknaben; vielleicht war man mit dem Unterricht der Kinder nicht zufrieden, vielleicht hatte man den Eindruck, es würde Geld verschwendet oder falsch ausgegeben, vielleicht ist der Grund für die Erstellung des Dokuments einfach eine Neuregelung durch den neuen Kaiser Matthias. Zunächst geht es um eine Änderung in der Buchhaltung. Philippe de Monte etwa erhält in den Jahren davor eine bestimmte Summe für „ordinarij", gewöhnliche Ausgaben, „extraordinarij", zusätzliche Ausgaben muss der Kapellmeister zuerst einmal auslegen; mit etwas Glück und einer gewissen Hartnäckigkeit bekommt er das Geld später vom Hof zurück. Von nun an gibt es eine bestimmte Summe für Kost und Logis, eine weitere für „Leibskleidung", also Privatkleidung, und eine dritte für Feder, Tinte und Bücher. Außertourliche Ausgaben soll es nur noch in absoluten Sonderfällen geben – wie etwa für medizinische Aufwendungen. Die lassen sich naturgemäß nicht planen.

Capelmeisters Instruction.

Instruction und ordnung, wie und wassgestalt unsere capelsingerknaben hinfüro mit ihrem ordinari und extraordinari unterhalten werden sollen.

Erstlich soll unserm capelmeister, oder anderen, so bemelte unsere capelsingerknaben hinfüran mit der unterhaltung bey ihme haben wird, auf jeden knaben für speyss and tranckh, herberg, beth, sattz, liecht, wasch erhalten, flickerlohn, barbier und badgeldt, auch alles anders dergleichen sachen nichts aussgenohmen das monath 4 fl. 50 kr. in raitung passirt werden, doch sollen die knaben, wie sich gebühret in speyss undt tranckh

Abb. 34: Versorgt!

nach ihrer notdurftt, alss an fleischtag mit drey, und an fischtagen mit 4 gutten speisen, und in der wochen dreymal gebrattens wohl and sauber gehalten, und soll suppen und fleisch nicht für zwo, sondern nur für ein gericht, und mit dem kraut und fleisch gleichfals verstanden werden.

Gleichfahls soll im tranckh des weins auch ein ordnung gehalten werden, nembl. auf jeden knaben zur mahlzeit anderthalb seydel wein, doch das es ein solcher wein seye, damit die knaben nicht daran krankh werden, und ers gegen unss wisse zu verantworten.

Und nachdem die junge knaben pflegen alle morgen eine suppen und untertags ein brodt zu essen, soll ihnen dasselbe auch jederzeit gutwillig gereicht und der nothdurfft nach erfolgt werden.

Ueber das soll noch auf ein knaben dess monath ein thaler, bringt das jahr vierzehen gulden reinish, gerait werden; davon soll jedem das jahr sechs neue hembten, eins in das andere zu 40 kr. und drey pahr hosen, im winter ein wüllens und im sommer zwey liderns,

Abb. 35: Das Nachspeisenbuffet im Augarten ist nicht zu schlagen.

auch zwey parchnetee [108] wammess, das eine im winter mit baumwoll, das ander im sommer ohne baumwoll, sambt den nestelen [109] und macherlohn zu 6 fl. 30 kr. und noch darüber alle monath ein pahr schue zu 14 kr. angeschlagen, solches alles sommers oder winters, wanns die nothdurftt erfordert, gereicht werden. Bringt also auf jeden knaben vonwegen solcher leibkleider das jahr zwölf gulden 54 kr.

Noch soll hinfüran auf jeden capelknaben für pappier, federn, tinten, und dergleichen sachen zu der schreiberey gehörig, auf jeden knaben alle monath 6 kr. passiert werden, und solches soll er jedem monatlich reichen.

Und diewel wir sie alle jahr von hof kleiden, und im winter nothdürftiglich für die kälte versichern lassen, und über solches noch eine solche statliche nothdurftt, wie oben gehort, darzu insonderheit reichen, sollen sie billiger desto sauberer gehalten werden mögen.

Und damit hinführan eine bessere richtigkait gehalten, so soll ein jeder capelmeister oder ander, denen die knaben mit der unterhaltung befohlen, allweg zu ausgang des monaths seine raitung ordentlich, dieser ordnung nach, wie sich gebühret, unterschiedlich fürbringen, and wass einem jeden knaben monatlichen in solcher unterhaltung der leibskleider pro rato erfolgt, das soll von jedem knaben unterschrieben werden.

Demnach stellen wir die extraordinari ausgaben hinfürter ab, es were dann sach, dass der capelmeister oder ander capelpersohnen etwass von gesang machen wolten, oder dass ein knab krankheit halben artzney pflegen müste, solches soll in raitung angenohmen, und nach billichen dingen passirt werden.

Für Kost und Logis gibt es monatlich pro Kind vier Gulden und fünfzig Kreuzer. Die Unterbringung wird nicht näher beschrieben – schließlich ist ein Bett ein Bett und nicht weiter der Rede wert. Dafür geht das Dokument auf das Essen genau ein; Essen ist wichtig. Es gibt Suppe zum Frühstück und für die immer hungrigen „jungen Knaben" auch zwischendurch immer wieder ein Brot. Es gibt Fleischtage und Fischtage, drei Mal pro Woche soll es „gebrattenes" geben. Das klingt nach einer ziemlich soliden Ernährung, Schmalhans ist hier nicht der Küchenmeister.

Jeder frühneuzeitliche Sängerknabe bekommt „zur Mahlzeit" (gemeint ist wohl die Hauptmahlzeit des Tages) anderthalb Seidel Wein. Wie viel genau ein Seidel Wein um 1615 ist, bleibt unklar; heute wären es – zumindest in Wien – 0,3 Liter. Der für die Kinder Verantwortliche hat darauf zu achten, dass die Knaben vom Wein nicht krank werden: Er hat dafür vor dem Hof geradezustehen. Billiger Fusel soll nicht auf den Tisch kommen. Der freizügige Umgang mit Alkohol ist zunächst vielleicht erstaunlich, aber vermutlich durch den Mangel an sauberem Trinkwasser zu erklären.

Die Hofhaltung gesteht jedem Kind sechs neue Hemden pro Jahr zu, drei Paar Hosen, mehrere Wämser aus unterschiedlichen Stoffen – je nach Jahreszeit und Witterung – und jeden Monat ein neues Paar Schuhe. Knaben- und besonders Teenagerfüße wuchsen immer schon bedenklich schnell.

Damit alles seine Richtigkeit hat und die Gelder oder die Kleider auch wirklich an den Knaben gelangen, wird am Monatsende sauber abgerechnet; die Knaben sollen ihre jeweilige Abrechnung selbst unterschreiben. Kleidung, aus der man herauswächst, darf im Übrigen nicht verkauft werden; sie bleibt Hofeigentum.

Eine Sonderregelung gibt es, die den Knaben erlaubt „vor ehrlichen Leuten" zu singen, also kleine Privatkonzerte zu geben. Wenn ihnen dafür „etwas verehret würde", sollen sie es untereinander redlich teilen. Zu guter Letzt heißt es, dass die Knaben „in guter Zucht in Ordnung" gehalten werden sollen; dem Dokument zufolge soll der Kapellmeister selbst ihnen Musikunterricht erteilen, der Präzeptor ist für den übrigen Unterricht verantwortlich, er soll „alles das thun, wass zu pflantzung und ausserziehung eines ehrlichen züchtigen wandels ... zugehöret". Das ist des Kaisers „ernstlicher will und meinung".

Exkurs: Was passiert nach dem Stimmbruch?

Ausscheidende Sängerknaben der kaiserlichen Kapelle haben im 16. Jahrhundert Anrecht auf ein Stipendium von zwei oder drei Jahren, normalerweise an der Universität Wien; gelegentlich auch in anderen Städten. Wer sich besonders gut anstellt, bekommt ein viertes oder fünftes Jahr bezahlt. Abgänger bekommen zusätzlich ein willkommenes „Kleidergeld".

> Vizdumb zu Wienn solle Mathiasen Zaphello, Pauln Comeß, Nicodemo Schaunstain unnd Andreen Khupezen cantoreijkhnaben die gewöndlich unnderhalttung auf dreij jar lanng bezallen. Getrewer lieber, wir geben dir genediglich zu vernemen, das wir vier khnaben aus unnser cantoreij, …, nachdem sy ire stimb mutiert, solches ihres diennsts mit gnaden erlassen, unnd innen numalen beim Jhesuittern zu Wienn in studiis zu versieren auf dreij jar lanng die gewenndliche unnderhaltung gnedigst bewilligt haben.[110]

Viele ehemalige Sängerknaben kehren nach ihrem Studium zurück, als Sänger, als Präzeptor, als Instrumentalist. Manche wechseln zwischendurch zu einer der anderen Habsburger Kapellen, andere finden Arbeit am bayerischen oder am sächsischen Hof. Manche werden zu Studienzwecken ins Ausland geschickt, zum Beispiel nach Italien

Abb. 36: Direkt nach dem Stimmwechsel gibt es in der Oberstufe den Chorus Juventus, den gemischten Jugendchor der Wiener Sängerknaben. Solistinnen und Solisten beim Festkonzert im Musikverein Wien am 14. Mai 2023.

Abb. 37: Viele Sängerknaben singen als Erwachsene weiter im Chorus Viennensis. Der 1952 gegründete Männerchor besteht aus ehemaligen Wiener Sängerknaben.

oder Flandern; und einige bringen es später zum Vizekapellmeister oder sogar Kapellmeister der kaiserlichen Kapelle. Wenn der Hof den ehemaligen Sängerknaben also ein Stipendium zahlt, profitiert er letztendlich, profitieren beide Seiten. Die Rückkehrer kennen die Abläufe und die Gepflogenheiten bei Hof von klein auf: Sie sorgen für Kontinuität und tragen die Tradition weiter.

Ferdinand II. – der eifrige Gegenreformator

Ferdinand wird 1578 als Sohn von Karl II. von Innerösterreich und der Maria von Bayern in Graz geboren. Der Vater stirbt, als Ferdinand zwölf Jahre alt ist; damit ist der Junge zumindest nominell Regent in Graz. Die streng katholische Mutter schickt ihren Sohn zur Ausbildung zu den Jesuiten nach Ingolstadt – vermutlich trägt das nicht unwesentlich zu Ferdinands Hass auf alles Protestantische bei.

Am Grazer Hof musizieren zu dieser Zeit vorwiegend Italiener; viele von ihnen kommen aus Venedig, aus der Schule von Andrea und Giovanni Gabrieli, und mit ihnen kommen die neuesten Strömungen der Musik, kommen Madrigale, *villanelle, canzone.* Die Grazer Hofkapelle musiziert auf allerhöchstem Niveau. Das gefällt Ferdinand, der – wie schon Maximilian I. – nach eigener Aussage aus Musik Kraft zieht. 1598 – da ist er zwanzig – unternimmt er selbst eine sogenannte Kavalierstour nach Italien, um die besten italienischen Komponisten zu treffen.

Ferdinands Krönung zum König von Ungarn findet am 1. Juli 1618 in Pressburg statt. Zeitgenössische Beschreibungen der Zeremonie loben die Qualität der Musik. Während Ferdinand zur Sakristei geleitet wird und die geistlichen und weltlichen Fürsten ihre Plätze einnehmen, wird „ ... mit Trompeten und Heer-Paucken geblaßen, auch von unterschiedlichen Chören biß Ihr. Königl. Maj. in die Sacristey kommen, ansehnlich musiciret worden ...".[111]

Zu den unterschiedlichen Chören zählen wohl auch Ferdinands eigene Kapelle und die seines Onkels, des Kaisers Matthias. Zehn Tage nach der Zeremonie schlägt ein Blitz in den Turm ein, in dem die ungarische Krone und die königlichen Insignien aufbewahrt werden und steckt das Gebäude in Brand. Bevor ein größerer Schaden angerichtet werden kann, löscht ein gewaltiger Regen als *deus ex machina* das Feuer.

Under wehrendem Landtag hat sich zu Pressburg eine denckwürdige Sach, so von vielen für ein sonderlich Omen der künfftigen Unruhe und Zerrüttungen gedeutet worden, zugetragen. Nemblich es ist eines Tags der Himmel, welcher zuvor hell war, plötzlich mit Gewölk uberzogen worden, unnd hat sich ein grosses Ungewitter erhaben, in welchem der Thurm im Schloss, darinn die Cron Königliche Habit und andere Zierd verwahret wirdt, durch einen Donnerstreich entzündet worden. Aber es kame alsobald ein solcher hefftiger Regen, dass davon die Brunst gedämpffet wurde.[112]

Die Zeitgenossen werten das als Fingerzeig Gottes, der seine schützende Hand über den neu gekrönten Herrscher von Ungarn hält. Für den heißt es, die Gunst der Stunde zu nutzen und schnell zur Tagesordnung überzugehen, seine Agenden als Herrscher wahrzunehmen. Nach dem Prager Fenstersturz sind alle politischen Player äußerst nervös. Ferdinand verfolgt im Gegensatz zu seinem Vorgänger einen streng katholischen Kurs – er will um jeden Preis die alte Religion wieder herstellen. Das ist gar nicht so einfach, wenn die meisten Adligen Protestanten sind oder doch zum Protestantismus tendieren. In der Wahl seiner Mittel ist Ferdinand nicht zimperlich, er zieht von Bestechung und Postenschacher über Indoktrination bis zu Folter, Verfolgung, Verbannung und Exekution alle Register. Eines seiner mächtigsten Mittel ist die Musik. Für Ferdinand heißt das in erster Linie geistliche Musik: der öffentliche, sicht- und hörbare Dienst an Gott, und dabei dürfen die engelhaften Stimmen von Sängerknaben nicht fehlen. Nach einem halben Jahrhundert von Versuchen, Kompromisse zu finden, ist Ferdinand nun der Mann,

Abb. 38: Der Brucknerchor mit Kapellmeister Manolo Cagnin in Millstatt, Sommer 2021.

der selbst die *Texte* seiner geistlichen Gesänge dazu verwendet, Politik zu machen. Man singt jetzt Psalmen mit unverhohlen kriegerischem Inhalt, Psalmen, in denen es darum geht, Feinde zu zerschmettern und in denen man darüber jubelt. Mit Engelsstimmen.

Als Ferdinand 1619 Kaiser wird, entlässt er sämtliche Musiker seines Vorgängers. Dafür holt er sein – garantiert katholisches – Grazer Ensemble nach Wien; der Großteil stammt schließlich aus Italien. Eine Hofliste aus dieser Zeit zählt immerhin 66 Mitglieder der Hofkapelle auf: drei Organisten, 18 erwachsene Sänger, sechs Kaplane – Sänger mit niederen geistlichen Weihen –, 23 Orchestermusiker, zwölf Sängerknaben, ein Trommler, ein Kapelldiener und ein Kalkant.

Unter Ferdinands Musikern ist der experimentierfreudige Giovanni Valentini (um 1582–1649) aus Venedig, der sich „verrückte" Rhythmen für monumentale Besetzungen ausdenkt, die wahrscheinlich ohnehin nur die kaiserliche Kapelle aufführen kann. Valentini schreibt als einer der ersten eigene auskomponierte Stimmen für die Trompeten. Die Musiker sollen nicht einfach begleiten oder selbst improvisieren; sie spielen etwas eigens für sie Komponiertes, Repräsentatives, Bombastisches. Vielleicht denkt Valentini an die Posaunen von Jericho. Ein monumentales Magnificat für sieben Chöre à jeweils vier Stimmen ist überliefert – für die Aufführung bräuchte man selbst bei solistischer Besetzung mindestens 28 geübte Sänger; in den oberen Stimmen sicher Sängerknaben. Vielleicht ist es für die geplante Kaiserkrönung in Frankfurt gedacht, vielleicht denken Valentini und der Kaiser auch daran, die sieben Kapellen der sieben Kurfürsten gemeinsam spielen zu lassen.

Valentini unterstützt die konfessionellen Bestrebungen seines Dienstherrn mit Musik: Ende 1620 schreibt er ein *Jubilate Deo*, das anlässlich des Sieges der kaiserlichen Truppen am Weißen Berg aufgeführt wird; zu den Feierlichkeiten gehören Kanonendonner, Salutschüsse, Glockenläuten und mindestens ein feierliches *Te Deum* im Wiener Stephansdom; Hofkapelle und Domkapelle musizieren gemeinsam.

Die Wahl des Textes kommt nicht von ungefähr: Das *Jubilate Deo* ist ein biblischer Siegespsalm (Psalm 65 (66):1–4); der Text wird bei dieser Gelegenheit nicht nur mit einem Sieg über die Feinde, sondern auch mit der Bekehrung zum rechten, zum katholischen Glauben verbunden. Der Triumph am Weißen Berg wird als Sieg der gerechten Sache empfunden. Eine besondere Rolle spielt der Karmeliter Dominicus a Jesu Maria (eigentlich Miguel Ruzola y Lopez, 1559–1630): Er soll beim Sturm auf den als uneinnehmbar geltenden Berg vorneweg geritten sein, in der einen Hand ein riesiges Kruzifix, in der anderen ein angeblich von Protestanten geschändetes Bild der Heiligen Familie.[113] Im Anschluss an die Schlacht analysiert eben dieser Dominicus a Jesu Maria den 65. Psalm – vermutlich im Auftrag des Kaisers – als Jubel der Kirche über die Bekehrung der Menschen und den Sieg der katholischen Religion.[114] Für den Kaiser ist Dominicus der Garant für den Sieg, eine Art gottgesandtes Maskottchen. Der Mönch bekommt Quartier in der Wiener Hofburg und wird dort wie ein Heiliger verehrt.

> Jauchzet Gott, alle Welt!
> Singt einen Psalm um seinen Namen, preist seinen Ruhm!
> Sprecht zu Gott: „Wie furchteinflößend sind deine Taten!
> Wegen der Fülle deiner Macht müssen selbst deine Feinde dir huldigen.
> Alle Welt bete dich an, Gott,
> Sie sollen dir einen Psalm singen.
> Alleluja.[115]

 QR-Code 9: Heinz Kratochwil, Jubilate Deo

Am 2. Februar 1622 heiratet Ferdinand in zweiter Ehe Eleonora Gonzaga (1598–1655), die Tochter des Herzogs von Mantua. Die Hochzeit findet in Innsbruck statt und ist eine – wörtlich – Staatsaffäre. Sage und schreibe 69 Musiker reisen in Ferdinands Gefolge, die Kapellmeister Giovanni Priuli (um 1580–1626) und Valentini, 22 Sänger, 18 Sängerknaben, 14 Instrumentalisten und 13 Trompeter.

Eine ähnliche Kompanie erscheint im November desselben Jahres auf dem Fürstentag in Regensburg; es ist der Höhepunkt der kaiserlichen Macht in diesem Krieg, die Größe der Kapelle spiegelt das. Unter Priuli musizieren 30 Sänger und 24 Orchestermusiker. Der Chor besteht aus drei Bassisten, sieben Tenoristen, fünf Altisten, drei Diskantisten und zwölf *Capell-Knaben*. Dazu kommen der Organist und sein Kalkant, sowie 14 Trompeter und zwei Trommler, die aber dem Heer zugerechnet werden.[116] Man munkelt, dass allein der Erhalt der Kapelle 60.000 Gulden pro Jahr verschlingt; die Ehrengeschenke an die Musiker nicht mitgerechnet. Manche Musiker – besondere Günstlinge – erhalten immer wieder auch Geld aus der „geheimen Cassa", der Privatschatulle des Herrschers. Das zeigt, wie wichtig dem Kaiser die Musik trotz – oder vielleicht gerade wegen – des Krieges ist.

1625 – lässt der Kaiser seinen Sohn, der ebenfalls Ferdinand heißt, zum König von Ungarn krönen. Die Kapelle wächst weiter, die Kosten geraten völlig außer Kontrolle. Eine Kommission macht daher den zaghaften Vorschlag, ob der Kaiser sich vielleicht mit 40 statt der tatsächlichen 73 Musici begnügen könne?

Allergenedigster Kayser und Herr, Auf Euer Kayserlichen Majestät Allergnedigsten Bevelch haben wir schuldigisten gehorsamb noch nit unterlassen alsobald zusamben zuetretten und in genugsamben Consideration und Beratschlagung zuziehen, wie die bei Euer Kayserlichen Majestät Hofstatt auflauffende starkhe und unerschwingliche spesa etlicher mass geringern und in ainen und andren ain Ersparung gebrauchen werden khünte ... Die Musica aber betreffend, stehet bei Euer Kayserlichen Majestät gnädigsten belieben, ob Sy derenthalben von denen diesens weckhs ... ain Gutachten gnädigist abfordern wollen. Es würdet aber jedoch ... mastgeben dafür gehalten, dass Euer Kayserliche Majestät dieses Orts mit 40 Persohnen, da Ietzunder deren 73 siendt woll bedient waren.[117]

Aber auf diesem Ohr ist der Kaiser ziemlich taub, und er trägt seinen Unwillen derart offensichtlich zur Schau, dass niemand auch nur eine leise Andeutung in diese Richtung wagt. Und so steigen die Kosten weiter: 1630 ist die Rede gar von 150.000 Gulden für die Kapelle.[118] Dass man sich über solchen Luxus im Volk das Maul zerreißt, zeigt ein anonymes zeitgenössisches Spottgedicht:

Wend an den Musicanten Lohn
zur Schirmung deiner blutgen Kron
und ist dir in Music gnem
kumb, hör die Schwaben Requiem.[119]

Dem Autor ist ohne Zweifel bewusst, dass die Musik nicht nur teuer ist, sondern zu Propagandazwecken eingesetzt wird. Und wenn der Kaiser schon so gerne Musik hört, soll er doch hören, was in Schwaben so los ist; nämlich Höllenmusik, Heulen und Zähneklappern, Geschrei und Totenklagen. Zwei Drittel der schwäbischen Bevölkerung sterben während dieses Krieges.

1630 reist Ferdinand mit 74 Musikern, darunter zwei Sängerinnen (denn inzwischen gibt es auch die), zum Reichstag nach Regensburg. Eine Liste vom Mai des Jahres verzeichnet fünf Diskantisten, vier Altisten, sieben Tenoristen, fünf Bassisten, 17 „Instrumentisten", zehn „Instrumentisten-Trompeter" (gemeint sind professionelle Musiker), sechs „einfache" Trompeter (gemeint sind sechs Fanfarenbläser aus dem Heer), und 20 „Cappel Knaben" und Diener. Die beiden Sängerinnen reisen mit Mann und „Zubehör" – was darunter zu verstehen ist, bleibt der eigenen Fantasie überlassen.

1631 ist wieder eine Hochzeit auszurichten, mit Pauken und Trompeten und den unvermeidlichen Salutschüssen: Thronfolger Ferdinand wird mit der spanischen Prinzessin Maria Anna verheiratet. Über die Messe in der Wiener Augustinerkirche heißt es in einem zeitgenössischen Bericht:

> Darnach die Cron auffgesetzt, den Reichs-Apffel und Scepter in die Hand geben, und wider zurück in dero Session geführt, darauff ist am Chor das Te Deum laudamus mit allerley Musicalischen Instrumenten, Heer-Paucken, Trommetten und lieblichen Stimmen gesungen 24 grosse Stück loss gebrent, von der Infanteria am Platz voer der Kirche 3. schöne Salve geschossen, und alle grosse und kleine Glocke geleut.[120]

1632 unternimmt Obersthofmeister Leonhard Helfried von Meggau (1577–1644) wieder einen Vorstoß in Sachen Sparmaßnahmen; er führt hitzige („eyferige") Verhandlungen mit Kapellmeister Valentini. Der lässt sich aber nicht beeindrucken – die Musiker haben nach wie vor eine privilegierte Stellung am Hof. Schließlich sind sie für den richtigen Gottesdienst unverzichtbar[121], ein Argument, das auch der Kaiser selbst oft und sogar schriftlich bemüht:

> Er sagte, dass die Musik zu Lob und Ehre des Allmächtigen und um den Geist der Menschen froh zu machen, nützlich und geeignet sei.[122]

Der Jesuit Wilhelm Lamormaini (1570–1648), seit 1624 Beichtvater des Kaisers, schlägt in dieselbe Kerbe. Ohne Musik geht es nun einmal nicht, und dem lieben Gott steht nur das Beste zu. Er schreibt über Ferdinand:

> Er hätte auch sein Frewd mit dem Singen und der Musica: Und er forderte mit Fleiss unnd grossen Unkosten an seinen Hof fürtreffliche Musicos, thails damit er mit erfrischtem Gemüt den wichtigen Geschäfften desto leichter unnd füeglicher möchte abwarten; thails

auch und fürnemblich damit in der Kirchen der Gottesdienst mit stattlicher Music desto ansehlicher möchte verrichtet werden: Und hielte solches zu erlangen allen Unkosten für wol angelegt, weil man zu der Ehr Gottes niemalen gar zu viel anwenden kan.[123]

Geistliche Musik und damit auch die Sängerknaben stehen im Mittelpunkt, und das ganz bewusst. Immer wieder leistet sich der Hof zusätzliche Musiker, um monumentale Werke zu Propagandazwecken öffentlich aufführen zu können; Werke, die in luxuriös gedruckten Prachtausgaben verbreitet werden und so ganz Europa staunen machen sollen. Man muss die kaiserliche Kapelle also nicht einmal selbst erlebt haben, um zu wissen, *wie* außerordentlich sie ist. Es reicht, die kostbaren Noten zu sehen. Die Kapelle zu verkleinern, Musiker zu entlassen, scheint zumindest dem Kaiser keine Option. Und es gibt wohl auch so etwas wie ein soziales Gewissen am Hof, denn „obwohle eine zimbliche anzahl Musicorum darunter auch theils wenig gebrauchet wirdten, so wurdte doch, da man auch etliche abthuen und entrathen khöhnnte, dabey aber dieses zu bedenkhen sein, dass es meistentheils die Ambten, darunter auch die so Euerer Mayestät wol lange Jahr mit geringer Besoldung untertheniglist gedient, treffen wirdte."[124]

Die Sängerknaben sind finanziell gesehen sicher ein kleineres Problem, buchhalterisch fallen sie gegenüber dem Rest der Musiker kaum ins Gewicht. Aber sie werden gebraucht. Zwischen 1619 und 1637 sind mal zwölf, mal 18 oder 20 Chorknaben angegeben; in zwei Listen ist ihre Zahl nicht genannt, sind sie nur als Gruppe angegeben. Die Gesamtzahl der Kapellmitglieder liegt immer zwischen 60 und 76. Im *Status particularis regiminis S.C. Majestatis Ferdinandi II* heißt es, dass weitere 80(!) Musiker als Mitglieder der Kapelle betrachtet werden.[125] Die Wiener Hofmusikkapelle ist zu dieser Zeit eines der größten, wenn nicht das größte Musikensemble in Europa. Der Hof ist ein Zentrum für Musik und ihre verschiedenen Strömungen; hier entsteht Musik, hier wird Musik gelehrt, gelernt und in ganz großem Stil aufgeführt.

Die erwachsenen Musiker in Ferdinands Kapelle werden für besondere Leistungen mit Ehren und materieller Anerkennung überhäuft: Geldgeschenke zwischen 500 und 1000 Gulden, Pfründen und Nobilitierungen sind an der Tagesordnung. Wenn man bedenkt, dass der Monatslohn eines Kapellsängers zu dieser Zeit um die 20 Gulden beträgt, sind das enorme Zuwendungen; zumal die Hofangestellten oft Monate oder sogar Jahre auf ihre Gehälter warten müssen. Ferdinand II., der nach eigener Aussage lieber über eine Wüste herrschen will als über ein Land voller Ketzer, benutzt seine geistliche Kapelle, um jegliche Konzession an Protestanten oder auch nur protestantisch Denkende der vergangenen fünf Jahrzehnte ein für alle Mal auszulöschen. Seine Kapelle ist eine Waffe in Gottes Diensten: Die Kosten dafür sind unvermeidbar. Hier kann nicht, darf nicht gespart werden. Es ist natürlich Machtpolitik, im Dienste der *pietas austriaca* legitim. Ferdinand II. lässt seine Kapelle bei allen großen Ereignissen öffentlich aufmarschieren und musizieren; es gilt zu zeigen, wie gut, wie groß, wie prächtig die kaiserliche Musik ist, denn die spiegelt nun mal den Glanz seiner Majestät – optisch und akustisch.

Exkurs: Pietas Austriaca

In der frühen Neuzeit und im Barock bestimmt die Religion das Denken der Menschen: Sie bestimmt den Tagesablauf, regelt das Leben bis in kleinste Details: Man betet mehrmals am Tag vorgeschriebene Gebete wie das *Angelus,* das Vaterunser oder das *Ave Maria,* und man geht auch täglich in die Kirche.

 QR-Code 10: Anton Bruckner, Ave Maria

Die *pietas austriaca*, die sprichwörtliche Frömmigkeit des Hauses Österreich, gilt im Barock als eine der hervorragendsten Eigenschaften der Habsburger, als ihre vielleicht wichtigste Tugend. Der Herrscher ist von Gott für diese Aufgabe auserwählt, er herrscht „von Gottes Gnaden": Er (oder später auch einmal sie) hat also einen göttlichen Auftrag und damit das Recht auf absolute Herrschaft. Zu den Aufgaben des Herrschers gehört es, die Untertanen nicht nur zu schützen, sondern auch dafür zu sorgen, dass sie dem richtigen Glauben anhängen, notfalls mit Terror und Gewalt: Der Katholizismus ist im barocken Österreich Staatsreligion – und die besonderen katholischen Riten machen das für jedermann spürbar. Die Habsburger Herrscher besuchen Gottesdienste in verschiedenen Wiener Kirchen – sogenannten Stationskirchen – mit einem Teil ihres Hofstaats, und mit dabei ist die Hofmusikkapelle. Es gibt Bittprozessionen, Wallfahrten und großartige und pompöse Dankgottesdienste etwa bei Siegen oder nach einer überstandenen Seuche. Dazu kommen fromme Stiftungen und Gelübde. Ein Habsburger muss bei frommen Taten gesehen werden.

Eine besondere Stellung nimmt Maria ein: Die Magna Mater Austriae ist die Schutzpatronin des Landes; sie wird angerufen, wenn Not am Volk ist, und sie ist gewissermaßen die Anführerin des kaiserlichen Heeres, die „Generalissima" gegen Feinde aller Art, gegen Franzosen, Osmanen und vor allem auch Protestanten.

Ferdinand III. – der Kaiser mit dem Draht zum Himmel

Ferdinand III. kommt 1608 in Graz zur Welt; sein Vater, der spätere Kaiser Ferdinand II., ist zu diesem Zeitpunkt noch Regent von Innerösterreich, seine Mutter ist die erzkatholische Maria Anna von Bayern. Als sein älterer Bruder Johann Karl im Alter von 14 Jahren an einem Nierenleiden stirbt, rückt Ferdinand zum Thronfolger auf. Mit 17 Jahren wird er König von Ungarn, mit 19 König von Böhmen. Auf dem Regensburger Kurfürstentag im Dezember 1636 gelingt es seinem Vater, ihn trotz Widerstand zum römisch-deutschen König wählen zu lassen; wenige Wochen später stirbt Ferdinand II.

Der neue Kaiser ist mindestens ebenso musikbegeistert wie sein Vater, und er besitzt ein ausgesprochenes Talent für die Musik. Er hat bereits als Kind Unterricht von Hofkapellmeister Valentini erhalten; er komponiert selbst, mehr als passabel. Als er 1637 Kaiser wird, übernimmt er die komplette Kapelle seines Vaters – das sind mehr als 90(!) Personen: 25 erwachsene Sänger, zehn Sängerknaben, neun Sängerinnen, 29 Instrumentalisten, 15 Trompeter sowie die dazugehörigen dienstbaren Geister. Ferdinand III. hält seine Musiker, solange er kann – trotz Krieg. Er will partout nicht, dass Musiker kämpfen: In einem Brief vom 11. November 1642 schimpft der Kaiser mit seinem Bruder, Erzherzog Leopold Wilhelm, weil der seine Musiker mit in die Schlacht nimmt. Und das rächt sich: 1643 wird Leopold Wilhelms Vizekapellmeister Pietro Verdina (1600–1643) von den Schweden gefangen genommen; kaum aus der Gefangenschaft entlassen, stirbt er.

> Umb die Musici ist mir wol laid und absunderlich umb Verdina wegen seines weibs und khinder. Der Valentin hallt nichts darauf daß die Musici in den Krieg ziehen.[126]

Dem Erzherzog bleibt nichts weiter übrig, als seinem Bruder beizupflichten; Verdina hat beiden gedient:

> Umb den Verdina ist mir wol laid, wir haben alle baide in suo genere wol einen guten diner verlohrn.[127]

Ähnlich wie sein Vater funktioniert auch dieser Ferdinand Motettentexte in gesungene politische Botschaften um. In seinem Fall sind sie direkt auf ihn gemünzt – und sie lassen ihn gut aussehen, ganz egal, was gerade passiert. Solange es in diesem Krieg noch Siege zu feiern gibt, ist Ferdinand ganz der junge, dynamische, kämpferische und vor allem siegreiche David. Später, als das Kriegsglück der Habsburger zum Blutbad wird, wird er zum weisen Salomon stilisiert, der trotz allem über seine Schafe wacht.

Als im März 1645 die Schweden und mit ihnen der Protestantismus von den Toren Wiens stehen, sieht sich der Kaiser gezwungen, einige Sänger und Musiker zu entlassen. Die Lage ist kritisch, Wien in Angst und Schrecken. Männer zwischen 16 und 65 dürfen die Stadt nicht mehr verlassen, alle, auch der Kaiser, sind zur Verteidigung aufgerufen. Ferdinand mobilisiert seine Beziehungen zum Himmel, er beschwört die Unbefleckte Empfängnis, ruft Maria Immaculata direkt um Hilfe an: Am 29. März 1645 wird das Gnadenbild von Maria mit dem Jesuskind aus dem Schottenkloster in einer schier endlosen Prozession von Geistlichen und Ordensleuten, an der auch der Kaiser und die Kaiserin sowie die reduzierte Hofkapelle nebst Sängerknaben teilnehmen, feierlich in den Stephansdom gebracht. Die romanische Gnadenstatue stammt aus dem dreizehnten Jahrhundert, sie soll Wunder vollbringen können. Und ein Wunder wird jetzt gebraucht. Der Kaiser gelobt öffentlich, eine Mariensäule errichten zu lassen, wenn die Stadt verschont wird. Maria – in ihrer Eigenschaft als Chefin der österreichischen Streitkräfte – leistet Schwerstarbeit. Sie sorgt Ende Mai dafür, dass die kaiserlichen Truppen die strategisch wichtige Wolfsschanze zurückerobern können, und im September sorgt sie – man weiß nicht genau wie – für den endgültigen Abzug der Schweden. Ferdinand lässt folgerichtig mit den Arbeiten an der versprochenen Säule beginnen. Am 18. Mai 1647 ist es so weit, das monumentale Werk – eine ausgesprochen kriegerische Darstellung der Maria Immaculata – wird feierlich eingeweiht. Kaiser und Kaiserin, der gesamte Hofstaat, alle Botschafter und Adligen Wiens, ziehen von der Hofburg zur feierlichen Messe in die Kirche am Hof. Im Anschluss begibt sich die Versammlung auf den Platz vor der Kirche. Der Bischof weiht die Säule; der Kaiser kniet auf einer eigens errichteten Bühne. Die Hofkapelle und „sämtliche Chöre der Stadt, aufgeteilt in viele Stimmen und Instrumente, sogar mit Feldtrompeten und Pauken"[128] musizieren gemeinsam die lauretanische Litanei[129], so bewegend, dass sich niemand entziehen kann: „es erregte brennende Hingabe und den unerschütterlichen Glauben an den Schutz der Jungfrau im umstehenden Volk".

Auf einem anonymen zeitgenössischen Stich spielen sich die Prozession von 1645 und die Errichtung der Säule 1647 gleichzeitig ab, sieht man die Menschenschlange, die sich samt Maria zum Stephansdom windet; gleich daneben steht die versprochene Säule bereits auf dem Platz Am Hof. Das Herrscherpaar geht direkt hinter der Marienstatue. Die kaiserliche Kapelle ist in der Bildmitte zu sehen; zwei Sängerknaben sind zu erkennen. Das Volk, eine mehr oder minder amorphe Masse, säumt den Weg der Prozession, schaut staunend zu. Mit Gottes und Marias Hilfe hat der Kaiser es geschafft, das Schlimmste abzuwenden; das ist irgendwie wirklich salomonisch.

Sobald es irgend geht, stellt Ferdinand seine entlassenen Musiker wieder ein und zahlt ihnen die entgangenen Bezüge nach. Schon 1653, fünf Jahre nach Kriegsende, wird die Kapelle beinahe wieder den gleichen Personalstand wie bei Ferdinands Regierungsantritt haben.

Mindestens zwei weitere Kapellen gibt es im Umkreis des Kaiserhofes: Ferdinands Bruder, Erzherzog Leopold Wilhelm (1614–1662), unterhält eine Kapelle mit etwa 20 Musikern. Gelegentlich leiht er sich zusätzliche Stimmen oder Instrumente von Ferdinand; als Ferdinand Kapellmitglieder „entlassen" muss, nimmt Leopold Wilhelm sie auf. Die Stiefmutter des Kaisers, Kaiserinwitwe Eleonora Gonzaga (1598–1655), beschäftigt in ihrer privaten Kapelle 24 Musiker. 1637 führt sie in der Augustinerkirche Andachtsmysterien ein, die an den letzten drei Samstagen vor Ostern vor eigens produzierten Kulissen abgehalten werden – eine Art halbszenische Produktion von gesprochenem Gebet und gesungenen Motetten, zwischen Theater und Oratorium; im Prinzip ist es der Beginn einer geistlichen Oper.

Exkurs: Barockoper

Allein in den 37 Jahren zwischen 1622 und 1659 finden nicht weniger als 120 Opernaufführungen statt. Im Barock bedeutet das einen Aufwand weit über dem, was man heute landläufig unter großer Oper versteht. Es sind Megaevents, die nur ein einziges Mal aufgeführt werden und von denen man lange danach noch schwärmen soll. Kupferstiche, Zeitungsartikel, kostbare Noten und die Berichte der ausländischen Gesandten sorgen für Nachhaltigkeit in ganz Europa, vor allem an den wichtigen Höfen.

Die Themen sind maßgeschneidert für einen bestimmten, meist politischen Anlass; Geburten, Taufen, Hochzeiten. Geburtstage und Namenstage im Kaiserhaus sind auch politisch bedeutsam und werden entsprechend genutzt. Es sind in der Regel antike Stoffe, die sich für die Zeitgenossen ganz eindeutig und unverhüllt auf die Gegenwart beziehen. Der Olymp steht für den kaiserlichen Hof, Zeus natürlich für den Kaiser. Dazu gibt es historische Szenen; Länder treten auf und huldigen der Kaiserfamilie, die alleine in der ersten Reihe sitzt. Fußfrei. Für so manche Oper muss ein eigenes Theater gebaut werden, und eine ganze Batterie an Theatermaschinen sorgt für Spezialeffekte, die auch nach heutigen Maßstäben spektakulär sind. Ganze Seeschlachten werden nachgestellt – im Inneren Burghof oder auf künstlichen Teichen.

Es gibt Opern mit 50 und mehr Rollen, mit Tanzeinlagen und Rossballetten. Oft spielen Adlige mit, immer wieder auch Mitglieder der kaiserlichen Familie. Junge Erzherzöge und Erzherzoginnen tanzen oder singen. Manchmal dirigiert ein Kaiser selbst – oder leitet die Musik vom Cembalo aus.

Der habsburgische Hang zum Morbiden – kombiniert mit katholischer Frömmigkeit – drückt sich in einer typisch wienerischen Spielart der Barockoper aus, den *Rappresentazione sacra al Santissimo Sepolcro*, in der Literatur kurz Sepolcro, also Grab, genannt. Gemeint ist natürlich das Grab Christi; es sind Kompositionen für Gründonnerstag und Karfreitag, die ausschließlich an diesen Tagen und zumindest halbszenisch aufgeführt werden. Diese etwas merkwürdige Art einer frühen Kirchenoper gibt es nur in Wien. Die ersten Beispiele entstehen zu Beginn der 1640er-Jahre und ausdrücklich für den kaiserlichen Hof; sie stammen von Hofkomponist Giovanni Valentini. Ab 1660 werden jedes Jahr neue Sepolcri komponiert; eines für die Kapelle der Kaiserinwitwe Eleonora am Gründonnerstag, eines für die Hofburgkapelle am Karfreitag. Die Themen sind biblisch und allegorisch, als Meditation nach der und über die Kreuzigung gedacht. Die Libretti stammen von den Hofdichtern Nicola Minato (um 1620–1698), Donato Cupeda (1661–1704) und Pietro Antonio Bernardoni (1672–1714), die Musik von den jeweiligen Hofkapellmeistern, in einigen Fällen auch vom Kaiser selbst. Die Aufführungen in der Hofburgkapelle finden vor dem heiligen Grab statt, in Kostümen und vor Kulissen oder gemalten Hintergrundprospekten. Die Mitwirkung der Hofsängerknaben ist zwar nirgends direkt belegt, drängt sich aber auf, denn wer sollte wohl die Engel darstellen, oder den zu opfernden Isaak?

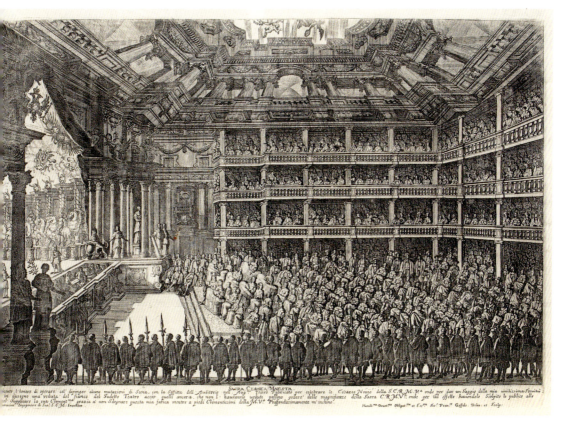

Abb. 39: Lodovico Ottavio Burnacini (1636–1707), Publikum im Theater auf der Cortina während der Aufführung von Il pomo d'oro. Die kaiserliche Familie sitzt ganz vorne auf einem Podest. Stich von Franz Geffels (1625–1694).

Ab 1706, unter Kaiser Joseph I., werden Sepolcri nicht mehr inszeniert, und unter Kaiser Karl VI. werden aus den festlichen Grabgebilden allmählich Oratorien, so wie wir sie kennen.

Mit dem Aufkommen der Barockopern scheint die geistliche Musik an Bedeutung zu verlieren. Anders gesagt, die kaiserliche Repräsentation verlagert sich auf die weltlichen Opern– die ja auch wirklich „mehr Staat" machen.

Es ist schwierig bis unmöglich, im Einzelnen nachzuweisen, wann und wo Knaben singen, aber bei derart riesigen Produktionen wäre es nur logisch, dass man sie auch einsetzt; schließlich sind sie entsprechend ausgebildet. Auf jeden Fall gehören diese Spektakel zum Erleben der Sängerknaben, zu ihrer unmittelbaren Umwelt.

Leopold I. – der Opernkaiser

Leopold wird 1640 als zweiter Sohn von Kaiser Ferdinand III. und Maria Ana von Spanien in Wien geboren. Er ist eigentlich für eine geistliche Karriere vorgesehen und wird entsprechend erzogen. Als sein Bruder Ferdinand IV. – der ist inzwischen bereits römisch-deutscher König – an den Pocken stirbt, erbt der erst 14-jährige Leopold gewissermaßen dessen Karriere, dessen Lebensplan und die dazugehörigen Titel: 1655 wird Leopold König von Ungarn, ein Jahr darauf König von Böhmen, wieder ein Jahr darauf König von Kroatien und Slawonien. Um die Kaiserkrone hat er allerdings einen weitläufig verwandten Mitbewerber, seinen Vetter Ludwig XIV. von Frankreich. Es gelingt Leopolds Vater, Ferdinand III., noch vor seinem Tod seinen Sohn als Nachfolger durchzusetzen; am 18. Juli 1658 erfolgt in Frankfurt die Wahl zum Kaiser, am 1. August 1658 die Krönung. Am 1. Oktober zieht der frischgebackene Herrscher samt Gefolge durch das Stubentor in seine Heimatstadt ein; drei Ehrenpforten sind errichtet, Kanonen donnern, sämtliche Glocken läuten, und im Stephansdom singt die kaiserliche Kapelle auf zwei eigens errichteten *bünen* ein Te Deum.

Im Westen haben die Franzosen spürbar Expansionspläne. Der neue Kaiser verlässt sich zunächst auf seine Berater – er ist ja auch gerade einmal 18 Jahre alt, der französische Cousin nur zwei Jahre älter. So ein bisschen hat man den Eindruck, der sehr fromme Leopold schiele nach Versailles; in Wien entsteht unter seiner Herrschaft eine Art Gegenentwurf zum französischen Hof. So sieht es Leopold: Kulturell besser, und nicht nur viel weniger verderbt, sondern moralisch mustergültig.

Leopold ist hoch gebildet und an allem interessiert, besonders an Musik. Er sammelt kostbare Bücher und Notendrucke wie ein Weltmeister. Seine Schätze hortet er in seiner *Bibliotheca cubicularis*, seiner Schlafkammerbibliothek im ersten Stock des Schweizerhoftraktes der Hofburg. In diesem persönlichen Rückzugsort finden Theater- und Musikaufführungen vor einem privilegierten Kreis handverlesener Zuhörer statt. Und Leopold komponiert, durchaus brauchbar. Er schreibt vorwiegend geistliche Stücke, Motetten und Messen, aber auch Arien für Opern.

Leopold übernimmt mit Regierungsantritt die Kapelle des Vaters, an der Spitze der großzügig dotierte Kapellmeister Antonio Bertali (1605–1669) aus Verona. Die florierende Kapelle macht die musikalische Prachtentfaltung erst möglich, sie ist gewissermaßen das Rückgrat der legendären Großevents. Nicht nur das höfische Leben wird von diesen Produktionen maßgeblich bestimmt: 400 solche Feste finden in den 47 Jahren von Leopolds Herrschaft statt; Wien kommt aus dem Feiern gar nicht mehr heraus.

1665 sind die Vorbereitungen für eine von langer Hand geplante dynastische Verbindung im Gange, typisch Habsburg. Leopold soll die 14 Jahre alte spanische Prinzessin Margarita Teresa – seine Nichte und gleichzeitig seine Cousine – heiraten. Für das Fest der Feste bestellt der Kaiser ein neues Theater auf der Cortina[130], der Burgbastei, modernst ausgestattet. 5000 Zuschauer soll es fassen. Aber es geht nicht nach Plan; die

Bauarbeiten verzögern sich, und im September 1665 stirbt der Brautvater, Philipp IV. von Spanien. Das bedeutet eine ganze Weile Staatstrauer – nicht nur in Spanien. Margarita Teresa kann fürs Erste nicht kommen.

Leopold ist fromm, aber nicht bigott, und er ist kein Kind von Traurigkeit. Am 17. März 1666 schreibt er an seinen Botschafter in Madrid, Franz Eusebius von Pötting (1627–1678):

> Dieser Fasching hätte ziemlich still sein sollen wegen der Klagen, doch haben wir etliche Festl in camera gehabt, dann es hilft dem Todten doch nit wann man traurig ist ...

Ende April 1666 – zu Ostern – wird vorab eine Stellvertreter-Hochzeit gefeiert; die Braut selbst trifft erst im Dezember in Wien ein. Der Reigen der Hochzeitsfeierlichkeiten beginnt am 8. Dezember 1666 mit einem Feuerwerk nach allen Regeln der pyrotechnischen Kunst. Anlässlich des „hochfeyerlichen" kaiserlichen Beilagers sieht man auf der Burgbastei „von Himmel entzündete und durch allgemeinen Zuruf der Erde sich himmelwärts erschwingende Frohlockungs-Flammen". Die Feierlichkeiten ziehen sich bis zum Fasching 1667.

1667 gibt es ein Rossballett zur Argonautensage, in einen allegorischen Kampf von Luft gegen Wasser gekleidet. Mindestens 300 Darsteller sind dabei, darunter der Kaiser auf seinem Pferd Speranza. 1668 ist auch das Theater auf der Cortina endlich fertig, und die spektakuläre Hochzeitsoper „Il pomo d'oro", der goldene Apfel, kann jetzt zum Geburtstag der inzwischen 17-jährigen Kaiserin im Juli aufgeführt werden. Das Libretto von Francisco Sbarra (1611–1668) greift die Geschichte des Parisurteils auf; nur geht diesmal der Schönheitspreis, der titelgebende Apfel, an keine Göttin und an keine Helena, sondern an Margarita, die Kaiserin, die „Perle" schlechthin. Die Musik stammt von Antonio Cesti (1623–1669); zwei Szenen steuert der Kaiser höchstpersönlich bei – darunter einen in luftiger Höhe gesungenen Dialog zwischen Amor und Venus. Amor wird hierbei vielleicht von einem Sängerknaben gesungen. Das lässt sich zwar nicht beweisen, aber in der Ikonografie des Barock ist Amor nun einmal ein kleiner, geflügelter Knabe mit Pfeil und Bogen, und in der Oper wäre ein sängerisch geübter Knabe wohl die Idealbesetzung.

 QR-Code 11: Wolfgang Amadeus Mozart, Knabenterzett aus der Zauberflöte

Bühnenmaschinen sind im Einsatz, Pferde und ganze Kutschen fliegen durch die Luft, ein Schiffbruch wird auf der Bühne gezeigt. Das Stück besteht aus einem Prolog und fünf Akten und ist so lang, dass man zwei Tage für die Aufführung braucht. Wagner-Opern sind dagegen harmlos.

Abb. 40: Lodovico Ottavio Burnacini (1636–1707), Szenenbild „Atrio del Palazzo di Venere", aus: Il pomo d'oro. Aufführung am 12. und 14. Juli 1668 anlässlich des Geburtstags der Kaiserin Margarita Teresa im Theater auf der Cortina. Stich von Matthäus Küsel (1629–1681).

Abb. 41: Auch eine ideale Rolle für Knaben – die drei Knaben in Mozarts Zauberflöte. Salzburger Festspiele, Sommer 2022 (Regie: Lydia Steier, musikalische Leitung: Joana Mallwitz).

Im Sommer 1679 – Margarita Teresa ist inzwischen gestorben; Leopold zum dritten Mal verheiratet – wütet die Pest in der Stadt, und Leopold verlegt seinen Hof über Umwege nach Prag. Bevor er flieht, gelobt er, wenn Wien einigermaßen glimpflich davonkommen sollte, die Errichtung einer Säule – anscheinend ein probates Mittel, wenn man himmlische Hilfe sucht. Das Schlimmste scheint im April 1680 überstanden, und Leopold lässt umgehend eine provisorische Dreifaltigkeitssäule aus Holz errichten. Das richtige Monument – eine Art Obelisk aus Wolken – kann erst 13 Jahre später eingeweiht werden. Bei der feierlichen Zeremonie singen die Hofsängerknaben selbstverständlich mit. Vielleicht macht in diesem Zusammenhang auch Johann Joseph Fux, ein Bauernsohn aus der Steiermark, erstmals auf sich aufmerksam: Er widmet dem Kaiser eine Missa Sanctissimae Trinitatis, eine Dreifaltigkeitsmesse; 1698 wird er zum *Hofcompositor* ernannt.

Dass die Musiker in der Hofburgkapelle sich nicht immer so benehmen, wie man es erwartet oder auch erhofft, zeigt eine Verordnung des Kaisers aus dem Jahr 1687.

1. Jeder Musiker soll pünktlich zu der ihm angegebenen Stunde zu seinem Dienst erscheinen, er soll warten, aber nicht warten lassen.

2. Wenn einer rechtmäßiger Weise verhindert ist, seinen Dienst zu verrichten, so soll er es dem Capellmeister zu wissen thun, damit dieser wisse, wer fehlt und seinen Dienst besser verwalten könne.

3. Keiner soll vor Ende der Dienstzeit ohne Erlaubniß des Capellmeisters weggehen, da dieser sonst nicht wissen könnte, von wem er die Concerte oder andern Musikstücke singen lassen soll.

4. Jeder Musiker soll bereitwillig und sonder Widerstreben die ihm übertragene Stimme singen, ohne zu fragen, ob es die erste, oder die zweite sei; denn das ist mein unumschränkter Wille. Ich habe schon beim Beginn meiner Regierung eine Bemerkung darüber gemacht, und fordere absolute Befolgung derselben, so lange man in meinem Dienste ist.

5. Alle Musiker müssen bei den Chören und Meßgesängen und Responsorien mitsingen; denn zuweilen intoniert der Priester am Altare und Niemand antwortet.

6. In der Kirche sollen die Musiker dem heiligen Gott die schuldige Ehrfurcht bezeugen, kein Geschwätz, noch andern Lärm machen, sondern immer mit schuldiger Ehrerbietung dastehen.

7. Alle Musiker sollen dem Capellmeister, als ihrem Oberhaupt, mit schuldigem Respect begegnen, welcher ihre Interessen zu vertreten haben wird. Haben sie aber irgend eine Beschwerde oder sonst etwas gegen ihn, so sollen sie sich an den Obersthofmeister, als an ihren obersten Vorgesetzten, wenden.

8. Daß alle diese Punkte unverbrüchlich beobachtet werden, ist mein positiver und entschiedener Wille.
   Leopoldus[131]

In einem Brief an Obersthofmeister Ferdinand Joseph von Dietrichstein (1636–1698) vom 27. Mai des Jahres bittet Kapellmeister Antonio Draghi (1634–1700) darum, die kaiserlichen Punkte erst dann den Musikern mitzuteilen, wenn er selbst dabeisein kann; er rechnet offensichtlich mit Protesten.

Am 13. August 1704 besiegt die Haager Große Allianz aus Kaiserlichen, Engländern, Niederländern und Preußen unter Prinz Eugen und dem Duke of Marlborough die Franzosen und ihre Verbündeten bei Höchstädt in Bayern; ganz Wien feiert den Sieg. Zum triumphalen Dankgottesdienst führt die Hofmusikkapelle im Stephansdom das groß besetzte *Te Deum* KV 271 von Johann Joseph Fux auf. Im Wiener Diarium[132] liest man:

> Heute wurde allhier in der St. Stephans Dumb-Kirchen das Te Deum laudamus, wegen der bei Höchstädt unter Heldenmüthiger Anführung des Kayserl. General-Feld-Marschallen Prinzen Eugeni von Savoyen und des englis. Duc de Marloroug, von denen Kayserl. und hohen Alliirten über die Frantzosen und Bayern herrliche Victori, in allerhöchster Gegenwart gesambter Kayser- und Königlichen Majestäten/ wie auch der durchlauchtigsten Jungen Herrschaft/ und Begleitung des Herrn Cardinal von Kollonitsch/ und Herrn Cardinals von Lamberg Hochfürstlichen Eminentz/ wie auch des venetianischen Pottschaffters und vieler anderen sowohl einheim- als außländischen Ministern/ ... mit dem Ambrosianischen Lob-Gesang und Hohem Ambt/ welches Ihre Fürstl. Gnaden der Herr Bischoff zu Wienn gehalten/ unter einer herrlichen Music, wie auch Trompeten- und Paucken-Schall/ nicht weniger 3maliger Lösung des Gewehrs von der auff dem Stephans-Freyt-Hof gestandenen Stadt-Gardi/ und aller Stucken rings umb der hiesigen Kayserl. Residentz-Stadt/ auff das herrlichste begangen.[133]

Fux' Komposition ist ein so großer Wurf, dass sie in den nächsten 30 Jahren immer wieder aufgeführt wird, so auch zur Hochzeit von Erzherzogin Maria Theresia und Franz Stephan von Lothringen im Februar 1736.

Joseph I. – der Schöne

Joseph, 1678 geboren, ist der älteste Sohn von Leopold I. und dessen dritter Ehefrau, Eleonore Magdalene von Pfalz-Neuburg (1655–1720); er ist abenteuerlustig und waghalsig, ein „Muster an Schönheit", ein Draufgänger und Hallodri. Wie sein Vater liebt Joseph Musik, allerdings ist er überhaupt kein bisschen fromm. Als Kronprinz ist er für den Kaiser extrem wichtig; mit nur neun Jahren wird er zum König von Ungarn gekrönt, drei Jahre später zum römisch-deutschen König. Als sein Vater 1705 stirbt, folgt ihm Joseph als römisch-deutscher Kaiser und König von Böhmen nach.

Joseph ist so etwas wie Habsburgs Antwort auf Ludwig XIV., jedenfalls soll er das sein. Die Habsburger wollen ihren Großmachtstatus festigen, machen sich Hoffnungen auf den spanischen Thron. Josephs Bruder Karl wird als Thronprätendent nach Spanien geschickt. Joseph sorgt währenddessen für eine glanzvolle Hofhaltung in Wien; ein von ihm mitgestalteter Entwurf für Schloss Schönbrunn spiegelt seine Allmachtsfantasien. Und er stockt die Hofmusikkapelle auf 100 Personen auf. Geld dafür hat er allerdings nicht – die Musiker müssen lange auf ihre Löhne warten.

Im Frühjahr 1711 fällt Joseph einer Pockenepidemie zum Opfer – wie schon sein Onkel Ferdinand IV. Pockenviren, *orthopox variolae*, kennen keine Standesdünkel. Josephs jüngerer Bruder Karl wird aus Spanien geholt und als Karl VI. Kaiser.

Karl VI. – der letzte barocke Kaiser

Karl, 1685 als zweiter Sohn Leopolds I. geboren, ist im Gegensatz zu Joseph kein Muster an Schönheit. Nicht nur optisch kommt er ganz nach dem Vater, auch in der Persönlichkeit: Er gilt als misstrauisch, umständlich und wenig entschlussfreudig – Karl ist das personifizierte Phlegma. In Spanien hat er es nicht geschafft, sich gegen den französischen Mitbewerber Philippe von Anjou durchzusetzen. Er kehrt nur zögerlich nach Wien zurück; er fühlt die Schlappe. Kaiser will er natürlich dennoch werden; am 22. Dezember 1711 wird er in Frankfurt am Main gekrönt, und im Januar 1712 zieht er feierlich in Wien ein.

Karl glaubt fest an das Gottesgnadentum; dass er auf dem strengen spanischen Hofzeremoniell besteht, ist symptomatisch für seine Realitätsferne. Politisch ordnet Karl, der immer noch keine Kinder hat, alles der „Pragmatischen Sanktion" unter, einem Hausgesetz, das die Erbfolge regelt und endlich aus dem Habsburgerreich eine unteilbare Einheit machen soll. Seine Kinder – notfalls eben auch Töchter – sind als rechtmäßige Nachfolger und Erben vorgesehen, die bereits vorhandenen Töchter seines Bruders und seines Vaters kämen erst danach an die Reihe.

Eine Laune des Schicksals hat Karl zum Kaiser gemacht; als absoluter Herrscher muss er entsprechend repräsentieren. Wie sein Vater und sein Bruder liebt Karl Musik, und er versteht etwas davon. Wie üblich, wird die Kapelle seines Vorgängers offiziell aufgelöst; so hat Karl die Möglichkeit, seine eigene Kapelle neu aufzubauen, die Musiker selbst auszusuchen.

Nach acht Jahren in Spanien kann er den Stand der Hofmusik in Wien nicht beurteilen. Er lässt daher gleich drei Gutachten über die Lage der Hofmusik verfassen; eine Kosten-Nutzen-Rechnung. Vizehofkapellmeister Marc' Antonio Ziani, Hofkomponist Johann Joseph Fux und der Konzertmeister oder „concert-dispensator" Kilian Reinhardt (um 1653–1729) sollen dabei helfen, Karls Kapelle so zusammenzustellen, dass sie „keine überflüssige, sonderen nur so vil vorschlagen sollen, als zu bestreittung der kay. dienst von nöthen seyn".[134]

Fux, Ziani und Reinhardt sind sich einig, dass insgesamt 79 Musiker ausreichen, um alle kaiserlichen Dienste und Musikwünsche zu erfüllen, sämtliche Kirchenmusik, Tafelmusik, Serenaden und Opern. Aufgrund der drei Gutachten werden manche vor allem der älteren und daher teureren Musiker aus Josephs Kapelle nicht wieder eingestellt. Die neue Kapelle zählt immer noch 86 Personen. Aber die Sparpolitik oder die guten Vorsätze halten nicht lange an: Die entlassenen Mitglieder aus der alten Kapelle suchen erfolgreich um Wiederaufnahme an, Karls Musiker aus Barcelona – darunter der von ihm sehr geschätzte Venezianer Antonio Caldara – kommen dazu, und auch die Mitglieder der Kapelle von Karls Mutter, Kaiserinwitwe Eleonore Magdalena von Pfalz-Neuburg müssen nach deren Tod versorgt werden.[135] 1723 erreicht die Hofmusik mit 134 Personen einen absoluten Höchststand. Bis zu Karls Tod im Jahr 1740 bleibt der Personalstand der Kapelle gleich. In diesen Zahlen sind keine Sängerknaben enthalten; die namentlich aufgelisteten Sopranisten und Altisten sind aller Wahrscheinlichkeit nach Kastraten. Dass es dennoch weiterhin auch Sängerknaben gibt, geht aus gelegentlichen Bemerkungen hervor; einige sind Söhne von Kapellmitgliedern. Die erwachsenen Musiker führen den Titel „(wirkliche) Kayserliche Hof-Musici", ab 1723 dürfen sie sich „Kayserliche Hof- und Kammer-Musici" nennen.

 QR-Code 12: Antonio Caldara, Credo aus der Missa laetare

In Karls Verständnis ist der Kaiser der von Gott eingesetzte Garant des Christentums; der richtige Ausdruck der Frömmigkeit hängt direkt an der Person des Kaisers. Öffentliche Kirchenbesuche der kaiserlichen Familie in den verschiedenen Wiener Stationskirchen oder die Teilnahme an der alljährlichen Großen Fronleichnamsprozession etwa sind daher enorm wichtig, verpflichtend; sie haben absolute Vorbildfunktion. Die Kirchenmusik spielt gerade jetzt, unter Karl, eine große Rolle. Karl VI. ist der letzte Herrscher, der seine Frömmigkeit so offen lebt und den ganzen Hofstaat – eigentlich das ganze Land – dazu zwingt, mitzufeiern.

Fux macht weitere Verbesserungsvorschläge für die Organisation der Kapelle. Dazu gehört der Gedanke, den Nachwuchs für die „Profis", für die erwachsenen Sänger und Musiker, aus den eigenen Reihen zu rekrutieren. Ehemalige Sängerknaben sollen Hofscholaren werden, Sänger oder Instrumentalisten in Ausbildung. Fux argumentiert, dass es Verschwendung sei, Jugendliche, die man selbst ausgebildet hat, und zwar so, wie es für das eigene Musizieren, für die Erfordernisse des Hofes nötig ist, einfach wegzuschicken. Die Idee wird aufgegriffen: Unter den sieben ersten Scholaren von 1712 sind drei, die Sänger werden sollen; die anderen vier sollen Instrumentalisten werden. Ziani und Fux werden befördert, der eine wird Hofkapellmeister, der andere sein Vize.

Neu ist der Posten des Hof- und Kammermusikdirektors: Der „Direttore della Musica" (auch Musikgraf, Cavagliere di Musica, Cavalier Protettor della Music oder Hofmusik-Oberdirektor) ist im Prinzip ein übergeordneter administrativer Leiter, der zwischen Hofkapellmeister und Obersthofmeister „vermittelt" und sich dabei gehörig in die musikalischen Belange einmischt. Fünf adlige Herren[136] – teilweise schillernde Gestalten – bekleiden nacheinander diesen Posten: Streitigkeiten mit dem Hofkapellmeister sind vorprogrammiert.

1713 wird Wien wieder von einer Pestwelle heimgesucht. Wie seine Vorgänger legt auch Karl ein Gelübde ab, aber ihm reicht keine einfache Säule: Er verspricht seinem Namenspatron Karl Borromäus, der ja auf Pestepidemien spezialisiert ist, gleich eine ganze Kirche, und das hält er auch ein. 1737 wird die Karlskirche feierlich eingeweiht.

Das aufwendige Bauprojekt wird von allen Ländern, über die Karl herrscht, mitfinanziert. Überhaupt weiß Karl, dass sich Macht und Herrschaft am besten in festen Bauten manifestieren lassen; die sind unübersehbar. Unter seiner Bauherrschaft wird die Hofburg von einem wenig anheimelnden Bunker endgültig zum Palast.

Die Hofmusik ist täglich im Einsatz, als Tafelmusik, als Kirchenmusik oder in der Oper; geprobt wird nebenher. Die Oper ist das Auffälligste, das Augenfälligste. Fast nichts ist so wichtig wie die Bühnenbauten, die Kulissen, die Maschinen, die Kostüme: Nicht nur Karls Zeitgenossen hören mit den Augen.

Die Geburt des lang ersehnten Thronfolgers Leopold Johann im April 1716 muss entsprechend gefeiert werden, der Hof gibt eine Oper in Auftrag, die alles Dagewesene übertreffen soll. Und so gibt man im September „Angelica vincitrice di Alcina"[137] als Open-Air-Event in der Sommerresidenz Favorita. Der Stoff aus Ludovico Ariostos (1477–1533) Ritterepos *Orlando furioso*, Der rasende Roland, ist populär; es geht um Liebe, Monster und Seeschlachten, und natürlich gibt es auch in diesem Stück die ein oder andere Auftrittsmöglichkeit für singende Knaben.

Das Libretto stammt vom Hofpoeten Pietro Pariati (1665–1733), Komponist ist Johann Joseph Fux, der doch eigentlich auf geistliche Musik spezialisiert ist. Die Bühne bauen die beiden Ausstatter Ferdinando (1656–1743) und Giuseppe Galli Bibiena (1696–1757) in den weitläufigen Park hinein; der praktischerweise vorhandene Teich mit seinen beiden künstlichen Inseln spielt natürlich mit.

Lady Mary Montagu (1689–1762), die Gattin des englischen Gesandten in Konstantinopel, auf Durchreise in Wien, beschreibt das Spektakel in einem Brief an den englischen Dichter Alexander Pope:

… dass ich letzten Sonntag in der Oper war, die im Garten der Favorita aufgeführt wurde und mir so sehr gefallen hat, dass ich es noch nicht bereut habe, sie gesehen zu haben. Nichts dieser Art war jemals prächtiger, und ich kann leicht glauben, was man mir sagte, nämlich, dass die Bauten und Kostüme den Kaiser 30.000 Pfund Sterling gekostet haben. Die Bühne war über einen sehr breiten Kanal gebaut und zu Beginn des zweiten Aktes in zwei Teile geteilt, so dass man das Wasser sehen konnte, auf welchem sofort zwei Flotten mit goldenen Schiffen von verschiedenen Seiten erschienen, die eine Seeschlacht aufführten. Es ist nicht leicht, sich die Schönheit dieser Szene vorzustellen, die ich besonders aufmerksam ansah, doch auch alles übrige war vollendet schön in seiner Art. Die Handlung der Oper ist die Verzauberung der Alcina, die Gelegenheit für den Einsatz zahlreicher Maschinen und Szenenwechsel gibt, die mit überraschender Geschwindigkeit vollzogen werden. Das Theater ist so groß, dass es dem Auge schwer fällt, sein Ende zu erfassen und die Kostüme, 108 an der Zahl, sind von äußerster Pracht. Kein Haus könnte so große Bauten fassen, aber die Damen, die alle unter freiem Himmel sitzen, sind so großen Unbequemlichkeiten ausgesetzt, denn es gibt nur einen einzigen Baldachin für die kaiserliche Familie, und als am Abend der ersten Aufführung ein Platzregen niederging, wurde die Oper abgebrochen, und die Gesellschaft flüchtete in solcher Verwirrung, dass ich fast zu Tode gequetscht wurde.[138]

Zu aller Entsetzen stirbt der so gefeierte Thronfolger schon im November desselben Jahres; ein halbes Jahr später, am 13. Mai 1717, kommt Erzherzogin Maria Theresia zur Welt.

Karl konzentriert sich darauf, seine Macht zu konsolidieren; 1723 holt er endlich – nach Jahren – seine Krönung zum König von Böhmen nach, um auch dort wieder einmal Flagge zu zeigen und die Bevölkerung entsprechend an ihren Oberherrn zu erinnern. Es ist eine gewaltige PR-Übung: Für die Krönungsfeierlichkeiten in Prag schreibt Fux wieder eine Oper. Der Titel, *Costanza e fortezza*, Beständigkeit und Stärke, bezieht sich auf den Wahlspruch des Kaisers. Es ist wieder eine Veranstaltung der Superlative; die Hofmusikkapelle ist mit über 100 Mann und Frau dabei. Hofmusikgraf Pio di Savoia, Hofkomponist Fux, Hofkapellmeister, Sängerinnen und Sänger, Instrumentalisten und eine ganze Schwadron an Handwerkern und Bühnenarbeitern werden aus Wien mitgenommen und bei Prager Adligen einquartiert.[139] Fux muss aufgrund eines üblen Gichtanfalls in einer Sänfte zur Vorstellung getragen werden. Die Kosten für das Unternehmen belaufen sich auf horrende 1,8 Millionen Gulden. Zum Vergleich: Der „normale" Unterhalt der Kapelle beläuft sich auf 159.000 Gulden pro Jahr, das ist nicht einmal ein Zehntel der Summe. Für die von ihm so geliebte Jagd – auch ein teures Vergnügen – wendet Karl nur etwa 30.000 Gulden auf.

Hinter den Kulissen geht es im Ensemble hoch und nicht immer höflich zu. Es heißt, dass

einige sich unterstehen, nicht allein lasterhaft und straffmässige schmachreden gegen einander aus zu stossen, sondern auch bis aufs rauffen und herausfordern zusammen zu zancken, einige auch mit einer ehedessen nie gehörten verwegenheit sich bisweilen weigern, die ihnen zu gestelte musicalien parti zu singen, ja wohl gar sich unterstehen, selbige in stücken zu zerreisen und den concert-dispensatoren mit worten übel zu tractiren; hingegen aber, wan das singen ihnen nach ihrem capritz gelegen, die ihnen anständige parti anderen, denen selbige bereits zu gestelt gewesen, umb sie nur zu affrontiren und zu verschimpffen, aus denen händen zu reyssen.[140]

Abb. 42: Der Haydnchor mit Jimmy Chiang vor der Karlskirche, Sommer 2017.

Die feine Art ist das nicht gerade; es klingt nach Starallüren und Wutanfällen, nach einer Seifenoper. Zudem erlauben sich manche der Musiker, gar nicht erst zum Dienst zu erscheinen – und lassen sich trotzdem wie für eine Pfründe bezahlen; kein gutes Vorbild für auszubildende Knaben. Der Kaiser reagiert ähnlich wie sein Vater Leopold mit klaren Verordnungen, Hofmusiker haben sich zu benehmen. Sein *Decretum an den kay. Hoffcapellmeistern die unordnung bey der hoffmusic betreff* stammt vom 16. November 1730.[141] Sollte jemand weiter über die Stränge schlagen, droht er mit „entsprechenden Maßnahmen", ohne das näher auszuführen.

1731 tritt Georg Reutter der Jüngere (1708–1772) auf den Plan: Der Sohn des Domkapellmeisters hat sich schon in den 1720er-Jahren mehrfach vergeblich bei Hof beworben, jetzt endlich erhält er einen Posten als Hofkompositor. Reutter schreibt vor allem Opern, und Hofkapellmeister Fux mag ihn nicht. Aber Reutter ist entschlossen, Karriere zu machen, und das wird er auch.

1733, nach dem Tod August des Starken in Sachsen, bricht der polnische Thronfolgekrieg aus. Frankreich will den früheren polnischen König Stanislaus Leszczyński auf dem Thron sehen; der Kaiser unterstützt dagegen Augusts Sohn, der im Gegenzug die Pragmatische Sanktion anerkennt. Kaum ist dieser Krieg mit der Bestätigung von August III. ausgestanden, beginnt der Russisch-Österreichische Türkenkrieg. Kriege sind bekanntlich teuer, und das bedeutet weniger Geld, nicht nur für die Musik. Es sind beklemmende und, wie der Hof formuliert, *gegenwärtig geldbeklemmte zeiten*. Musikerstellen, die durch *tottfall* frei werden, werden nicht nachbesetzt; die Bezüge der Pensionisten werden drastisch gekürzt, und dazu verlangt der Kaiser noch eine Sondersteuer von seinen Hofbediensteten. Großartige Opern gibt es nicht mehr. Diese Zeiten sind vorbei. Am 20. Oktober 1740 stirbt der Kaiser, wohl an den Folgen einer Pilzvergiftung. Bei den Trauerfeierlichkeiten ist die Hofmusikkapelle selbstverständlich dabei.

Maria Theresia – die sparsame Erbin

Als Maria Theresia nach Karls überraschendem Tod Ende 1740 die Regierungsgeschäfte übernimmt, hat sie keine Zeit, sich große Gedanken um die Hofmusik zu machen. Zuallererst muss sie ihren Anspruch auf den Thron, ihre eigene Regentschaft nach außen sichern. Friedrich der Große von Preußen fällt in Schlesien ein, Bayern und Frankreich besetzen Böhmen und Oberösterreich: Maria Theresia ist gezwungen, Krieg zu führen. Zudem sieht sie sich – in Zeiten des Krieges fatal – mit einer praktisch leeren Staatskasse konfrontiert, sie muss sparen. Sie ist die Tochter ihres Vaters; sie weiß, dass ihr der Thron zusteht, und sie hat auch die Persönlichkeit zum Herrschen. Maria Theresia hat die Nerven und die Kraft, sich gegen alle Widerstände durchzusetzen, und sie hat durchaus ein Flair für Dramatik. Falls sie noch an den Absolutismus glaubt, ist sie sich durchaus bewusst, dass sich die Zeiten ändern: Das Bürgertum wird stärker, emanzipiert sich. Aber auch damit geht sie um: Sie lässt sich beraten, und sie hat eine gute Hand bei der Wahl ihrer Berater. Sie ist neuen Erkenntnissen gegenüber aufgeschlossen, sie sucht und findet pragmatische Lösungen und scheut sich nicht, Reformen in die Wege zu leiten.

Vor allem ist sie nicht so leicht zu erschüttern; vielleicht, weil sie sehr gläubig ist – manche halten sie sogar für bigott. Religion – die alte, katholische Religion – ist ihr wichtig und damit auch die Kirchenmusik. Aber als Johann Joseph Fux im Februar 1741 stirbt, ist sie hochschwanger und hat bei aller Liebe zur Musik sicher anderes im Kopf als ausgerechnet dessen Nachfolge: Im März bringt sie ihren Thronfolger Joseph zur Welt.

Wahrscheinlich hofft Maria Theresia, dass Fux' Vizehofkapellmeister Luca Antonio Predieri (1688–1767) stillschweigend die Geschäfte und die Leitung der Kapelle und ihrer immerhin 87 Musiker übernimmt. Predieri, seit knapp zwei Jahren am Hof, tut, was er kann; dennoch fühlt er sich einerseits überfordert, andererseits wird er wohl von den Kollegen nicht so richtig ernst genommen. Er sieht sich in erster Linie als Komponist vor allem von Opern und ist als solcher auch hochgeachtet. In dieser Situation bringt sich Georg Reutter der Jüngere geschickt ins Spiel; er, der bis jetzt eigentlich ausschließlich für die Bühne komponiert hat, sattelt kurzerhand auf Kirchenmusik um. Kirchenmusik sorgt für Gottes Beistand, insbesondere auch auf dem Schlachtfeld, auf die *kann* man nicht verzichten, die *braucht* man. Zusätzlich macht er sich mit den verschiedensten Diensten und Liebedienereien unentbehrlich. Die Musiker der Kapelle akzeptieren ihn als Leiter; vielleicht gewöhnen sie sich auch einfach nur an ihn. Reutter lässt ein paar Jahre vergehen, bevor er 1746 eine Initiativbewerbung beim Obersthofmeisteramt riskiert: Die Kaiserin möge ihn, Reutter, zum Hofkapellmeister ernennen, sollte sie aber den Titel doch Predieri, der ja ältere Rechte hat, verleihen wollen, ist er beflissen bereit, als Vizekapellmeister auch die „Direction dero Hof-Capelle Music" zu übernehmen, und das – ganz nobel – sogar, ohne eine Gehaltserhöhung zu beanspruchen. Das Obersthofmeisteramt bestätigt der Kaiserin, dass Reutter im Prinzip ohnehin die Kapelle führt und dass eine Ernennung von Predieri nur zu Streitigkeiten führen und damit den geregelten Betrieb behindern würde. Die Beamten sind sich außerdem sehr sicher, dass Reutter Anweisungen von Predieri nicht akzeptieren würde. Nach über einem Jahr zäher Verhandlungen findet man endlich eine österreichische Lösung: Die Aufgaben der Hofmusikkapelle werden offiziell geteilt; Predieri wird als Erster Hofkapellmeister Chef der weltlichen, Reutter als „anderter CapellMeister" Chef der kirchlichen Musik. Im Ernennungsdekret wird ausdrücklich festgehalten, dass er „keines Weges Ihme Predieri subordiniret oder von Ihme dependiret seyn"; Reutter ist nicht weisungsgebunden. Damit ist er, der seit 1736 als Nachfolger seines Vaters auch Domkapellmeister in St. Stephan ist, der wichtigste Kirchenmusiker in Wien. Es ist kein Problem für ihn, Musiker und vor allem Sängerknaben zu „verleihen" oder auch beide Ensembles zu kombinieren, falls eine größere Besetzung gebraucht wird.

Nun hat Reutter zwar auf eine Gehaltserhöhung verzichtet, dennoch gehen der Kaiserin die Sparmaßnahmen nicht weit genug. Mitte des 18. Jahrhunderts kostet die Hofmusik jährlich 22.000 Gulden; Maria Theresia hofft, die Ausgaben zu deckeln, 20.000 Gulden sollten genügen. Wer schlussendlich die Idee hat, bleibt unklar; vielleicht kommt der Vorschlag, die Hofmusik aus dem Hof auszugliedern, vom umtriebigen Reutter selbst: In seiner Position hat er Zugriff auf viele Musiker, er kann Sänger und Instrumentalisten zu günstigen Konditionen bekommen. Jedenfalls kommt im März 1751 ein Vertrag zwischen Reutter und dem Hof zustande: Es ist eigentlich der Versuch einer Privatisierung. Reutter soll künftig maximal 20.000 Gulden pro Jahr erhalten, von denen er die Hofmusik – inklusive Spesen – zu betreiben hat. Bereits bei Hof angestellte Musiker bleiben in Hofdiensten und werden weiter vom Hof bezahlt; sie sind und bleiben pensionsberechtigt. Falls aber jemand „mit dem Tode abstirbt", oder auch aus anderen Gründen „abgeht", soll Reutter auf seine Kosten einen Ersatz finden und bei sich anstellen. Die Vertragsbedingungen und auch die Gage sind Sache zwischen Reutter und dem neuen Musiker. Was in der Theorie wie eine mögliche Ersparnis für den Hof klingt, ist in der Praxis das glatte Gegenteil. Zwar hat die Hofmusikkapelle bei Reutters Tod 1772 deutlich weniger *fixes* Personal – 20 bei Hof angestellte Musiker gegenüber vorher 87[142] –, dafür aber in Summe wesentlich höhere Ausgaben. Immer wieder bittet Reutter um mehr Geld, etwa wenn bei besonderen Anlässen zusätzliches Personal gebraucht wird, zum Namenstag der Kaiserin, zu Fasching; in der Regel werden die Beträge bewilligt. Auch der Verwaltungsaufwand ist nicht geringer, die Abrechnung sogar wesentlich komplizierter und komplett undurchsichtig. Auf jeden Fall sind in den Belegen Beträge für Sängerknaben ausgewiesen: Die sollen jetzt sogar aufgestockt werden, man will sich die teuren erwachsenen Sopranisten und Altisten sparen. Der Verdacht liegt nahe, dass Reutter sich gelegentlich mit Knaben und Musikern aus dem Dom behilft; zumal in dieser Zeit in der Hofburgkapelle große Umbauarbeiten stattfinden. Für seinen Teil ist Reutter offensichtlich mit der Regelung zufrieden: 1757 wird der Vertrag noch einmal verlängert; er bleibt bis zu Reutters Tod im März 1772 aufrecht. Unmittelbar danach wird die Hofmusikkapelle wieder in den Hof eingegliedert – das Privatisierungsexperiment ist gründlich gescheitert.

Porträts: Joseph und Michael Haydn als Sängerknaben

Im Sommer 1739 oder 1740 reist Reutter – zu dieser Zeit bereits Kapellmeister am Stephansdom – über Land, auf der Suche nach Chorknaben. In Hainburg an der Donau stößt er dabei auf eine geniale Begabung: den siebenjährigen Joseph Haydn. Als Joseph acht Jahre alt ist, holt Reutter ihn als Sängerknaben nach Wien.

 QR-Code 13: Joseph Haydn, Die Landlust

Die Domsängerknaben sind im Kapellhaus am Stephansplatz untergebracht, in dem auch Georg Reutter mit seiner Familie wohnt. Ihr Leben dreht sich in erster Linie um Musik, sie haben Gesangsstunden, Chorproben, lernen Klavier und Geige. Reutter selbst unterrichtet die Königsdisziplin Tonsatz und Komposition. „Reutter ermunterte ihn aber, die Motetten und Salve, welche er in der Kirche absingen mußte, auf beliebige Art zu variiren, und diese Uebung brachte ihn früh auf eigene Ideen, welche Reutter verbesserte."[143] Daneben erhalten die Knaben Unterricht in Lesen, Schreiben und Rechnen, in Latein und Religion. Während Haydn von Reutter und der Musik in Wien sicher profitiert, sind die Lebensumstände alles andere als ideal; rückblickend erinnert sich der Komponist vor allem an „immerwährendes Fasten" – bei Reutters wurde gespart. 1745 kommt der jüngere Bruder Michael, Hansmichel genannt, ebenfalls als Sängerknabe an den Stephansdom.

Streng genommen sind die beiden Haydns also keine Hofsängerknaben. Aber sie sind immer wieder bei Hof tätig, etwa um bei größeren Anlässen die Hofsängerknaben zu verstärken. Die besten Anekdoten seiner Sängerknabenzeit im Zusammenhang mit dem Kaiserhof erzählt Joseph Haydn später höchstpersönlich seinen Biografen, dem Maler Albert Christoph Dies (1755–1822) und dem Diplomaten und Schriftsteller Georg August Griesinger (1769–1845). Möglicherweise malt Haydns Erinnerung mit einem etwas eigenen Pinsel.

Bei Dies heißt es:

> Zur Zeit, als der Hof das Lustschloß zu Schönbrunn erbauen ließ, mußte Haydn die Pfingstfeyer hindurch daselbst in den Kirchenmusiken singen. Außer der Zeit, die er in der Kirche zubringen mußte, gesellte er sich zu den anderen Knaben, bestieg die Gerüste, die des Baues wegen errichtet waren, und lärmte auf den Bretern [sic!] tüchtig herum. Was geschah? Die Knaben erblickten plötzlich eine Dame. Es war die Kaiserin Maria Theresia selbst, die Jemand beorderte, die lärmenden Knaben von dem Gerüste zu entfernen, und mit Schillingstrafe [gemeint sind Ohrfeigen] zu bedrohen, wenn sie sich wieder auf demselben sehen lassen würden. Haydn wurde am folgenden Tage vom Vorwitz getrieben, bestieg allein das Gerüst, wurde erhascht, und erhielt den versprochenen Schilling.

Joseph Haydns Stimme ist außergewöhnlich schön, das fällt jedem auf, der ihn hört, mit Sicherheit auch der Kaiserin, die selbst eine sehr gute Sängerin ist. Die großen Soli singt Joseph vermutlich alle, bis ihn mit 16 Jahren doch noch der Stimmbruch ereilt. Den wichtigen Auftritt beim Leopoldsfest am 15. November 1748 übernimmt Haydns elfjähriger Bruder:

> Bey den Feierlichkeiten, die dem hl. Leopoldus zu Ehren jährlich zu Kloster-Neuburg begangen werden, ist gewöhnlich die Kaiserin erschienen. Sie hat dem Kapellmeister Reutter schon im Scherz sagen lassen: „Joseph Haydn singt nicht mehr; er kräht". Reutter hat also bey dieser Feyerlichkeit meine Stelle mit einem Anderen besetzen müssen und seine Wahl ist auf meinen Bruder Michael gefallen. Der hat so schön gesungen, daß die Kaiserin ihn vor sich hat rufen lassen und ihm 24 Dukaten verehrt hat.

Es ist eine wirklich kaiserliche Gage: 24 Dukaten sind 108 Gulden, zu dieser Zeit mehr als der Jahreslohn eines Lehrers. Die Hälfte der Summe schickt Michael seinem Vater; das restliche Geld lässt er sich bis zu seinem eigenen Stimmwechsel aufbewahren. Angeblich ist das Geld dann verschwunden.

Florian Leopold Gassmann (1729–1774), bisher Kammerkomponist am Hof, wird Reutters Nachfolger als Hofkapellmeister. Im Herbst 1772 besucht der englische Musikhistoriker, Komponist und Kritiker Charles Burney (1726–1814) Wien; er sammelt Material für sein Magnum opus, eine allgemeine Geschichte der Musik. Die kaiserliche

Abb. 43: Für ein Porträt des Komponisten spielen die Sängerknaben Szenen aus dem Leben von Joseph Haydn (Regie: Peter Pacher, MuTh, Februar 2017).

Kapelle hört er Anfang September zum ersten Mal im Stephansdom. Von dem „düsteren Gemäuer" hält er nicht viel, es sei mit Trophäen der Habsburger so vollgestopft, dass es ihn mehr an ein Zeughaus als an eine Kirche erinnere; die große Orgel sei seit Jahrzehnten unbrauchbar, die kleine verstimmt. Dafür spielt der Organist meisterhaft, und auch der Gesang an sich gefällt dem strengen Burney, die Knaben werden eigens gelobt:

> ...ward daselbst eine vortreffliche Messe, im wahren Kirchenstile, sehr gut aufgeführt. Es waren Violinen und Violoncellis dabei, ob es gleich kein Festtag war. ... Alle Responsas werden hier bei der Messe in vier Stimmen gesungen und das nimmt sich viel besser aus, besonders wo so wenig Melodie ist als der bloße nackte Canto fermo, der in den meisten anderen katholischen Kirchen gebräuchlich ist. Die Oberstimme war von Knaben gesungen und recht gut, besonders waren zwei darunter, deren Stimmen zwar nicht stark, aber sehr ausgebildet waren.[144]

 QR-Code 14: Joseph Haydn, Kyrie aus der Nelsonmesse

Am Sonntag, dem 13. September erlebt Burney die kaiserlichen Musiker noch einmal; diesmal findet er die Musik vor allem laut.

Heute ging eine Prozession durch die Hauptgassen der Stadt, denn es war der Gedächtnistag der Befreiung von Wien, da der König von Polen, Sobiesky, Anno 1683, die Türken abgetrieben, nachdem sie die Stadt zwei Monate lang belagert gehabt hatten. Der Kaiser kam von Laxenburg herein zu diesem Festtage und wohnte der Prozession mit bei, welche bei den Franziskanern aus ... nach der Stephanskirche ging, woselbst unter der Direktion des kaiserlichen Kapellmeisters Herrn Gaßmann das „Te Deum" gesungen ward. Die Musik war von Reutter, einem alten deutschen Komponisten, ohne Geschmack oder Erfindung. Der Chor war stark besetzt, und alles, was man bezeichnendes von der Musik sagen kann, ist, sie machte viel Geräusch und sagte dabei sehr wenig. Ich hoffte, es sollte auf dieses trockene, sinnlose Zeug etwas Besseres folgen; allein, was hernach kamm war ebenso unbedeutend. Das Ganze ward mit einer dreifachen Salve der Stadtartillerie beschlossen und die militärischen Instrumente wurden jetzt beinahe ebenso laut, als es die musikalischen vorher gewesen waren.[145]

Joseph II. – der radikale Reformer

Joseph II. ist seit 1765 Mitregent seiner Mutter, nach ihrem Tod 1780 regiert er allein. Er mag Musik, wie alle Habsburger versteht er einiges davon, zudem ist er selbst ein guter Musiker. Er spielt Cello und Cembalo – und musiziert täglich mit einer kleinen Gruppe handverlesener Hofmusiker, die er dafür extra bezahlt. Er schätzt Opern und will vor allem dem deutschen Singspiel neue Impulse geben – vielleicht auch, um dem „Volk" die Oper näher zu bringen. Im Übrigen ist sein Musikgeschmack eher konservativ.

Ganz im Sinne der Aufklärung rückt Joseph Anfang 1782 den rein kontemplativen Klöstern, die er für völlig überflüssig hält, zu Leibe; bis 1783 werden im sogenannten Klostersturm 700 bis 800 solcher Klöster aufgelöst. Abteien und Stifte müssen, so Joseph, der Allgemeinheit nützen, als Krankenhäuser, als Schulen, als Pfarren. Gleichzeitig erlässt der Kaiser eine verbindliche Gottesdienstverordnung: Musik wird an den meisten Kirchen stark eingeschränkt. Gesungene Messen gibt es allenfalls an Sonn- und Feiertagen, normale Vespern sollen nur noch „choraliter", als Sprechgesang ohne Schnörkel und ohne Instrumente abgehalten werden: Die Sänger sollen a cappella psalmodieren.

Als bekannter Sparefroh überlegt Joseph sogar, die eigene Hofmusikkapelle komplett abzuschaffen, zumindest, so findet er, könnte man die Sängerknaben mehr einsetzen: Sie sollen auch unentgeltlich im Theater und in der Oper singen; damit will er die Gagen von erwachsenen Chorsängerinnen einsparen. Und tatsächlich singen die Knaben eine Weile zumindest in den deutschen Singspielen im Chor – bis es ihren Kapellmeistern 1801 zu viel wird.

Hofkapellmeister des 18. Jahrhunderts – Übersicht

MARC' ANTONIO ZIANI (1653–1715)
1700 Vizehofkapellmeister unter Leopold I., 1712 Hofkapellmeister unter Karl VI.
JOHANN JOSEPH FUX (um 1660–1741)
1711 Vizehofkapellmeister, 1715 Hofkapellmeister unter Karl VI.
ANTONIO CALDARA (1670–1736)
1716 Vizehofkapellmeister
LUCA ANTONIO PREDIERI (1688–1767)
1739 Vizekapellmeister, 1747 Erster Kapellmeister (weltliche Hofmusik)
GEORG REUTTER D.J. (1708–1772)
1731 Hofkomponist, 1747 „anderer" Kapellmeister (höfische Kirchenmusik), 1751 Kapellmeister für „Tafel-, Kammer- und Kirchenmusik", 1769 Erster Hofkapellmeister
FLORIAN LEOPOLD GASSMANN (1729–1774)
1764 Kammerkomponist von Joseph II., 1772 Hofkapellmeister
JOSEPH BONNO (1711–1788), auch Giuseppe Bonno
1738 Hofscholar für Komposition, 1739 Hofkomponist, 1774–1788 Hofkapellmeister
ANTONIO SALIERI (1750–1825)
1774 Kammerkomponist und Kapellmeister der (italienischen) Oper, 1788 Hofkapellmeister

Exkurs: Anwerbung von Sängerknaben

Nachwuchssorgen, die heute fast alle Knabenchöre plagen, gibt es bereits im Mittelalter; denn Knaben werden irgendwann erwachsen, werden zu Tenören oder Bässen. Will man also hohe Stimmen haben, braucht man immer wieder Nachschub. Knaben mit schönen Stimmen sind begehrt, und je besser ausgebildet sie sind, desto wertvoller sind sie für einen Chor.

Knaben, die in Maximilians Kapelle singen, müssen einiges an Wissen und Können, an Erfahrung mitbringen. Der Monarch lässt gezielt nach entsprechenden Knaben suchen, vorzugsweise solchen, die das „brabantisch Diskantieren" beherrschen, polyphon improvisieren können: Im franko-flämischen Raum gibt es ein dichtes Netz von Kathedralen mit angeschlossener Singschule; die Maîtrisen von Cambrai und Antwerpen sind bekannt für ihre exzellente Ausbildung. In Brügge und Antwerpen gibt es regelrechte Musikerbörsen, auf denen man Chorknaben „einkaufen" kann, denn das ist bekannt: „guete singer [sind] in Niderland am pesten zu bekemmen."

Der Kaiserhof schickt die für die Knaben verantwortlichen Kapellmeister zum Scouting, manchmal auch erwachsene Sänger aus der Kapelle, denen man zutraut, das Potenzial einer Stimme zu beurteilen. Reise und Spesen werden vom

Hof bezahlt; die Flamen können das mit einem Heimaturlaub verbinden. Im März 1560 ist Johannes de Cleve (um 1528–1582) in Sachen Nachwuchs für Kaiser Ferdinand I. unterwegs. Stattliche 400 Gulden erhält er für die „herauffertigung ainer anzall singer und knaben aus dem Niderlanndt in unser capelnmusicen"[146]; gleich acht Sänger bringt er mit.

Im April 1566 schreibt Kaiser Maximilian II. an Christoph Friesinger, seinen Agenten in Antwerpen, dass er seinen Bassisten Johann Huyssens schickt, um „etliche" Kantoreiknaben zu holen; Friesinger soll Huyssens das nötige Geld vorstrecken.

> ... wir gegenwerttigem unserm capelnsinger und bassisten Johan Huyssens ... anhaimbs in das Niderlannd zu ziehen, anjezo gnedige erlaubnus, unnd daneben bevelch gegeben haben, etliche contoreykhnaben von dannen mit sich heraufzubringen. Derhalben ist unnser gnediger bevelch an dich, du wellest gedachtem unnserm capelnsinger auf sein begern zu heraufbringung bemelter cantoreykhnaben von vierzig biß in funfzig cronen daselbst richtig machen und zuestellen.[147]

Huyssens rechnet im August 1566 ab; seine Spesen belaufen sich auf 112 Gulden.

Kinder kommen aber nicht nur aus den Niederlanden; sie kommen aus Friesland, Frankreich, Spanien, aus verschiedenen deutschen Städten, aus Österreich. Manche sind Söhne von Hofbeamten, wie Michael Hämerl. Der Uradlige Erasmus von Thurn-Valsassina (gest. 1541) singt bis 1514 in Maximilians Chor.

Wenn der Hof unterwegs ist, hört man andere Kantoreien, musiziert vielleicht mit ihnen – dabei fallen besondere Talente auf, die man gerne hätte. Nicht immer kann man sie abwerben; Kantoreien wollen ihre Starsänger, die sie trainiert haben, in die sie Zeit und Mühe investiert haben, nicht ohne Weiteres ziehen lassen, auch nicht an den kaiserlichen Hof. In manchen Fällen werden entsprechende Knaben ihren Kirchen oder Kantoreien abgekauft, ähnlich wie Fußballspieler heute. 1570 verlangt ein Kantor in Speyer 30 Gulden für einen Knaben, den er jahrelang ausgebildet hat.[148]

1614 soll der Sängerknaben-Präzeptor Conrad von Lonsin einen „Silbersingerknaben" aus dem Stift Waldhausen in Oberösterreich abholen; dafür erhält er zehn Gulden – es ist unklar, ob das sein Lohn ist oder ob es die Spesen für die Reise sind. Über das Hapaxlegomenon „Silbersingerknabe" lässt sich nur spekulieren: Ist es ein bestimmter Rang in der Kapelle oder einfach nur die Bezeichnung einer besonders schönen Stimme, hat der Junge Silber in der Kehle?

> Herrn Graven von Fürstenberg memorial, per verordnung 10 fl. fur Conraden von Lonsin zur abhohlung eines khay. silbersingerknabens bey dem propsten zue Waldthausen ...[149]

Eine extreme und selbst in der frühen Neuzeit nicht ganz legale Methode der Nachwuchsakquise ist das gewissermaßen herrschaftlich sanktionierte Kidnapping geeigneter Knaben; so versucht etwa Landgraf Ludwig II. von Hessen, der seine Residenz in Kassel hat, im Jahr 1470 einen besonders talentierten Chorknaben mit Gewalt dem Chor der Patrizierfamilie Hardenrath im über 250 Kilometer entfernten Köln zu entreißen, und er fühlt sich dabei im Recht.[150]

Ein berühmtes Beispiel ist der Komponist Orlando di Lasso (um 1532–1597) aus Mons im Hennegau: Orlando wird seiner Stimme wegen als Kind drei Mal entführt; zwei Mal holen seine Eltern ihn zurück, beim dritten Mal bleibt er bei seinem Entführer, Ferrante I. Gonzaga (1507–1557), dem Vizekönig von Sizilien; diesmal wohl mit Billigung der Eltern.

> Wie er siben jar alt worden/ tathe man jn zu der schul, damit er in der geschrifft vnderwisen wurde: als er diese ergriffen/ hat er sich im 1539 jar mit allem ernst auff die Musica vnd das gesang begeben/ vnd ist durch sein hälle liebliche stimm mengklichen angenem gewesen/ Wie er diese kunst erlernet vnn vnder den knaben gern gesungen/ hat man jn zu dem dritten malen heimmlich auß der schul gestolen. Er ist durch der elteren fleiß zu den anderen malen wider heim gebracht worden. Zu dem dritten mal kam er nit wider/ sonder bewilliget bey Ferdinando Gonzaga dem Königlichen statthalter in Sicilia zu verharren/ … Wie der Frantzösische krieg ein end genommen, zoge er mit jm hinweg/ vnn wonet zum theil in Sicilia/ zum theil in Meyland gern bey jm/ biß er nach sechs jaren angefangen sein stimm zu mutieren vnnd enderen.[151]

Orlando singt bis er etwa 18 Jahre alt ist; danach arbeitet und lernt er in Neapel und Rom, zeitweilig spioniert er für Ferrante. Er taucht 1554 in England auf, als Philipp II. Mary Tudor heiratet, und trifft dabei auf die kaiserliche Kapelle Ferdinands I. und auf Philippe de Monte. Einige Jahre lebt er in Antwerpen. 1557 kommt Lasso schließlich an den Münchner Hof – als einer der berühmtesten Komponisten seiner Zeit. Noch 1570 – vielleicht auf Basis dieser guten Erfahrung – empfiehlt Lassos neuer Dienstherr, der bayerische Herzog Wilhelm V. der „Fromme", Entführung als Methode der Wahl, wenn es darum geht, Chorknaben zu beschaffen. Diese aus heutiger Sicht befremdliche Praxis ist nicht auf den europäischen Kontinent beschränkt: 1585 stattet die englische Königin Elizabeth I. den Chorleiter der Londoner St. Paul's Cathedral mit einem Freibrief aus, sich (oder besser ihr) auf diese Weise im ganzen Land Kinder für die königliche Kapelle zu sichern, wo auch immer er sie findet.[152]

Im späten 17. und 18. Jahrhundert kommen die meisten erwachsenen Sänger der kaiserlichen Kapelle aus Italien; mit ihnen kommen auch Kastraten, die Diskant und Alt singen. In den Gottesdiensten singen nach wie vor auch Knaben, die finden sich jetzt in der näheren Umgebung; manche werden von Hofangestellten vorgeschlagen. So sieht der Trabant[153] Laurent Jauer 1652 die Chance, seinen Sohn als Sängerknaben unterzubringen, „weillen Er [= Jauer], in die 18 Jahr diene, und seinen Sohn in d(er) Musci [sic] instruiren lasße, so mit Zeügnus d(er) HofI [sic] Musicorum ein guete Stim habe: Eur May: wolten denselb(en), anstatt des abgeleibten Laurenty Scholz, für ein Capel Khnaben gdist

Abb. 44: Einsingen mit Manuel Huber: eine Levitationsübung. Probensaal der Hofburgkapelle, Juni 2022.

Abb. 45: Chorprobe bei Jimmy Chiang. Das Chorgestühl ist eine patentierte Maßanfertigung für die Sängerknaben – die einzelnen Elemente lassen sich nach Bedarf beliebig verschieben und kombinieren. Zwei Stunden pro Tag wird geprobt.

Abb. 46: Soloprobe.

aufnehmben."[154] Der Bitte wird „gnädigst" stattgegeben.

Zwischen 1657 und 1660, nach dem Tod von Ferdinand II., während der erst 17-jährige Leopold I. in schwierigen politischen Verhandlungen steckt, scheint es eine Weile keine Knaben zu geben; die Singmeister beschweren sich über entgangene Verdienste.

Bis in das 19. Jahrhundert bleibt die Nachwuchssuche mühsam und eigentlich dem Zufall überlassen; Man fährt über Land, hört von einem Knaben, hört ihn sich an, prüft ihn, und wenn er gut genug scheint, nimmt man ihn mit und hofft das Beste. In der Regel macht das der Kapellmeister selbst, das kostet also nicht nur Geld, sondern auch wertvolle Zeit. Das Glück, dabei auf einen Joseph Haydn zu stoßen, der dann noch einen Bruder hat, der *auch* singen kann, hat man nicht oft.

Mit Beginn des 19. Jahrhunderts wird die Nachwuchssuche neu organisiert – vielleicht ist der Auslöser das alte Lied von Sängerknaben, die zu schwach, zu schlecht, den Anforderungen der kaiserlichen Kapelle nicht gewachsen sind; auf jeden Fall will man die Prozedur vereinfachen. Die Zahl der Hofsängerknaben wird auf zehn begrenzt, ihre schulische Ausbildung formalisiert und den Piaristen übergeben. Wenn ein Sängerknabe mutiert, hält der Hof ein Wettsingen um den frei werdenden Platz ab; der „Konkurs" wird in den Zeitungen ausgeschrieben, jeder kann sich bewerben. Die Ansprüche sind hoch, der Anreiz einer Stelle bei Hof mit den sich daraus ergebenden Möglichkeiten ist es aber auch. Jetzt kommt nicht mehr der Berg zum Propheten, die kleinen Propheten kommen zum Berg.

Gegen Ende des 19. Jahrhunderts beklagt Johann Zoczek (1833–1901), Singlehrer der Sängerknaben von 1864 bis 1900, die „jetzigen Zeitverhältnisse", deretwegen der „allgemeine kirchliche Gesangsunterricht sehr imm Argen liegt": Es kommen wenige Kinder, und die, die kommen, sind „oft gar nicht in Betracht zu ziehen. Die Prüfenden sind daher genötigt, aus den vielen Schlechten noch die Besten zu wählen".[155]

Zoczek sieht sich mit ganz ähnlichen Problemen konfrontiert wie Knabenchöre heute. Nachwuchssuche war immer schon schwierig; ein Kind muss heute nicht nur gerne singen wollen, es muss auch auf die Idee kommen, dass man das gemeinsam in einem Chor noch viel besser kann. Bis in die späte Biedermeierzeit war klar, dass die Ausbildung als Sängerknabe in einer Singschule oder Kathedrale der Grundstein zu einer späteren Karriere sein konnte; in jedem Fall war ein Knabe, solange er im Chor sang, versorgt. Im späten 19. Jahrhundert ändert sich das gerade auch in Bezug auf den kaiserlichen Chor, die Bevölkerung ist längst nicht mehr blind obrigkeitshörig. Im späteren 20. Jahrhundert ist es ähnlich; Chorsingen gilt als reaktionär, rückwärtsgewandt und gar kein bisschen aufregend. Chorsänger werden belächelt. Knabenchöre sind das Paradebeispiel dafür. Inzwischen erlebt das Singen eine Renaissance; das spiegelt sich deutlich in Produktionen wie etwa den beiden *Sister Act*-Filmen (1992, 1993), *Wie im Himmel* (*Så som i himmelen*, 2004), *Die Kinder des Monsieur Mathieu* (*Les choristes*, 2004), den *Pitch Perfect*-Filmen (2012–2017) oder auch *Der Chor – Stimmen des Herzens* (*Boychoir*, 2014), in Serien wie *Glee* (2009–2015) oder der BBC-Serie *The Choir* (2006–2015), in der Chorleiter Gareth Malone unter anderem widerwillige Jugendliche, Postämter und ganze Städte zum gemeinsamen Singen bringt. Zahlreiche wissenschaftliche Studien belegen inzwischen die positiven Auswirkungen insbesondere des Chorsingens auf Körper und Geist – und damit ist jetzt wieder klar: Die Ausbildung als Sängerknabe oder Chormädchen ist ein Schlüssel zur Welt, zu sich selbst. Singen im Chor ist erlebte Gemeinschaft.

 QR-Code 15: Probenausschnitte

KAPITEL 3

Die Hofsängerknaben im österreichischen Kaiserreich

Wien gilt Anfang des 19. Jahrhunderts allgemein als Hochburg der Musik; im Mittelpunkt steht immer noch der Hof. Dazu kommen der Adel und das zunehmend stärker werdende Bürgertum als potente Mäzene; fast alle musizieren selbst, sie alle sind ein sachkundiges Publikum.

Der preußische Jurist und Philosoph Carl Philipp von Reitzenstein (1764–1813) hält 1795 seine Eindrücke in seiner „Reise nach Wien" fest: „Musik darf hier nicht ... bloss als Kunst betrachtet werden; nein, sondern als eine allgemein herrschende Leidenschaft ... Ich glaube nicht, dass es ein Haus und eine Familie in Wien gibt, wo nicht Musik zu finden wäre. Man betrachtet sie hier als einen Hauptgegenstand der Erziehung ...".

Für Berufsmusiker bedeutet eine Anstellung am kaiserlichen Hof zu dieser Zeit immer noch enormes Prestige und – für Künstler nicht selbstverständlich – materielle Sicherheit; viele versuchen es, die wenigsten schaffen es. Mozart gelingt es nicht, auch Schubert scheitert als Erwachsener, und das liegt sicher nicht an ihrem Können. Wer Hofmusiker werden will, beginnt fast immer als unbezahlter Exspektant. Man spielt für die Ehre und muss auf das Ableben eines offiziell angestellten Hofmusikers warten. Selbst um einen solchen undankbaren Posten muss man kämpfen. Wer als Exspektant „in die Wirklichkeit versetzt" wird, hat es geschafft. Eine Möglichkeit, hier vielleicht früh Fuß zu fassen, ist als Hofsängerknabe, als einer von zehn Auserwählten.

An der Spitze des Ensembles steht Hofkapellmeister Antonio Salieri, unterstützt vom Vizehofkapellmeister; dazu kommt manchmal noch ein Exspektant. Der Chor hat 18 Mitglieder, er besteht aus zehn Sängerknaben – fünf im Sopran, fünf im Alt –, vier Tenören und vier Bässen; das Orchester umfasst zehn bis zwölf Geiger, zwei Bratschisten, zwei Cellisten, zwei Kontrabassisten, zwei Oboisten, zwei Klarinettisten, zwei Fagottisten, zwei Hornisten, zwei Posaunisten und zwei Organisten. Trompeter und Paukisten, die formal immer noch zum Heer zählen, werden wenn nötig dienstverpflichtet. Bei Bedarf werden zusätzliche Sänger engagiert. Weitere Sängerknaben „borgt" man sich aus dem Stephansdom oder der Michaelerkirche; da ist man ganz pragmatisch.

Formal untersteht die Hofmusikkapelle dem Obersthofmeisteramt, dem wichtigsten der vier Stäbe des Hofstaates. Der Obersthofmeister ist der oberste Beamte mit einem direkten Draht zum Kaiser; ihm unterstehen Hofbibliothek, Gebäudewesen und Hofpolizei, zudem ist er für das Zeremoniell zuständig. Zwischen Obersthofmeister und Hofkapellmeister fungiert der Hofmusikgraf – wie zuvor unter Karl VI. – als eine Art Mittler.

1803–1848: Das Stadtkonvikt

Ende des 18. Jahrhunderts wird eine Studienrevisions-Hofkommission eingesetzt; sie soll das Bildungssystem im Land analysieren und Verbesserungsvorschläge machen. Für die bislang privat untergebrachten Hofsängerknaben gibt es damit eine wesentliche Neuerung: Sie sollen in Zukunft in einem Internat wohnen, das an eine öffentliche Schule angeschlossen ist. Das Obersthofmeisteramt hat hierfür das im Zuge der Reformen neu gegründete, von Piaristen geleitete k.k. Stadtkonvikt am Universitätsplatz im Blick. Der Direktor, Dr. Franz Innozenz Lang[156], ist ein renommierter Pädagoge und zudem Mitglied der Studienrevisions-Kommission; er leitet das Stadtkonvikt bis 1817. Lang ist Musikfan und unterstützt zusätzliche Musikstunden.

Zwischen Hof und Konvikt wird ein Vertrag geschlossen, der die Versorgung der Sängerknaben regelt. Das Konvikt bekommt 250 Gulden pro Knabe und Jahr, ein Betrag, der in den folgenden Jahren auch aufgrund der infolge der napoleonischen Kriege nicht unerheblichen Teuerung immer wieder nachgebessert werden muss; 1806 liegt er schon bei 300 Gulden pro Kind. Dafür stellt das Konvikt Kost und Logis, Schulmaterialien und eine Schuluniform. Klavier- und Geigenunterricht werden extra verrechnet; die Kosten übernimmt der Hof. Knaben, deren schulische Leistungen entsprechend sind, bekommen nach dem Stimmwechsel ein zunächst zweijähriges Stipendium für ihre weitere Ausbildung, sie wohnen dann als „Stiftlinge" weiter im Konvikt.

Im Herbst 1803 beziehen die zehn Hofsängerknaben ihr neues Zuhause. Insgesamt wohnen etwa 130 Schüler und Studenten im Stadtkonvikt: Die Schüler – auch die Sängerknaben – besuchen das benachbarte Akademische Gymnasium, die Studenten die Universität gleich gegenüber. Die Konviktsbewohner sind auf sieben Kameraten aufgeteilt; jede Kamerate verfügt über einen Schlafsaal, einen Studiersaal und ein Zimmer für den verantwortlichen Präfekten. Die Hofsängerknaben sind nach Möglichkeit in einer Kamerate gemeinsam untergebracht. Wenn sie in der Stadt unterwegs sind, müssen die Konviktisten Uniform tragen; so können sie auf der Straße erkannt werden, falls sie Unfug anstellen. Die Uniform besteht aus einem Dreispitz, einem schwarzbraunen Rock mit einer goldenen Epaulette auf der linken Schulter und einem weißen Halstuch, darunter eine Weste, dazu Kniebundhosen und Schuhe mit Schnallen: Das ist schon 1803 nicht mehr die allerneueste Mode.

Aufnahme von Hofsängerknaben

Aber wie wird man nun im 19. Jahrhundert Hofsängerknabe? Auch das hat die Studienrevisions-Kommission neu geregelt: Bislang müssen Kapellmeister und Singlehrer sich die Knaben gewissermaßen einzeln suchen, nach dem Zufallsprinzip. Ab sofort gibt es ein öffentlich ausgeschriebenes Wettsingen um freie Sängerknabenplätze in der Hofmusikkapelle: Kinder aus allen Schichten sind aufgefordert zu kommen; das gezeigte Talent gibt den Ausschlag für die Entscheidung. Am 17. September 1803 erscheint in der Wiener Zeitung folgende Kundmachung:

> Da mit allerhöchster Bewilligung künftig die bey der k.k. Hofkapelle von Zeit zu Zeit in Erledigung kommenden Sängerknabenstellen vorzüglich nur an jene Jünglinge werden verliehen werden, die bey einer eigends zu veranstaltenden Concursprüfung hierzu werden geeignet befunden worden seyn; so haben alle diejenigen, die sich um eine der nächstens in Erledigung kommenden derley Stellen zu bewerben gedenken, sich in dem neu errichteten k.k. Convicte am Universitätsplatze Nr. 796 am 6. October d. J. um 9 Uhr Vormittag bey der k.k. Convicts-Direction zu melden, und ssich [sic] der, sowohl in Ansehung ihrer in den Studiien [sic] bisher gemachten Fortschritte, als auch ihrer in der Musik erworbenen Kenntnisse, mit ihnen vorzunehmenden Prüfung zu unterziehen.

In der Folge wird immer, wenn eine der zehn Stellen „erledigt" ist, wenn also ein Hofsängerknabe ausscheidet, ein Konkurs veranstaltet, meist zu Beginn eines neuen Schuljahres im September. Die Organisation folgt umständlich-bürokratischen Regeln: Der Hofkapellmeister meldet dem Obersthofmeisteramt pflichtschuldigst, welche Knaben mutiert haben. Gleichzeitig bittet er um die Genehmigung, ein Vorsingen ausschreiben zu dürfen. Er erhält dann das obersthofmeisterliche Okay und den Auftrag, einen Termin zu finden. Sobald der feststeht, hat der Hofkapellmeister für die öffentliche Ankündigung zu sorgen. Die Ausschreibungen bleiben im Wesentlichen gleich; einige Bedingungen werden nachgeschärft: Kandidaten sollen zwischen zehn und zwölf Jahre alt sein; sie müssen musikalisch vorgebildet sein – nicht, dass jemand auf den Gedanken kommt, die Hofmusikkapelle erteile Anfängerunterricht. Neue Hofsängerknaben müssen sofort nach ihrer Aufnahme mitsingen. Erfahrung mit der kirchlichen Liturgie ist also wünschenswert. Außerdem sollen Bewerber die Pocken überstanden haben oder geimpft sein: Anfang des 19. Jahrhunderts wird die Pockenimpfung in Österreich eingeführt.

Abb. 47: Das große Solo". Aquarell von Leopold Welleba (1878–1953); undatiert. Welleba, Hofsängerknabe von 1888–1892 unter Rudolf Bibl und Johann Zoczek, ist als Maler und Bildhauer aktiv; ab 1906 komponiert er auch, allerdings mit vernichtenden Kritiken.

Franz Wild (1792–1860) aus Niederhollabrunn bringt ideale Voraussetzungen mit, als er 1803 zum Vorsingen kommt: Er ist elf Jahre alt, seit drei Jahren Sängerknabe im Stift Klosterneuburg und wird dort oft als Solist eingesetzt. Die Prüfung ist ein Klacks für ihn; Wild wird aufgenommen. In seinen Erinnerungen ist von Kammerkonzerten am Kaiserhof die Rede; einer der seltenen Hinweise, dass Sängerknaben zumindest gelegentlich auch bei der Tafelmusik auftreten. Es heißt, er „war als Knabe von dreizehn Jahren bereits so beliebt, daß er in Schönbrunn das Salve Regina von Bräundl singen mußte und selbst einem Napoleon Zeichen der Bewunderung entlockte".[157] Aus diesem Franz wird ein gefeierter Tenor.

 QR-Code 16: Franz Schubert, Salve Regina

Bei der Entscheidung, welche Kandidaten schlussendlich aufgenommen werden, kommt es immer wieder zu Streitigkeiten zwischen Schule und Musik. Schon beim allerersten Konkurs entscheidet sich Schuldirektor Lang für den besseren Schüler; Hofkapellmeister Salieri und sein Vizekapellmeister Eybler wollen aber den besseren Musiker. Eybler beklagt sich sogar schriftlich: „Bey der Aufnahme dieser Knaben wird nicht ihre Stimme und ihr musikalisches Talent, sondern bloß ihre Fähigkeit zu den Studien berücksichtigt ... Nun handelt es sich aber nicht, gute Studenten, sondern gute Sänger für die Hofkapelle zu erhalten ...".[158]

Ganz ähnlich sieht es später Ignaz Aßmayer, ab 1838 Exspektant auf den Posten des Vizehofkapellmeisters. Ihm sind Schulerfolge der Kandidaten gleichgültig. Zeugnisse können, meint er „sie mögen gut oder schlecht seyn, niemals ein Motiv zur Aufnahme oder Zurückweisung [sein]; sondern die bessere musikalische Brauchbarkeit, weil die erste Bestimmung der Knaben beym a.[ller] h.[öchsten] Hofe das Singen ist."[159] Recht hat er, haben alle drei: Es sollen ja *Sänger*knaben sein.

Und so schraubt man die musikalischen Anforderungen ordentlich in die Höhe: Vor dem eigentlichen Konkurs wird mit einer Vorprüfung gesiebt; Blattsingen ist Bedingung. Man will wirklich nur die Allerbesten. „Untaugliche" werden heimgeschickt, den „Halbtauglichen" gibt man eine zweite Chance, erklärt ihnen, was sie verbessern müssen: Mehrere Anläufe beim Hofsängerknaben-Konkurs sind nicht selten.[160] 1850 werden beim Vorsingen komplexe geistliche Kompositionen der Hofkapellmeister Aßmayer und Eybler sowie ein Offertorium von Michael Haydn verlangt, alles keine Gassenhauer oder Kinderlieder für Ungeübte. Sehr wahrscheinlich sind es Stücke, die die Prüflinge nicht kennen; ein echter Blattlesetest. Neben den Kapellmeistern und den Singlehrern hören auch der Konviktsdirektor, der Hofmusikgraf und Vertreter des Obersthofmeisteramtes zu; außerdem warten vermutlich aufgeregte Angehörige, die man nicht enttäuschen will. Für die jungen Kandidaten müssen die Anspannung und der Druck erheblich sein.

Nach dem Konkurs schlägt der Hofkapellmeister dem Obersthofmeisteramt den oder die besten Bewerber als künftige Sängerknaben vor; Knaben werden als Sopranisten oder als Altisten engagiert. Sobald der Hof die Wahl bestätigt, werden Singmeister und Schulleitung, Eltern und der betreffende Knabe offiziell informiert – per kaiserlichem Dekret. Normalerweise werden die Vorschläge der Hofkapellmeister akzeptiert, aber nicht immer; das Obersthofmeisteramt hat gewisse Vorbehalte. 1881 verweigert man Hofkapellmeister Hellmesberger senior die Anstellung des zehnjährigen August von Cnobloch (1871–1937), weil „für die zur Mitwirkung bei der Verherrlichung des katholischen Gottesdienstes berufenen Sängerknaben das Katholische Religionsbekenntniß mal als ein unerläßliches Erforderniß betrachtet werden" müsse: Cnobloch ist evangelisch. Das wirkt vor allem aus heutiger Sicht kleinkariert, ist es aber schon damals: Zumindest zwei der den Gottesdienst verherrlichenden Orchestermusiker sind Protestanten.[161] Hellmesberger ist die Konfession ganz offensichtlich egal. Cnobloch macht dennoch seinen Weg und später unter seinem Künstlernamen August Manoff international als Bariton Karriere.

1863 findet sich beim Konkurs kein geeigneter Altist – echte Altstimmen sind bei Knaben selten –, und Hofkapellmeister Benedict Randhartinger bittet etwas umständlich um „hohe Ermächtigung (mit Umgehung einer sich nicht lohnenden Concurs-Prüfung) einen geeigneten Knaben auf kurzem Wege ausforschen und denselben ...nach vorausgegangener commissioneller Prüfung – falls er tauglich befunden wird, zur Aufnahme in Antrag bringen zu dürfen.“[162] Sehr wahrscheinlich hat Randhartinger einen bereits ausgebildeten Sängerknaben im Blick, den er vom Stephansdom oder aus dem Stift Klosterneuburg abwirbt.

Die wenigen Hofsängerknabenstellen sind begehrt; die Kinder sind während ihrer aktiven Zeit nicht nur untergebracht und versorgt, sie bekommen außerdem eine gute Ausbildung und können wichtige Kontakte knüpfen. 30 und mehr Kinder bewerben sich auf eine oder zwei Stellen. Auch nach einem missglückten Vorsingen versuchen Eltern alles, den Sohn doch noch in die Hofmusikkapelle zu bringen; manche schrecken auch vor Bestechung nicht zurück. 1868 schickt ein Angestellter der Wiener Donau-Dampfschifffahrts-Gesellschaft Hofkapellmeister Johann Herbeck 100 Gulden, um die „Fehler“ seines Sohnes wettzumachen. Herbeck weist das Ansinnen weit von sich und schickt das Geld sofort zurück.[163] Es ist den Kapellmeistern natürlich bewusst, dass die vorsingenden Kinder unter großem Druck stehen, dass eine Stimme beim Probesingen vielleicht nicht eindeutig zu beurteilen ist, weil sie vor Angst zittert. Hellmesberger geht daher dazu über, Kinder nach dem Konkurs erst einmal probeweise aufzunehmen; sein Nachfolger, Hans Richter, selbst ehemaliger Hofsängerknabe, behält die Praxis bei. Wenn sich nach einem Vierteljahr zeigt, dass der betreffende Knabe seine Aufgaben gut bewältigt, wird er nachträglich offiziell aufgenommen. So ähnlich wird es auch heute gehandhabt, wobei das Kindeswohl im Vordergrund steht: Kinder kommen „schnuppern“; manche brauchen zwei, drei Wochen, andere einen halben Tag, dann sind sie da.

Zum Vergleich: Aufnahme von Wiener Sängerknaben und Wiener Chormädchen heute

Wer heute Sängerknabe oder Chormädchen werden will, hat es leichter: Es gibt keine Konkurse mehr, der Zugang ist niederschwellig. Er oder sie – oder die Verwandtschaft – schickt ein E-Mail, eine Nachricht in den sozialen Medien oder ruft an. Das kann er oder sie jederzeit tun. In aller Regel wird dann ein Vorsingen mit einem ausführlichen Gespräch vereinbart, zum Kennenlernen. Die „Kommission“ besteht heute aus *einem* Kapellmeister, der am Klavier ein paar Töne vorspielt, die nachgesungen werden müssen, dann ein paar Übungen macht, um zu hören, wie hoch und wie tief das Kind singen kann. Dann gilt es, Rhythmen nachzuklatschen und ein Lied zu singen, das das

Kind kennt. Damit werden Stimme, Gehör und Rhythmusgefühl getestet, wie nebenbei. Wenn ein Kind sich vor den Eltern nicht richtig zu singen traut, wird der familiäre Anhang aus dem Zimmer komplimentiert – und muss dann eben an der Tür angestrengt lauschen. Der zweite Teil des Vorsingens ist ein Gespräch, um festzustellen, ob die Erwartungen des Kindes und der Familie zum Ausbildungsangebot passen, und ob die Ausbildung dem Kind entspricht, für das Kind „passt". Am wichtigsten, sagt der künstlerische Leiter Gerald Wirth, sind die Begeisterung für das Singen, der Wille, an seiner Stimme zu arbeiten, und der Wunsch, Sängerknabe oder Chormädchen zu sein. „Wir singen hier sehr viel", teilt er den Eltern trocken mit.

Idealerweise kommt der Wunsch vom Kind selbst; im allerbesten Fall ergreift das Kind auch selbst die Initiative. Kinder sind in den letzten Jahren deutlich unternehmungslustiger geworden; sie wissen, dass man manches selbst in die Hand nehmen muss und werden dabei äußerst kreativ: Stefan schickt eine Postkarte, darauf hat er einen Globus gezeichnet, mit Noten drumherum, seinem Namen und seiner Altersangabe, fein säuberlich und mit geradezu wissenschaftlicher Akribie. STEFAN 8 ¼ steht da und eine Wiener Telefonnummer. Als die Sängerknaben dann tatsächlich anrufen, ist Stefan selbst am Apparat. Als er hört, dass man ein Vorsingen vereinbaren will, meint er nach einer kleinen Pause: „Vielleicht sprechen Sie doch besser mit meiner Mama. Der hab' ich es noch nicht gesagt."

Simon, ebenfalls 8, nutzt im fernen Singapur die Segnungen des Internets; er lässt seine große Schwester ein Handyvideo drehen, stellt es ins Netz und mailt den Link nach Wien – wie Stefan, ohne seine Mutter zu informieren. Die fällt aus allen Wolken, als sie ein E-Mail aus Österreich mit einer Einladung zu Vorsingen und Probezeit erhält.

Lena, zwölf, will auch gerne im Chor singen. Sie ergoogelt sich die Sache und ruft einfach an und vereinbart einen Termin zum Vorsingen; selbst ist das Mädchen. Für andere ist der Weg in den Chor gewissermaßen vorgezeichnet; sie sind bereits in der Musikvolksschule bei den Wiener Sängerknaben. Die idealen Kandidaten für den Chor sind acht oder neun Jahre alt. Wieder andere Kinder singen mit elf oder zwölf Jahren vor; das ist aber selten: Wer als Quereinsteiger kommt, muss mehr können – fast wie damals, zu Schuberts Zeiten. Blattsingen wäre ideal. Es gibt viele Wege zu den Wiener Sängerknaben oder den Wiener Chormädchen; so individuell wie die Kinder selbst.

Heute kommen zwischen 65% und 70% der Kinder aus Wien und Umgebung, die Übrigen sind aus den Bundesländern, aus anderen europäischen Staaten, aus Nord- und Mittelamerika, aus Asien, seltener aus Australien. 39 Nationen waren in den letzten 20 Jahren auf dem Campus vertreten, darunter Kinder aus Afghanistan, der Demokratischen Republik Kongo, aus Syrien und aus der Ukraine.

Vorsingen

Moritz ist aus Berlin angereist, mit seinen Eltern und einem Dreiviertelcello. Moritz ist neun. Zuerst wird ein Formular ausgefüllt: Name, Geburtsdatum, Adresse. Name der Schule in Berlin. Dann geht es zum künstlerischen Leiter in dessen Büro, einer Art Museum aus Tasteninstrumenten und Biedermeiermöbeln; Klavier, Cembalo und Spinett verschwinden unter Bergen von Notenblättern. Darüber hängt ein antiker Kronleuchter, der ab und zu leise schwingt, wenn im Stockwerk darüber jemand über den Gang läuft. Auf einem kleinen Barocksekretär steht ein Laptop. Gerald Wirth notiert sich, dass Moritz seit zwei Jahren Cello spielt, seit einem Jahr hat er auch Schlagzeugunterricht. Noten kann er lesen; Bassschlüssel besser als Violinschlüssel, da muss er ein bisschen überlegen. Herr Wirth klatscht erst einfache, dann schwierigere Rhythmen, Moritz klatscht nach. Es klappt: „Gut!", ruft Herr Wirth, und Moritz atmet durch. Wirth lässt ihn Töne nachsingen, testet, wie tief es geht, wie hoch. Moritz kommt ziemlich hoch, bis zum zweigestrichenen a. Wirth notiert die Töne auf dem Zettel. Dann fragt er Moritz, ob er ihm ein Lied vorsingen will. Moritz nickt und singt „Der Schnee zerrinnt" von Schubert, das kennt er aus seinem Schulchor. Moritz singt mit schief gelegtem Kopf, erst ein bisschen in sich hinein, dann selbstbewusster, lauter. Er ist ungeübt, aber er hat eine schöne Naturstimme, und das Singen macht ihm sichtlich Spaß. Gerald Wirth fragt ihn, was er in seiner Freizeit gerne macht, und Moritz antwortet wie aus der Pistole geschossen: „Fußball!" Der künstlerische Leiter ist zufrieden und Moritz an der richtigen Adresse.

Porträt: Franz Schubert – Hofsängerknabe von 1808–1813

Im Januar 1797 kommt Franz Schubert als dreizehntes von 20 Kindern des Schullehrers Franz Theodor Schubert und seiner Frau Elisabeth, geborene Vietz, in der Wiener Vorstadt Lichtenthal zur Welt. Seinen ersten Musikunterricht erhält er noch bevor er in die Schule geht: Der Vater und der ältere Bruder Ignaz bringen ihm Geige bei; zu Hause wird Kammermusik gemacht und gesungen. Dem Vater ist klar, dass Franz eine besondere Begabung hat, und er will die beste Ausbildung für ihn: 1804 meldet er seinen siebenjährigen Sohn zum Hofsängerknaben-Konkurs an. Fränzchen wird immerhin sechster von 19 Teilnehmern, dabei ist er mit Abstand der Jüngste und viel zu klein für den Hof. Der Vater lässt ihn zusätzlich bei Michael Holzer (1772–1826), dem Regens chori der Pfarrkirche Lichtenthal, Gesangsunterricht nehmen; später kommen Orgelstunden dazu, und Franz wird immer besser. Aber die Schuberts müssen sich gedulden, bis eine Hofsängerknabenstelle frei wird. 1808 ist es endlich so weit; die Hofkapelle sucht einen Sopranisten und einen Altisten. Am 28. Mai – Franz ist jetzt elf – erscheint in der amtlichen Wiener Zeitung wieder eine Kundmachung:

Da in der k.k. Hofkapelle zwei Sängerknabenstellen neu zu besetzen sind, so haben diejenigen, welche eine dieser Stellen zu erlangen wünschen, den 30. September Nachmittag um 3 Uhr im k.k. Konvikte am Universitätsplatz Nr. 796 zu erscheinen, und sich der mit ihnen sowohl in Ansehung ihrer in den Studien bisher gemachten Fortschritte, als auch ihrer in der Musik etwa schon erworbenen Kenntnisse vorzunehmenden Prüfung zu unterziehen, und ihre Schulzeugnisse mitzubringen. Die Konkurrenten müssen das zehnte Jahr vollendet haben, und fähig sein, in die erste Grammatikal-Klasse einzutreten. Wenn die aufgenommenen Knaben sich in Sitten und Studien auszeichnen, so haben sie nach der allerhöchsten Anordnung auch nach Mutierung der Stimme im Konvikte zu verbleiben; widrigenfalls sie nach Mutierung der Stimme aus demselben auszutreten haben.

Anfang August wird noch eine dritte Stelle frei; ein weiterer Sopran wird gesucht. In der Anzeige vom 3. August 1808 wird zusätzlich auf die „körperliche Gesundheit" verwiesen, „wie auch, daß er die Pocken bereits überstanden habe." Man will sich keine Seuche ins Internat holen.

Der Konkurs für alle drei Stellen wird am 30. September 1808 abgehalten; Schubert, heißt es, trägt einen hechtgrauen, fast weißen Anzug: Man hält ihn für einen Müllersburschen. Franz wirkt zwar ein wenig täppisch, aber singen kann er, und Hofkapellmeister Salieri ist hingerissen; Schubert wird erstgereiht. Salieri gibt seine offizielle Empfehlung ab, die Lang schriftlich für die schulischen Leistungen bestätigt: „Die 2 Sopranisten Schubert und Müllner sind auch in den Vorbereitungskenntnissen unter allen die Besten." Er fährt nicht sehr schmeichelhaft fort: „Von den Altisten ist der Maximilian Weiße noch der erträglichste, und man kann mit ihm ein Jahr einen Versuch machen, ob er die gehörigen Fortschritte in den Studien machen werde."

Schubert rückt gemeinsam mit Müllner und Weiße ins Konvikt ein; sie haben eine Packliste bekommen und von zu Hause einiges mitgebracht: „ein neues oder doch nicht viel abgenutztes Hauskleid", vier Hemden, sechs Paar weiße Zwirnstrümpfe, drei Schlafhauben, vier Hals- oder Schnupftücher, vier Leinenunterhosen, ein Paar Stiefel und ein Paar Schuhe mit Schnallen sowie einen Silberlöffel, auf dem der Familienname eingraviert ist. Auch heute bekommen Sängerknaben Packlisten für das Internat, da ist von Hausschuhen die Rede, von Gewand zum Wechseln, von Waschzeug, Zahnbürsten, Tablets und Ladegeräten und auch von essenziellen Kuscheltieren. Schlafhauben sind nicht mehr vorgesehen.

Schubert und seine Kollegen schlafen in grün gestrichenen Betten auf Rosshaarmatratzen, darüber ein Leintuch. Zum Zudecken haben sie ein zweites Leintuch, über das im Sommer eine Baumwolldecke, im Winter eine grobe Wolldecke gelegt wird. Sie waschen sich in Schüsseln; sollten sie in der Nacht Durst bekommen, steht ein Wasserkrug bereit. Jedes Kind hat ein eigenes Glas auf einem Nachttisch stehen. Mehrmals in der Woche kommen Damen ins Konvikt, „zum Kämmen" oder „zur Reinigung der Köpfe"; ab und zu tragen die Sängerknaben noch Perücken, und die haben immer wieder auch sechsbeinige Untermieter.

Abb. 48: Der Schubertchor denkt in der Produktion „Gezeichnet: Franz Schubert" über Schuberts Leben im Stadtkonvikt nach. (Regie: Michael Schachermaier, MuTh, März 2019).

Heute schlafen Sängerknaben zu zweit oder zu dritt in einem Zimmer, in Stockbetten aus Massivholz, unter Daunendecken, die mit eigenem Bettzeug bezogen sind; jedes Zimmer verfügt über eine eigene Dusche. Sechsbeinige Untermieter kommen immer noch gelegentlich vor, statt der Damen bedienen die Erzieherinnen und Erzieher Metallkamm und Lausshampoo.

Von kaiserlichen Hofsängerknaben wird erwartet, dass sie sich ihrer Stelle „würdig machen"; ihre Zeugnisse werden an den Hof weitergeleitet. Das Obersthofmeisteramt inspiziert die Beurteilungen und schickt Anweisungen zurück, wer zu loben, wer zu ermahnen sei, wer eventuell auch seinen Platz verliert. Schuberts erste Zeugnisse sind ausgezeichnet: Im ersten Halbjahr schreibt Direktor Lang noch „Ein musikalisches Talent" in die Anmerkungen, am Schuljahresende steht da schon „Ein besonders musikalisches Talent".

Dabei ist es in Wien zu dieser Zeit chaotisch. Am 10. Mai 1809 treffen wieder französische Truppen in den Vorstädten ein; einen Tag später bezieht Napoleon bereits Quartier in Schönbrunn. Die Stadt wird vom Spittelberg aus bombardiert, und am Abend des 12. Mai schlägt eine Haubitzgranate im Konviktsgebäude ein. Angeblich – eine fantastische Vorstellung – proben die Hofsängerknaben ungerührt weiter.[164] Die Franzosen besetzen die Stadt; erst am 20. Oktober ziehen sie wieder ab. Trotz aller Unruhe und Unsicherheit bemüht man sich im Konvikt um so etwas wie Normalität; Lang und auch

Hofmusikgraf Johann Ferdinand Kuefstein (1752–1818) loben besonders den unermüdlichen Einsatz von Hoforganist Wenzel Ruzicka (1757–1823). Ruzicka, der nebenbei im Burgtheater bratscht, ist eigentlich nur als Klavierlehrer engagiert, aber er unterrichtet die Knaben auch in Bratsche oder Cello, Pauke oder Tonsatz – je nachdem. Zusätzlich hat er ein kleines Sinfonieorchester aufgestellt, in dem neben den Hofsängerknaben auch andere Konviktisten musizieren. Im Repertoire sind vorwiegend Sinfonien und Ouvertüren von Haydn und Mozart. Die Knaben spielen gut – und im Sommer zur Freude der Nachbarn bei geöffneten Fenstern. 1808 sind sie sogar einmal in Schönbrunn eingeladen, um für Erzherzog Rudolf und Ludwig van Beethoven zu spielen. Ab Herbst 1808 ist Sängerknabe Franz Schubert mit Feuereifer dabei; erst als Geiger, dann als Dirigent. Ruzicka ist stolz auf seinen Schützling, dem könne man nichts mehr beibringen, „der hat es vom lieben Gott“.

Schubert und seine Kollegen werden weiter genau beobachtet. In einer vertraulichen Mitteilung an den Musikgrafen heißt es Ende November 1809: „Johann Wisgrill ist wegen seines guten Fortganges in den Studien und Franz Schubert wegen seiner ausgezeichneten Verwendung in der Tonkunst zu beloben, dem Franz Müllner und Max Weiße aber ernstlich einzuschärfen, sich durch mehreren Fleiß der diesortigen Zufriedenheit ebenfalls würdig zu machen.“ Das Ganze dringt bis an die kaiserlichen Ohren, und Kuefstein schreibt an Lang am 4. Dezember nahezu wörtlich zurück – mit dem Unterschied, dass Lob und Tadel jetzt quasi vom Kaiser selbst kommen. Der Trend setzt sich fort, Wisgrill ist zu loben, Weiße – der ist offensichtlich richtig faul – zu ermahnen, und Schubert? Über den heißt es im Jahr darauf, „ist auf die musikalische Bildung des Franz Schubert, da er ein so vorzügliches Talent zur Tonkunst besitzt, besondere Sorgfalt zu verwenden anbefohlen worden.“[165]

Im April 1811 gibt es wieder eine Beurteilung. Der Musikgraf teilt dem Konviktsdirektor mit, „daß die beiden Knaben Illgner und Wisgrill in der Voraussetzung, daß ihnen das Singen während der Zeit des Mutierens nicht etwa zum physischen Nachteil gereiche, noch durch die Sommermonate zur Dienstleistung verwendet werden können, übrigens seie Johann [Georg] Helmsperger (= Hellmesberger) zur Besserung in den Studien ernstlich zu ermahnen, bei dem Aloys Chimani aber, wenn es ihm an Talent oder Fleiß zum Klavierspiele mangelt, mit der dießfälligen Instruktion aufzuhören und die Mühe lieber auf einen anderen hiezu besser geeigneten Knaben zu verwenden. Franz Schubert und Franz Müllner seien über ihre guten Fortschritte in allen Rubriken zu beloben.“[166]

Adam Illgner und Johann Wisgrill singen also auch während ihres Stimmbruchs; der nächste Konkurs findet ja erst Anfang des nächsten Schuljahres statt, man braucht die beiden – in der Hofburgkapelle wird auch im Sommer musiziert. Immerhin ist man sich bewusst, dass die Stimme keinen Schaden nehmen darf.[167] [168]

Die Beurteilungen haben allerdings nicht viel über die späteren Karrieren zu sagen: Georg Hellmesberger (1800–1873) wird berühmter Violinvirtuose, Maximilian Weisse

Abb. 49 und 50: Peter Winter, Messe in c-moll. Schubert und Weisse „signieren" ihre jeweiligen Stimmen am selben Tag. Weisses Exemplar hat eine Eintragung seines Vorgängers, des Sängerknaben Franz Kandler (1792–1831), später als Musikkritiker tätig. – Die Noten sind in unterschiedlichen Handschriften; sehr wahrscheinlich schreiben die Kinder ihre Stimmen selbst.

(1798–1863) Astronom und Direktor der Sternwarte Krakau. Johann Baptist Wisgrill (1795–1851) leistet als Chirurg medizinische Pionierarbeit.[169] Chimani, der ja ein hoffnungsloser Fall scheint, wird später Kreisgerichtspräsident in Leoben. Bei Schubert ist klar, der muss Komponist werden. Erste kleinere Werke entstehen im Konvikt. Ab 1812 erteilt Hofkapellmeister Salieri Schubert zwei Mal pro Woche Privatunterricht im Komponieren – gratis.

Am 21. Juli 1812 ergeht ein Dekret an Vizehofkapellmeister Eybler; nachdem die Hofkapellknaben Franz Schubert und Franz Müllner „die Stimme mutieret haben", soll ein neuer Konkurs für ihre Stellen ausgeschrieben werden. Fünf Tage später kritzelt dieser Schubert höchstpersönlich in die Noten von Peter Winters[170] erster Messe in c-moll, „Schubert Franz zum letztenmahl gekräht. Den 26. July 1812". Und Freund Weisse, der spätere Astronom, schreibt seinerseits in die vierte Altstimme derselben Messe gewissermaßen zum Abschied die Namen aller mitwirkenden Sängerknaben: *Hemetsberger* (=Hellmesberger), *Bajer, Huber, Öhlinger, Müllner, Fuchs, Kinast, Schubert, Weisse, Chimani.*

Im Oktober sind dann drei Neue da, darunter der spätere Hofkapellmeister Benedict Randhartinger. Schubert bleibt noch eine Weile als Stipendiat im Konvikt; aus dieser Zeit stammt der erste von ihm erhaltene Brief. Er ist jetzt 14, „Mutant" und vermutlich immer hungrig.

Gleich heraus damit, was mir am Herzen liegt, und so komme ich eher zu meinem Zwecke, und Du wirst nicht durch liebe Umschweife lang aufgehalten. Schon lange habe ich über meine Lage nachgedacht und gefunden, dass sie im Ganzen genommen zwar gut sei, aber doch noch hie und da verbessert werden könnte; Du weißt aus Erfahrung, dass man doch manchmal eine Semmel und ein Paar Aepfel essen möchte, um so mehr wenn man nach einem mittelmäßigen Mittagsmahle, nach 8½ Stunden erst ein armseliges Nachtmahl erwarten darf. Dieser schon oft sich aufgedrungene Wunsch stellt sich nun immer mehr ein, und ich mußte nolens volens eine Abänderung treffen. Die paar Groschen, die ich vom Herrn Vater bekomme, sind in den ersten Tagen beim Teufel, was soll ich dann die übrige Zeit thun? Die auf dich hoffen, werden nicht zu Schanden werden. Matthäus Cap. 3, V. 4. So dachte auch ich. – Was wär's denn auch, wenn Du mir monatlich ein Paar Kreuzer zukommen ließest. Du würdest es nicht einmal spüren, indem ich mich in meiner Clause für glücklich hielte, und zufrieden sein würde. Wie gesagt, ich stütze mich auf die Worte des Apostels Matthäus: der da spricht: Wer zwei Röcke hat, der gebe einen den Armen etc. Indessen wünsche ich, dass Du der Stimme Gehör geben mögest, die Dir unaufhörlich zuruft,

      Deines
      Dich liebenden armen, hoffenden,
      und nochmal armen Bruders
      Franz zu erinnern.

Der nochmals arme Bruder Franz schreibt hier vermutlich an seinen Bruder Ferdinand; die Bibelzitate hat er großzügig frei erfunden.[171]

 QR-Code 17: Franz Schubert, Agnus Dei aus der Messe Es-Dur

Exkurs: Kleider machen Leute

Die Konviktsuniform und die „richtige" Sängerknabenuniform sind zwei Paar Schuhe. Erstaunlicherweise gibt es Anfang des 19. Jahrhunderts keine einheitliche Bekleidung für die Hofsängerknaben, wohl auch nicht für die Hofmusiker. Offenbar ist jeder gekleidet, wie es ihm oder auch ihr passt. 1813 lässt Kaiser Franz Hofmusikgraf Kuefstein erheben, was es kosten würde, die Musiker ausstatten zu lassen; aber die Kosten von 6892 Gulden schrecken ihn dann doch ab, „die Auslage hat für dermal zu unterbleiben".

Nach der Völkerschlacht bei Leipzig, im März 1814, sollen die Sängerknaben zu einer Festveranstaltung des Kaisers; dafür misst der Theatergarderobier den jungen Herren eine dem Anlass entsprechende Kleidung an – eine Beschreibung ist leider nicht überliefert. Wahrscheinlich absolvieren die Sängerknaben auch Auftritte während des Wiener Kongresses in dieser Montur. Während sich die politische Welt in der Stadt tummelt, gibt es für die Sängerknaben jede Menge Auftritte und keine Ferien; der Hofmusikgraf sorgt dafür, dass jeder Knabe zum Ausgleich 30 Gulden bekommt, damit sie sich „irgend eine Ergetzlichkeit verschaffen" können.

Die Kleiderfrage ist immer noch nicht vom Tisch. Im Herbst 1816 probiert Hofmusikgraf Kuefstein einen neuen Vorstoß. Es sind Aufführungen von Oratorien in großer Besetzung geplant, sogenannte Akademien, bei denen die Hofmusik und natürlich die Sängerknaben ganz vorne stehen; im Blickpunkt. Der Kaiser hat ein Einsehen: Er ordnet an, dass die gesamte Hofmusikkapelle einheitlich eingekleidet wird – Vorbild und Inspiration sind die Uniformen der Hofbeamten. Im Oktober 1816 ergeht folgende Anweisung an die Hofschneider:

Seine Majestät haben durch a:[ller]H:[öchste] Entschließung ... die Uniformierung des HofmusikkapellnPersonals, mit Einschluß der Hofsängerknaben folgendermaßen zu bestim[m]en geruhet: Diese Uniform hat aus einem, nach dem Schnitte der Staatsbeamten-Uniformen, von oben bis hinab zum Zuknöpfen zugerichteten Frack vom scharlachrothen Tuch mit gleichem Kragen und gleichen Aufschlägen dann rothseidenem Futter zu bestehen und ein nach einem eigends herabgelangten Muster zu verfertigende Stickerey in Silber auf Kragen, Aufschlägen, Rocktaschen und Kapellen, zu erhalten; Diese Stickerey ist bei allen Gliedern der Hofmusik Kapelle mit Ausnahme der Hofkapellmeister die solche nach einem etwas breiteren, ebenfalls herabgegebenen Muster zu bekommen haben, von gleicher Breite zu machen;
Die Knöpfe haben von Silber glattirt zu seyn, mit dem allerhöchsten Namens Chiffre Sr Majestät des Kaisers unter der Krone und mit der Umschrift k.k.Hofkapelle; Für Beinkleider und Weste ist die Weiße Farbe zu nehen so wie die Degen und Schnallen, der Hut ist ohne Feder blos mit einer silbernen Bouillonsschlinge[172] und dem oben bezeichneten Uniformknopf ... Diese neue Uniform ist bei jenen Kirchendiensten welche an feyerlichen Tagen gehalten werden, bei allen festlichen Tafelmusiken, und bei Hof Konzerten zu gebrauchen. Zu den gewöhnlichen Kirchendiensten haben die Individuen der Hofmusikkapelle wie bisher in ihrer eigenen Kleidung zu erscheinen.[173]

Für die Sängerknaben hieße das also, dass sie die „normalen" Messen in der Konviktsuniform singen – wahrscheinlich ist zu solchen Gelegenheiten der Kaiser nicht unbedingt anwesend. In jedem Fall sind die Knaben von dem neuen Outfit – besonders dem Degen – so angetan, dass sie es manchmal unerlaubterweise mit nach Hause nehmen, um es den Verwandten vorzuführen, ein bisschen anzugeben.

Was schön ist, ist nicht unbedingt praktisch: Weiß zieht bekanntlich Schmutz an; zudem sind die weißen Kniebundhosen und Strümpfe im Herbst und Winter empfindlich kalt – Hofkapellmeister Eybler vermutet dahinter die Ursache für wiederkehrende Erkältungswellen unter den Knaben und stellt prompt einen Antrag auf lange Hosen.

1854 gibt es neue Uniformen; vermutlich im Zusammenhang mit der Hochzeit von Kaiser Franz Joseph und seiner Cousine Elisabeth in Bayern – Kaiserin Sissi – am 24. April. Diesmal sind Hose und Frack blau, in Anlehnung an die neuen Uniformen der Hofbeamten, und die Hosen sind lang. Dazu kommen eine Offizierskappe und ein Degen. Die Sängerknaben sind bei der Hochzeit in der Augustinerkirche dabei und singen unter anderem – wie könnte es anders sein – ein Te Deum.

1874 werden die Uniformen der Hofmusiker wieder einmal neu designt; wieder sind sie dunkelblau. Der Entwurf stammt von Franz Xaver Gaul (1837–1906), ab 1867 Leiter der Ausstattungsabteilung der Hofoper.

Abb. 51: Anonymes Porträt eines Hofsängerknaben im Biedermeier. Malerei auf Pappe, ohne Datum.

Uniformen sind teuer; man kann davon ausgehen, dass sie den schnell wachsenden Knaben immer wieder angepasst werden, bis sie auseinanderfallen. Sehr wahrscheinlich bleiben sie nach dem Ausscheiden eines Sängerknaben im Besitz des Hofes. Ab und zu ist spezielle Trauerkleidung gefordert, etwa bei Beerdigungen oder der großen Fronleichnamsprozession. Die Erwachsenen gehen dann in Schwarz; die Sängerknaben tragen lediglich Trauerflor am Arm[174] – der Hof spart sich die teuren „Clagkleider" für die Kinder.

Als Rektor Josef Schnitt den Chor 1924 für die Hofburgkapelle neu aufstellt, singen sie die Messen in Chorhemd und Talar, und so sind sie in den 1920er-Jahren auch im ersten Teil ihrer öffentlichen Konzerte zu sehen, immer, wenn sie geistliche Musik singen.

Zu weltlichen Gesängen passen Chorhemden aber nicht, im Alltag, besonders auf Reisen, sind sie gänzlich unpraktisch. Eine einheitliche Kleidung muss her, zumal die Kinder aus ganz unterschiedlichen Verhältnissen kommen. In den 1920er-Jahren ist der Matrosenanzug für Kinder populär und hochmodern: Den Trend begonnen hat die britische Königsfamilie – Anfang des 20. Jahrhunderts hebt die „Kieler Bluse" Klassenunterschiede auf. Viele der neuen Sängerknaben besitzen bereits einen Matrosenanzug.

Abb. 52: Die Wiener Sängerknaben in Chorhemden. Konzert in Berlin, 7. Oktober 1936.

Im Laufe der Zeit macht die Uniform der Wiener Sängerknaben kleine Änderungen durch, zum Beispiel in der Länge der Blusen. Schrift und Schriftart auf dem Mützenband werden immer wieder leicht adaptiert: 1924 ist da noch *Turris davidica*, Davidsturm zu lesen, später heißt es K[onvikt] d[er] *Wr. Sängerknaben*, schließlich nur *Wiener Sängerknaben*. Die augenfälligste, wichtigste Änderung ist das Staatswappen der Republik Österreich auf den Matrosenblusen. Der wesentliche Anstoß kommt von Walt Disney, der von den Sängerknaben so angetan ist, dass er 1961 einen Spielfilm über sie produziert, *Almost Angels* (deutsch: Ein Gruß aus Wien). Es heißt, dass Disney sich an entscheidender Stelle mit einigem Nachdruck dafür einsetzt, die Sängerknaben als „musikalische Botschafter" ihres Landes mit dem Staatswappen offiziell auszuzeichnen. Die Bundesregierung kommt seinem Wunsch per Ministerratsbeschluss vom 4. Juli 1961 nach – rechtzeitig zu den Dreharbeiten.[175]

Heute haben die Wiener Sängerknaben eine eigene Schneiderei; die Uniformen werden Sängerknaben und Chormädchen auf den Leib geschneidert. Die Schneiderinnen vermessen Hälse, Arme, Schultern, Bäuche, Beine, Kopfumfang und Füße. Das ist langweilig und muss leider, da man ja wächst, immer wieder gemacht werden. Die Prozedur wird allerdings mit einem Zuckerl belohnt, vielleicht auch zwei oder drei Zuckerln. Man

Abb. 53: Der „erste" Chor der Wiener Sängerknaben im Schweizerhof, 24. Juni 1924. Auf den weißen Kappen steht „Turris Davidica", Davidsturm.

kann auch ganz ohne Vermessen hoffnungsfroh in der Schneiderei vorbeischauen; das zahlt sich aus.

Sängerknaben lernen den richtigen Umgang mit der Uniform gewissermaßen osmotisch, wie man die Masche richtig bindet, wie man das weiße Plastron in die Bluse knöpft. Bei Bedarf – zum Beispiel Spuren von Spaghetti Bolognese – dreht man es kurzerhand um. Die blaue Uniform ist für die Reisen, für Matineen und Kirchenkonzerte; sie ist wärmer. Die weiße Galauniform ist für Auftritte am Abend. Man lernt, die Kappe blind aufzusetzen: Ist kein Spiegel in der Nähe, fährt man einfach mit der Handkante von der Nasenspitze nach oben. Treffen die Finger die Kokarde, ist die Kappe gerade.

Mit den Chormädchen ist es ähnlich wie mit den Sängerknaben: Als sie 2004 gegründet werden, ist für Uniformen kein Geld vorhanden; erst einmal treten die Mädchen in ihrer Lieblingskleidung auf, schön bunt: wie die Hofmusiker vor 1816. In den nächsten Jahren werden Polohemden in verschiedenen Blautönen angeschafft und mit dem Logo der Wiener Sängerknaben und dem Zusatz „Mädchenchor" bestickt, etwas später gibt es für festlichere Auftritte weiße Blusen mit Raglanärmeln und einen schwarzen Rock. So ganz zufrieden ist man damit nicht, schließlich soll das Publikum schon an der Kleidung sehen können, dass diese Mädchen zu den Wiener Sängerknaben gehören, es muss also etwas sein, das zum Matrosenanzug der Knaben passt. Im Herbst 2022 entwirft eine junge Designerin für die Mädchen ein blaues Hemdblusenkleid mit weißen Bortenapplikationen und – als Galaoutfit – ein weißes Kleid in Trapezform mit einem dunkelblauen Faltenrock; die drei Maschen auf dem Oberteil entsprechen den drei Streifen auf den Segeln der Jungen. Wie bei den Sängerknaben, findet sich das Staatswappen auf der linken Seite. Statt der steifen Tellerkappe bekommen die Mädchen ein Barett.

Musikunterricht im 19. Jahrhundert

Sängerknaben erhalten intensiven Gesangsunterricht und Instrumentalunterricht – das ist Sache des Hofes, nicht der Schule: Für die Gesangsausbildung sind in erster Linie Vizekapellmeister und die sogenannten Singmeister zuständig; zu Salieris Zeit sind es nacheinander Ignaz Umlauf (bis 1796) und Georg Spangler (bis 1802), die mit den Knaben die Werke einstudieren und an der Stimmtechnik feilen. Als 1803 nach Spanglers Tod niemand kurzfristig zur Verfügung steht, betreut Hofkapellmeister Salieri höchstpersönlich den Unterricht. Ab 1804 übernimmt Salieris neuer Assistent, Vizehofkapellmeister Joseph Eybler. Eybler unterrichtet die Knaben zwanzig Jahre lang, und er macht sich immer wieder stark für sie.

Neben dem Gesangsunterricht soll es, wenn möglich, zusätzlich Instrumentalunterricht geben; dahinter steht auch die Überlegung, zukünftige Hofmusiker auszubilden. Anfang des 19. Jahrhunderts wird verpflichtender Geigenunterricht für alle Sängerknaben eingeführt. Wer will, kann zusätzlich Klavier lernen. Den Unterricht erteilen Mitglieder der Hofmusikkapelle, „Meister" ihrer jeweiligen Instrumente. Man will damit den Kindern die Möglichkeit geben, sich immer in Musik ausdrücken zu können, auch und gerade während des Stimmwechsels. Wie wichtig das ist, belegt ein Brief von Joseph Eybler vom 27. November 1819 an das Musikgrafenamt:

> Gegenwärtig erhalten nur wenige Knaben in der Violine und im Klavier Unterricht, obschon für beide Instrumente Meister bestimmt sind. Daraus entspringt der Nachteil, daß diese Individuen nach eingetretener Stimmveränderung in der Zwischenzeit bis sich ihre Sopran- oder Altstimme umbildet – sich in der Musik nicht üben können und die Grundsätze dieser Kunst vergessen, folglich entweder, wenn sie auch gute Chorknaben waren, nur mittelmäßige oder auch unbrauchbare Sänger werden; oder wenn sie nach vollendeter Mutierung keine ausgezeichnete Stimme erhalten und daher sich nicht dem Gesange widmen können, aus Mangel der Kenntnisse eines Instrumentes, ganz von der Musik sich abwenden müssen.

Die Kapellmeister glauben an messbare Fortschritte: Die Kinder bekommen in regelmäßigen Abständen Zeugnisse von ihren Gesangs- und von ihren Instrumentallehrern.

Offensichtlich ist der Unterricht nachhaltig; im 19. und frühen 20. Jahrhundert gibt es eine ganze Reihe ehemaliger Sängerknaben, die ihren Lebensunterhalt mit Musik verdienen: Sie werden Sänger, Pianisten, Hofmusiker, Komponisten. Josef Sucher (Sängerknabe von 1854–1860), Felix Mottl (1867–1870), Clemens Krauss (1904–1905) und Lovro von Matačić (1909–1912) machen als Dirigenten Karriere; Benedict Randhartinger (1812–1819), Hans Richter (1854–1858) und Carl Luze (1874–1879) werden später selbst Hofkapellmeister, und Clemens Krauss wird im 20. Jahrhundert ehrenamtlicher künstlerischer Leiter.

Zum Vergleich: Heute ergreift über ein Drittel der Absolventen und Absolventinnen einen künstlerischen Beruf.

Musik und Schule

Zwischen den unterschiedlichen Anforderungen von Musik und Schule gibt es immer wieder Probleme; mal leidet die Schule, mal die Musik. Die Verantwortlichen sind sich einig, es ist zu viel für die Kinder. Kein Wunder; im frühen 19. Jahrhundert haben die Sängerknaben 890 Stunden Kirchendienst im Jahr zu leisten, das ent-

Abb. 54: „Die Klavierstunde" mit Rudolf Bibl (1832–1902), Hoforganist, ab 1875 Hofkapellmeister. Aquarell von Leopold Welleba.

spricht einem Dauerkonzert von 37 Tagen und zwei Stunden, ohne Pause. Im Durchschnitt verbringen sie 17 Stunden in der Woche in der Kirche. Ein normaler Schulbesuch ist so kaum möglich; eine Horrorvorstellung für die Lehrer und die Studienrevisions-Kommission. Die Musiker sehen das naturgemäß anders.

Im November 1819 verfasst Vizehofkapellmeister Joseph Eybler ein sechsseitiges Memorandum[176] über die mangelnde Qualität der Hofsängerknaben. Ihr derzeitiger Zustand sei „den allerhöchsten Hofdiensten nicht ersprießlich", es fehlt an der „höchst nötigen musikalischen Ausbildung". Außerdem sieht er ein Altersproblem: „Zudem sind denn solche Knaben größtentheils in Jahren schon weiter vorgerückt, und für die allerhöchsten Hofdienste nicht so lange Zeit mehr brauchbar, weil sie sich der Stimmveränderung immer mehr nähern." Und dann lässt er die Bombe platzen: „Sehr oft des Jahres hindurch ereignet Sich der Fall, daß die Hofsängerknaben der Allerhöchsten Hofdienste wegen aus der Schule wegbleiben, sohin Versäumnisse erleiden müssen." Für Eybler steht die Schule im Widerspruch zu den musikalischen Anforderungen. Auch mangelhafte Verpflegung und Unterkunft moniert Eybler: „unmöglich kann den Hofsängerknaben im k.k. Konvikt die Entbehrung eines warmen, wenn auch nur geringen Frühstücks, die empfindliche Kälte in den Zimmern während des ganzen Winters hindurch gedeilich seyn." Ähnliche Überlegungen führen später dazu, dass sowohl das warme Frühstück als auch die geheizte Studierstube 1848 in den Vertrag mit dem Konvikt aufgenommen werden.

Joseph Eybler hat einige Vorschläge, wie sich die Anforderungen von Musik und Schule miteinander verbinden ließen: Zum Einen soll das Absolvieren der „deutschen Schule", will heißen die gymnasiale Reife, keine Bedingung für die Aufnahme als Hofsängerknabe sein; wenn also jemand das musikalische Talent und das entsprechende Benehmen hat und er lediglich kein Intellektueller ist, soll er trotzdem aufgenommen werden, denn, davon ist Eybler überzeugt, „dadurch, freilich mit doppelt angestrengtem Fleiße, würden sie gleichen Schritt mit den übrigen Stiftlingen halten können, und auch nur auf solche Art würde dem Sinne der Allerhöchsten Willensmeinung am entsprechendsten gehandelt seyn." Eybler plädiert weiter dafür, dass man den Sängerknaben ein eigenes „Lehrzimmer" zuweist; er weiß, dass es sich so besser lernen lässt.

1874 regt Konviktsdirektor Johann Indrák an, die Knaben vom Sprachunterricht zu befreien, weil diese „Nebengegenstände" die Kinder zusätzlich belasten und weil ihr Gesang darunter leidet. Kapellmeister Herbeck macht eine entsprechende Eingabe beim Obersthofmeisteramt und hat Erfolg: Sängerknaben müssen jetzt weder Französisch noch Englisch lernen, und wer sich in der Schule überhaupt schwertut, darf ab jetzt die Realschule besuchen.

Etwas später schafft Hofkapellmeister Hellmesberger aus einer ähnlichen Überlegung – Überlastung der Kinder – den verpflichtenden Geigenunterricht ab. Im Gegenzug erhöht er die Gesangsstunden. Hellmesbergers Sohn und Nachfolger bemüht sich später auf Druck der Eltern, den Violinunterricht wieder einzuführen, aber das gelingt nicht; vermutlich eine Kostenfrage.

Die Dienste der Sängerknaben sind in der zweiten Hälfte des 19. Jahrhunderts deutlich reduziert. Mit Ferdinand „dem Gütigen" – im Volksmund auch „Gütinand der Fertige" – ist ein schwacher Kaiser an der Regierung. Niemand erwartet besonders viel von ihm, und eine Repräsentationskultur wie im Barock wäre nicht nur sinnlos, sondern im derzeitigen politischen Klima kontraproduktiv. Die Hofsängerknaben singen im Wesentlichen Messen, Hochämter und Vigilien, und nicht mehr täglich, sondern nur noch an Sonn- und Feiertagen. Dafür werden sie jetzt auch außerhalb des Hofes eingesetzt, vorausgesetzt, das Obersthofmeisteramt stimmt zu: So sind die Hofsängerknaben 1846 bei zwei Aufführungen von Felix Mendelssohn Bartholdys Oratorium *Paulus* in der Gesellschaft der Musikfreunde[177] mit von der Partie. Der französische Komponist Hector Berlioz hält sich in dieser Zeit in Wien auf; in seinen Lebenserinnerungen hält er seine Eindrücke von der Messe in der Hofburgkapelle fest:

Die kaiserliche Kapelle wird von einer Auswahl der besten Instrumentalisten und Sänger Wiens gebildet und ist notwendig vorzüglich. Sie besitzt einige Chorkinder, die mit sehr hübschen Stimmen begabt sind. Das Orchester ist nicht sehr zahlreich, aber hervorragend; die meisten Soli werden Staudigl anvertraut. In summa: diese Kapelle hat mich an die der Tuilerien in den Jahren 1828 und 1829 erinnert, zur Zeit ihres größten Glanzes. Ich habe eine Messe gehört, die aus Bruchstücken von verschiedenen Meistern zusammengesetzt war, solcher wie Asmayer, Joseph Haydn und sein Bruder Michael. Auch in Paris machte man mitunter solche Potpourris zum Dienst der königlichen Kapelle, indessen selten. Ich denke: in Wien wird es auch so sein, und der Zufall hat mich schlecht bedient (trotz der beträchtlichen Schönheit der Bruchstücke, die ich hörte). Wenn ich mich nicht irre, hatte der Kaiser damals drei Kapellmeister: die gelehrten Kontrapunktisten Eybler und Asmayer, und Weigl, der wenige Tage vor meiner Abreise von Wien starb. Dieser letzte ist uns in Frankreich durch seine Oper „Die Schweizerfamilie" bekannt, die in Paris 1828 zur Aufführung kam. Das Werk hatte wenig Erfolg; es erschien den Musikern fade und farblos, und boshafte Spaßvögel behaupteten, dieses Pastorale sei mit Milch geschrieben.[178]

1848 gärt es – nach einem harten Hungerwinter – in der Wiener Bevölkerung. Im März bricht die Revolution in der Stadt aus, angeführt von Studenten und bürgerlichen Lesevereinen; man fordert lautstark die Entlassung von Staatskanzler Metternich, die Abschaffung der Zensur und vor allem die Einrichtung eines zentralen Parlaments. Am Kaiserhof will man retten, was zu retten ist; als Allererstes wird Metternich abgesetzt, der daraufhin prompt und in Verkleidung nach England flieht; am 15. März verspricht Kaiser Ferdinand die Verabschiedung einer Verfassung. Im Mai verschaffen sich revoltierende Studenten Zugang zur Hofburg, um dem Kaiser eine Petition zu überbringen – Kaiser und Hof übersiedeln daraufhin sicherheitshalber nach Innsbruck. Wien ist in der Hand der Aufständischen.

Das Stadtkonvikt, in dem die Hofsängerknaben wohnen, liegt direkt gegenüber der Neuen Aula der Universität; sehr wahrscheinlich wohnen auch ein paar studentische Unruhestifter im Konvikt. Man braucht also eine neue Unterkunft für die Kinder. Hofkapellmeister Aßmayer bietet an, die Sängerknaben wie in früheren Zeiten bei sich unterzubringen, aber der Hof entscheidet sich für das ebenfalls von den Piaristen geführte Gräflich Löwenburgsche Konvikt in der Josefstadt, eine Institution scheint zeitgemäßer und sicherer, weit weg von den Unruhen in der Stadt. Im September 1848 verhandeln Aßmayer, Hofstaatsbuchhalter Ignaz von Lauch (1786–1852) und Konviktsdirektor Gottfried Fitzinger (1801–1857) die Bedingungen für den Umzug der Hofsängerknaben; im Oktober kann der Hofkapellmeister den zunächst auf drei Jahre befristeten Vertrag mit dem Konvikt unterzeichnen.

Das Konvikt bietet Kost und Logis. Unter Kost versteht man im Löwenburgschen Konvikt ein warmes Frühstück „von Milch oder Suppe samt einer Semmel", ein Mittagessen „aus drei Speisen, nämlich Suppe, Rindfleisch und Gemüse und Mehl- oder

Fleischspeise" und ein Abendessen „aus einer Suppe und noch einer Speise". Essbesteck muss jeder Knabe von zu Hause mitbringen, einen mit dem Familiennamen gravierten silbernen Löffel, dazu „gewöhnliche" Messer und Gabel. Falls jemand keinen Silberlöffel haben sollte, hat das Konvikt ein kleines Kontigent an Löffeln.

Zu Logis gehören Bett, Heizung und Wäsche; außerdem hat das Konvikt die „normale" Uniform für den Alltag zu stellen. Sie ist der alten Stadtkonviktsuniform ziemlich ähnlich:

a) die in dem löwenburg'schen Convikte eingeführte Uniform als einen gestülpten dreieckigen Hut, einen Frack, einen Kaputrock[179], eine Pantalon[180], und eine Weste, welche Kleidungsstücke durch drei Jahre zu tragen sind, dann auch einen stählernen Degen.
b) jährlich eine tuchene Pantalon, zwei Hemden, und zwei Gatien[181], von mittelfeiner Leinwand und die erforderliche Fußbekleidung mit zwei Paar Halbstiefel, welche vom Convikte stets in gutem Stande zu erhalten sind, ferner sechs paar Fußsocken, so wie eine weiße und eine schwarze Halsbinde oder ein derartiges Halstuch.

Unklar ist, was passiert, wenn ein Knabe aus seiner Konviktsuniform herauswächst; die Annahme, dass Kinder zwischen zehn und vierzehn auch nur ein Jahr lang dieselbe Uniform tragen können, scheint übertrieben optimistisch. Es ist wahrscheinlich, dass die Uniformen vererbt und immer wieder angepasst werden.

Der Schulunterricht findet im Josefstädter Gymnasium statt, das Konvikt hat dafür zu sorgen, dass die Kinder die nötigen Bücher, Hefte und Schreibgeräte bekommen. Die Hausaufgaben werden im Konvikt gemacht. Zusätzlich erhalten die Hofsängerknaben Unterricht in Italienisch und Französisch, in Zeichnen und Schönschreiben sowie im Tanzen[182], von „geprüften Lehrern". Für die nötigen speziellen Musik- und Gesangsstunden kommen „von Seite des allerhöchsten Hofes" bestellte Lehrer, das Konvikt stellt dafür „ein gehörig geräumiges und vollkommen geeignetes Zimmer" zur Verfügung, das „nöthigenfalls" geheizt wird.

Dass Kinder schutzbedürftig sind, scheint auch im 19. Jahrhundert klar: Wann immer die Sängerknaben zum Dienst an den Hof gehen, werden sie von einem „Hausbedienten" des Konviktes begleitet. Die Begleitung hat natürlich auch und wohl vor allem dafür zu sorgen, dass die Knaben nicht unangenehm auffallen.

Für diese Leistungen erhält das Konvikt 350 Gulden pro Kind und pro Jahr. Wenn ein Sängerknabe krank wird, kümmert sich der Hofkapellmeister um den Arzt und die nötigen Medikamente; solche Kosten werden vom Hof übernommen, ähnlich wie schon im 16. Jahrhundert. Offensichtlich sind beide Seiten mit dem Arrangement zufrieden: Der Vertrag wird bis 1866 immer wieder verlängert; danach läuft er unbefristet weiter – die Bezahlung wird im Lauf der Zeit zögerlich an die steigenden Preise angepasst.

Im August kommt der Hof nach Wien zurück, Kaiser Ferdinand will wieder die Zügel in die Hand nehmen, Ordnung in der Stadt schaffen. Am 20. August hört sich das

Kaiserpaar die Messe in der Hofburgkapelle an; im September geht der Dienst in der Kapelle seinen gewohnten Gang, obwohl die Unruhe in der Stadt spürbar zunimmt, bis sie schließlich eskaliert. Am 6. Oktober wird Kriegsminister Theodor Graf Baillet de Latour (1780–1848) von einem aufgebrachten Mob an einen Laternenpfahl geknüpft und brutal gelyncht; derselbe Mob verschafft sich Zugang zum kaiserlichen Zeughaus und bewaffnet sich. Die Tat schockiert nicht nur das gemäßigte Bürgertum, vor allem spielt sie den reaktionären Kräften in die Hände. Das kaiserliche Heer verlässt die Stadt; der Kaiser flieht mit der Eisenbahn nach Olmütz, aber er lässt keinen Zweifel daran, dass er plant, hart durchzugreifen. Die Stadt ist jetzt allerdings in der Hand der Revolutionäre, die Stimmung geladen, und so mancher nutzt das Chaos aus. Die Hofsängerknaben erleben alles hautnah mit; zwei sind ganz neu im Chor. In den folgenden Wochen werden die Gottesdienste in der Hofburgkapelle teilweise ausgesetzt, teilweise reduziert. In den Aufführungsprotokollen der Kapelle heißt es: „Da die beängstigende Lage der Stadt fortdauernd anhielt, war ... am 14. keine Vesper und am 15. kein Kirchweihfest." Zwischen dem 22. und dem 26. Oktober schließen kaiserliche Truppen die Stadt ein, ab dem 26. wird Wien beschossen. Es kommt zu heftigen Straßenkämpfen mit hohen Verlusten auch und gerade unter der Zivilbevölkerung. „Am 29. war wegen der Belagerung der Stadt kein Amt. Bombardement der Stadt am 31. Oktober nachmittags.", „Wegen Beschießung der Stadt .... war am 1.11. kein Amt, am 2. kein Requiem; an die anderen gewöhnlichen zwei „Requiem" nicht; am Sonntag, dem 5. kein Amt. Der a.h. Hof noch immer in Olmütz."[183]

Der allerhöchste Hof kehrt erst zurück, als die Stadt wieder unter kaiserlicher Kontrolle und die Lage wieder allerhöchst sicher ist. Auf Revolution folgt Reaktion, die wichtigsten Anführer der Revolution werden öffentlich hingerichtet. Am 2. Dezember verzichtet Kaiser Ferdinand zugunsten seines erst 18-jährigen Neffen auf den Thron, und Franz Joseph I. wird als Kaiser proklamiert. Der versteht sich als absoluter Herrscher und handelt entsprechend. Die Sängerknaben setzt er sehr bewusst ein; sie gehören zur „guten alten" Ordnung. Für den ermordeten Grafen Latour wird am 28. März 1849 das Mozart-Requiem in der Kirche am Hof gesungen. Im Juli 1849 lässt der neue Kaiser die Knaben wieder ein Requiem singen, diesmal ist es für die im Mai während der Belagerung von Ofen[184] gefallenen 680 Soldaten und 30 Offiziere – der dazugehörige ungarische Unabhängigkeitskrieg ist noch im Gang. Vor solchen außerordentlichen Zusatzdiensten schickt Aßmayer eine Nachricht an das Konvikt mit dem Termin; schließlich hat man dort dafür zu sorgen, dass die Knaben pünktlich zum Dienst kommen.

Nach dem missglückten Attentat auf Franz Joseph am 18. Februar 1853 reagiert die Hofmusikkapelle umgehend mit einem „sehr solemnen" Gottesdienst am gleichen Abend. Wenig überraschend singt man ein Te Deum von Joseph Haydn, „wegen gnädig abgewandter unglücklicher Folgen eines Mordanschlags auf den Kaiser, welchen heute um 1/2 1 Uhr ein ungarischer Schneidergeselle an S. Maj. verübte". Zwei Tage später wird ein eigenes Dankamt gesungen, wieder mit einem Te Deum, diesmal von Aßmayer. Allmählich richtet sich Wien in der neuen Kaiserzeit ein.

 QR-Code 18: Joseph Haydn, Te Deum

Im Dezember 1853 sind die Hofsängerknaben an einer Veranstaltung der Gesellschaft der Tonkünstler im k.k. Hofburgtheater beteiligt – mit ihnen singen neun Knaben aus dem Stephansdom, acht aus der Schottenkirche, vier aus der Peterskirche, acht aus der Karlskirche und sechs aus der Leopoldstädter Pfarre; insgesamt singen also 45 Knaben – und wie man sieht, gibt es in Wien zu dieser Zeit eine ganze Menge Knabenchöre.

Die Hochzeit von Kaiser Franz Joseph und Prinzessin Elisabeth in Bayern am 24. April 1854 wird aufwändig und mit viel Pomp in der Augustinerkirche inszeniert; es ist die Hochzeit des Jahrhunderts und der Versuch, den Kaiser quasi in den Herzen der Bevölkerung zu inthronisieren: Vielleicht ist ein verliebter Franz Joseph weniger hart. Die Hofsängerknaben sind in ihren neu angemessenen Uniformen ganz vorne mit dabei.

Exkurs: Transport

Im Sommer gehen die Knaben zu Fuß, im Winter stehen ihnen Dienstwagen zur Verfügung. Vom 1. November bis einschließlich Ostersonntag werden die zehn Sängerknaben zu ihren Diensten von zwei zweispännigen Kutschen abgeholt – mit je vier Sitzen. Kinder sind ja klein, da können auch fünf in einem Viersitzer fahren. Ein Beispiel findet sich in der Musiksammlung der Österreichischen Nationalbibliothek: Am Montag, dem 5. April 1841 bestellt Hofkapellmeister Eybler persönlich die nötigen Transporte für die Karwoche:

> Das hochlöbliche k.k. Oberst-Stallmeisteramt wird ersucht für die k.k. Hofkapell-Sängerknaben an nachfolgenden Tagen zur Dienstleistung in der k.k. Hofburgkapelle jedes Mahl 2 viersitzige, zweispännige Wägen zu beordern, nähmlich:
> Am 7ten April 841 nachmitttag um halb 5 Uhr
> am 8ten – vormittag um halb 9 Uhr
> dto – nachmittag um halb 5 Uhr
> am 9ten vormittag um halb 9 Uhr
> dto – nachmittag um halb 5 Uhr.
> am 10ten – vormittag um halb 10 Uhr
> Dto – nachmittag um halb 5 Uhr
> am 11ten – vormittag um halb 10 Uhr zum letzten Mahl.

Exkurs: Transport 141

Abb. 55: „Zu Fuß in die Hofburg": Hinter den Sängerknaben geht ihr Diener mit den Noten. Aquarell von Leopold Welleba.

Abb. 56: „Der Diener der Sängerknaben, der auf nichts vergessen darf." – „Heut' dauert's aber lang!" Aquarell von Leopold Welleba.

Abb. 57: „Fahrt in die Hofburg". Aquarell von Leopold Welleba.

Damit ja keine Missverständnisse entstehen, schreibt er noch eine genaue Anweisung dazu: „Die Wägen haben jedesmahl um die bezeichnete Stunde auf dem Universitäts Platze bey dem k.k. Konvikt Gebäude zu stehen."

Zuspätkommen in der Karwoche oder gar zu den Ostergottesdiensten ist unvorstellbar.

1867 wird im Zuge von Sparmaßnahmen der Pferdebestand des Hofmarstalls verringert; von da an fahren die Knaben mit Dienstwagen der Burghauptmannschaft zur Kapelle. Auch das muss mit dem richtigen Vorlauf angemeldet und bewilligt werden.

Zum Vergleich: Heute kommen die „Heimschläfer" direkt von zu Hause in die Hofburgkapelle; die Internatskinder werden mit einem Kleinbus der Wiener Sängerknaben gebracht.

Rüpeleien

Erstaunlicherweise schlagen Knaben auch im biederen 19. Jahrhundert über die Stränge, und manchmal schlagen sich ihre Eskapaden in den Hofakten nieder. 1842 ärgert der 13-jährige Franz Krebner, ganz Teenager, die Konviktsleitung mit der großspurigen Aussage, er wolle sich „anderen Beschäftigungen widmen" als der Musik und er würde auch zur Selbsthilfe greifen, wenn man ihn nicht ließe. Sein Vater bittet daher vorausschauend um die vorzeitige Entlassung des Sohnes – er will verhindern, dass der einen offiziellen Verweis vom Hof erhält. 1847 verschwindet ein Hofsängerknabe spurlos: Karl Burger taucht nie wieder auf; keiner weiß, was aus ihm wird.

1862 verletzt Franz Hauer auf dem Weg in die Hofburg seinen Kollegen Paul Salvi bei einem Streit mit einem Messer so stark, dass Salvi zum Arzt muss. Das Obersthofmeisteramt, mit wenig Sinn für Humor, lässt über Hofkapellmeister Randhartinger eine strenge Rüge erteilen und verlangt, dass die Kinder ab sofort nicht von einem, sondern von zwei Erwachsenen begleitet werden müssen: ihrem Diener und ihrem Singmeister – oder einem anderen Mitglied der Hofmusikkapelle.

Kinder, die sich schlecht benehmen, zu viel raufen oder sogar aus dem Konvikt ausreißen, werden nach mehrmaligen Ermahnungen entlassen. 1868 hat Kapellmeister Herbeck den Sängerknaben Alois Lamprecht im Visier. Lamprecht ist begabt und gesund; er ist erst seit einem Jahr im Konvikt. Aber seine Fortschritte seien, schreibt Herbeck, „in den Lehrgegenständen gänzlich ungenügend", sein Betragen sei „ungesittet". Und – das ist vermutlich das Schlimmste für den Kapellmeister – Lamprecht erweist sich auch beim Singen als renitent. Obwohl er über eine gute Stimme verfügt, singt er – wenn man das denn Singen nennen kann – „mit beinahe geschloßenem Munde und daher kaum vernehmlicher Stimme". Herbeck konstatiert einen „Mangel an Ehrgefühl", der sich natürlich auf den Rest der Truppe überträgt. Schließlich fragt er beim Obersthofmeisteramt an, ob der Knabe entlassen werden darf. Er darf, und er wird. Lamprechts Gastspiel in der Hofmusikkapelle bleibt kurz.

Medizinische Versorgung

Die Hofsängerknaben sind Hofangestellte; als solche haben sie im 19. Jahrhundert das Recht auf „freie Heilfürsorge". Wenn sie krank sind, werden sie von einem Hofarzt untersucht, der eine Diagnose stellt und die Behandlung festlegt, eventuell Medikamente verordnet. Die Rechnung dafür geht an das Hofmusikgrafenamt. Manchmal gehört zur Therapie auch eine Kur oder ein Aufenthalt zu Hause.

Hin und wieder muss ein Knabe aus gesundheitlichen Gründen den Dienst ganz quittieren, etwa, weil er an Asthma leidet. In diesen Fällen müssen die Eltern die Entlassung ihres Sohnes aus dem Dienst beantragen. Akute Asthmafälle sind bedrohlich, potenziell sogar tödlich und beim Musizieren wenig hilfreich.[185]

Im August 1831 wird in Wien ein Cholerafall bekannt; im September ist daraus eine Epidemie geworden. Die Seuche kommt mit polnischen Soldaten, aber niemand weiß, wie sie übertragen wird, der Erreger, das Bakterium *vibrio cholerae*, wird erst 1854 entdeckt. Die Hälfte der Kranken stirbt, und das in kurzer Zeit und unter dramatischen Umständen. Kein Wunder, dass die Angst grassiert, dabei gilt Angst zu dieser Zeit als zusätzlicher Risikofaktor. Parallelen zur Covid-Pandemie drängern sich auf. 1831 ist Wien übervölkert – fast 320.000 Menschen leben hier, die Spitäler sind überfüllt, und das k.k. Stadtkonvikt wird in ein Notspital verwandelt. Die Konviktisten müssen allesamt ausziehen. Die sechs Hofsängerknaben, die Familien oder Verwandte in Wien haben, werden nach Hause geschickt, die anderen vier kommen im Gräflich Löwenburgschen Konvikt unter. Das erschwert die Organisation der Hofdienste – die Kinder müssen aus den verschiedensten Stadtteilen anreisen, in der Regel natürlich zu Fuß. Im September werden die sechs Heimschläfer auch in das Konvikt geholt; das erleichtert die Logistik. Auf jeden Fall nützt die Umsiedelung; von den Sängerknaben erkrankt keiner.

Im gleichen Jahr laboriert der Sängerknabe Josef Köfer an einer Reihe von Infektionen, eine richtige Diagnose kann nicht gestellt werden; dafür steht das Schreckgespenst des „unheilbaren Brustübels" im Raum, gemeint ist Tuberkulose. Köfer wird als dienstuntauglich befunden, eine Katastrophe für das Kind. Er hat allerdings Glück im Unglück: Dank der Fürsprache des Hofkapellmeisters erhält er für seine geleisteten Dienste eine Abfindung.

Josef Ausim, Sängerknabe von 1844 bis 1847, ist nach einem Katarrh chronisch heiser und wird daher ausgemustert; er wird später Operettensänger – die Heiserkeit ist offensichtlich nur vorübergehend. Im Sommer 1850 reicht der Vater des Camillo Schmeidl für seinen Sohn ein Gesuch um einen Erholungsurlaub zuhause ein, das Konvikt unterstützt den Antrag, der auch genehmigt wird. Auch Camillo wird wieder gesund, er bleibt bis 1853 Sängerknabe.

Der spätere Ministerialrat und Operettenkomponist Carl Zeller wird 1856 auf ärztliches Anraten zu seinen Eltern heimgeschickt:

Der kk Hofsängerknabe Carl Zeller leidet an einer langwierigen skrofulösen Augenentzündung und ist für denselben ein mehrwöchiger Aufenthalt auf dem Lande bei seinen Eltern zur vollen Herstellung seiner Augen dringend notwendig.[186]

Zellers Vater ist Arzt, die ominöse Entzündung heilt ab. Als Zeller ein Jahr später über Schmerzen in der Brust klagt, befürchten die Ärzte auch bei ihm eine Tuberkulose, und Zeller wird aus dem Hofdienst entlassen.

Im Februar 1899 erkrankt ein Sängerknabe an Scharlach, heute noch eine meldepflichtige Infektion. Er wird in einem Krankenzimmer des Konviktes isoliert. Um weitere Ansteckungen zu vermeiden, werden die acht Mitbewohner seiner Kamerate ebenfalls isoliert; der Hausarzt kontrolliert täglich, wie es ihnen geht. In die Schule oder zum Gottesdienst dürfen sie in dieser Zeit natürlich nicht.

Nach dem Stimmbruch

Hofsängerknaben des ausgehenden 19. Jahrhunderts werden ihre ganze kurze Karriere hindurch beobachtet und beurteilt; gute Schüler bekommen nach ihrem Ausscheiden aus der Kapelle ein Stipendium. In der Regel kommen die Gelder vom niederösterreichischen Finanzministerium, die Höhe der Zuwendung richtet sich nach den Noten. Da Noten bekanntlich eine subjektive Sache sind, kommt es dabei auch zu Meinungsverschiedenheiten zwischen Lehrern und Eltern; der Hofkapellmeister ist Klagemauer und Prellbock zugleich. 1871 beklagt sich ein Vater bei Herbeck, dass sein Sohn zu schlecht benotet worden sei; er habe ein höheres Stipendium verdient. Mindestens ein Körnchen Wahrheit liegt darin: Herbeck schreibt seinerseits an das Obersthofmeisteramt, dass kein einziger Mutant jetzt mehr das höchste Stipendium erreicht. Für ihn liegt das an der „draconischen Strenge" in der Benotung, gleichzeitig an der Überforderung durch den Hofdienst.[187] Herbeck plädiert dafür, die Stipendien nach der musikalischen Leistung der Knaben zu vergeben. Davon will aber das Obersthofmeisteramt wiederum nichts wissen: Das Stipendium ist nicht als Entlohnung, sondern als Beitrag zur weiteren Ausbildung gedacht. Der „Mutant" kann sich sein Stipendium im Ganzen bei der niederösterreichischen Finanzlandeshauptkasse selbst abholen. Hofkapellmeister Aßmayer findet, dass es „nicht räthlich ist, den Knaben über soviel Geld freye Hand zu lassen"; besser, die Eltern übernehmen die Finanzen. Immerhin geht es um mehrere Hundert Gulden; das höchste Stipendium sind 371 Gulden im Jahr – das ist mehr, als ein Lehrer zu dieser Zeit verdient.[188]

Porträt: Hoforganist Anton Bruckner

Joseph Anton Bruckner kommt im September 1824 als erstes von zwölf Kindern im ober-österreichischen Ansfelden zur Welt. Sein Vater ist Dorfschullehrer; als solcher ist er für die Musik in der Kirche und gelegentlich auch auf dem Tanzboden verantwortlich. Der Knabe Anton lernt früh Geige, Klavier und Orgel – Letzteres kann er so gut, dass er schon als Zehnjähriger den Vater ab und zu an der Orgel vertritt. Der Vater stirbt, als Anton 13 Jahre alt ist, und Bruckner kommt als Sängerknabe in das Augustiner-Chorherren-Stift St. Florian. Er will, wie sein Vater, Lehrer werden und besucht das Lehrerseminar in Linz. Seine anschließenden ersten Erfahrungen als Schulgehilfe sind eher ernüchternd: Man wirft ihm vor, dass er zu viel Orgel spielt. Trotzdem versucht sich Bruckner, der zeitlebens an sich zweifelt, weiter als Lehrer in St. Florian; dort ist er gleichzeitig auch offiziell Organist. 1854 reist er das erste Mal in die Hauptstadt Wien, er absolviert ein Vorspiel vor Hofkapellmeister Aßmayer. Danach hat er den Mut, den Lehrerberuf an den Nagel zu hängen – und wird Domorganist in Linz. Ein Jahr später ist Bruckner wieder in Wien, er beginnt, wenn man so will, ein Fernstudium in Komposition beim Hoforganisten Simon Sechter (1788–1867): Der Unterricht wird in Briefen abgehalten, man korrespondiert zwischen Linz und Wien; Komponierversuche hat Sechter ausdrücklich verboten – vielleicht, um den ja eher unterwürfigen Bruckner aus der Reserve zu locken. 1861 findet die Abschlussprüfung in der Piaristenpfarre Maria Treu in Wien statt; in der Prüfungskommission sitzt neben Sechter auch Hofkapellmeister Herbeck. Bruckner bringt die ehrwürdige Kommission mit einer waghalsigen Improvisation ins Schwärmen; „Er hätte uns prüfen sollen", befindet Herbeck.

Insgesamt 13 Jahre, bis 1868, bleibt Bruckner am Linzer Dom. Nach Sechters Tod 1867 sind dessen Professur und auch dessen Stelle als Hoforganist frei. Bruckers Bewerbung hat endlich Erfolg – in der Hofmusikkapelle ist er allerdings zunächst nur Exspektant ohne Gehalt. Zu seinen Aufgaben gehören ab 1875 auch der Gesangsunterricht der Sängerknaben und die Proben für die Sonntagsmessen. Die verlaufen bei Bruckner etwas eigenwillig.

> Wenn er zur Probe kam, war sein erstes, daß er sich völlig aufgelöst nach einem Sessel umsah. „Buam bringts mir ein Sessel!" sagte er, setzte sich umständlich hin und löschte zunächst seine Zigarre ab. Den Stumpen, der oft nichts Besseres mehr als ein „Tschick" war, versorgte er sparsam in seiner Rocktasche. Dann musterte er uns, schon im voraus stöhnend über den Ärger, den er mit uns wieder haben würde. Und jetzt begann der Unterricht mit einem „Buam, gehen wir's an!" [...] Aufs höchste belustigte uns die schreckliche Nervosität, die Bruckner vor der Aufführung seiner von ihm dirigierten Messen völlig zu zerstören schien. Was wußten wir von seinem Genie, wir sahen nur einen komischen alten Mann, der vor Aufregung den Taktstock verkehrt in der Hand hielt![189]

Dennoch; die Buben lernen etwas bei ihm, und sie lieben es, wenn er im Anschluss an eine Probe etwas von seinen Kompositionen vorspielt und dazu geheimnisvoll geflüsterte Erklärungen liefert: „eine Waldwiese ... jetzt geht der Mond auf ... am Waldrand kommen Reherln heraus, ganz langsam und leise".[190]

Bruckner hat ein Herz für die Buam, wie er sie nennt. Im Anschluss an die Aufführungen verteilt er regelmäßig Torten, die er bei Hofzuckerbäcker Demel am Kohlmarkt kauft. Nach einer misslungenen Messe steht die Torte trotzdem bereit, und Bruckner raunzt: „Gelt, ös Mistbuam, falsch tuts singen, aber mei Torten freßts!"[191]

Interview: 16 Fragen an den Künstlerischen Leiter

Professor Gerald Wirth,
Seit 2001 sind Sie der künstlerische Leiter der Wiener Sängerknaben. Wie präsentiert sich der Chor heute, und wie sind Ihre Ideen für seine Zukunft?
Vor zwanzig Jahren gab es vor allem in Wien ein Klischee von Knabenchor; brave Knaben mit sauberen Scheiteln, die brave Musik singen. Das war schon damals nicht so; damals waren die Knaben genauso munter und lustig wie heute.

Als ich die künstlerische Leitung übernahm, war klar, dass die Zeiten sich geändert hatten, die Ansprüche. Wir haben als Team – Musik, Pädagogik, Administration, Kinder und Eltern – gemeinsam einen Modus gefunden, in dem man respektvoll miteinander musiziert und umgeht, in dem man tolle Musik machen kann. Wir motivieren die Kinder. Das ist nicht schwer: Kinder lieben es, gefordert zu werden und Neues zu entdecken. Das kann eine Motette sein, ein Schubert-Lied oder ein Popsong.

Wir sind nun einmal eine ehrwürdige Institution mit einer langen Tradition, aber eben eine Tradition, die von Kindern ständig neu belebt wird. Da darf man sich nicht fürchten, auch einmal etwas zu ändern. Wir haben zum Beispiel das Repertoire erweitert, um andere, neue Musikarten, um neue Opern, Weltmusik aus Feldforschungen, Filmmusik. Popmusik war schon länger im Programm, aber das haben wir verstärkt; und wir nehmen auch gerne Vorschläge der Kinder auf.

Eine wesentliche Änderung war die Gründung unseres Oberstufengymnasiums 2010. Die Kinder wollten das unbedingt. Damit können die ehemaligen Sängerknaben und Chormädchen – wenn sie möchten – bis zur Matura bei uns sein. Viele nehmen das gerne an, und wir freuen uns, sie nach ihrem Stimmwechsel weiter zu betreuen, zu sehen, wie sie sich entwickeln, künstlerisch und menschlich. Der Lehrplan wurde mit dem Mozarteum Salzburg und der Musikuniversität Wien ausgeklügelt: Der Fokus liegt auf Vokalmusik, die Schülerinnen und Schüler singen alle im Chor, haben alle Einzelstimmbildung. Dazu gibt es Gehörbildung, Tonsatz, Aufführungspraxis – und

Abb. 58: Uniformübergabe im MuTh, dem Konzertsaal der Wiener Sängerknaben.

natürlich alle „normalen" Fächer. Bei uns kann man übrigens in Interpretation und Chorleitung maturieren – das gibt es sonst nirgends.

Die Wiener Sängerknaben können auf eine über 525-jährige Geschichte und Tradition zurückblicken. Wie sieht sich die Institution heute?

Als eine traditionsreiche Institution, die Kinder und Jugendliche auf hohem Niveau und nicht nur musikalisch ausbildet, eine Institution, deren wirklich einmalige Ausbildung allen offen steht, ganz gleich, welcher Herkunft. Eine Institution, die der Gesellschaft gegenüber eine Verantwortung hat und die auch wahrnimmt. Und natürlich als hervorragende Chöre von Weltruf, kosmopolitisch, weltoffen, bekannt für ihr Können, ihre Tradition, ihre Musizierfreude, ihren Charme.

Wir wollen Kinder und Jugendliche so fördern, dass sie in der Lage sind, ihr Leben als Teil der Gesellschaft zu meistern; als Menschen, die ihre Welt positiv gestalten. Wir wollen ihnen auch mitgeben, dass man sich engagiert, der Gesellschaft etwas zurückgibt; das gehört dazu. Es geht darum, Verbindungen herzustellen, sich auszutauschen, das Know-how, das man hat, weiterzugeben. Wir tragen gewissermaßen Musik um die Welt; nichts verbindet so sehr wie gemeinsames Singen.

Was viele nicht wissen: Wir sind eine Charity, sämtliche Einnahmen fließen in die Ausbildung der Kinder. Wir können in guten Jahren etwa 70 % unseres laufenden Budgets verdienen, für den Rest sind wir auf Spenden und Sponsoren angewiesen. Was viele auch nicht wissen: Die aktiven Sängerknaben sind alle Stipendiaten. Die

Ausbildung eines Sängerknaben kostet uns zwischen 33.000 und 36.000 Euro im Jahr; die Eltern zahlen einen Beitrag von derzeit 130 Euro im Monat, zehn Mal im Jahr.

Die Wiener Sängerknaben haben neben den vier Knabenchören seit 2004 auch einen Mädchenchor. Wie sind die Pläne für diesen Chor?

Die Wiener Chormädchen sind das Pendant zu unseren Knabenchören; sie sollen so bald wie möglich bei uns ins Gymnasium gehen, im Internat wohnen und natürlich auch auf Tournee fahren. Dafür brauchen wir finanzielle und politische Unterstützung. Im Moment proben die Chormädchen leider nur zwei Mal pro Woche; es gibt Chorwochenenden und Freizeiten mit intensiven Proben, und im Sommer fahren sie in unser Camp am Wörthersee. Sie haben eigene kleine Konzertserien, singen in Kirchen, in Spitälern oder Gemeindezentren; sie hatten auch schon ein Konzert in der Hofburgkapelle und natürlich ihr Debut im Musikverein.

Gelegentlich singen sie bei Projekten mit den Sängerknaben mit, zum Beispiel 2023 beim Neujahrskonzert der Wiener Philharmoniker, bei der Neueröffnung des österreichischen Parlamentsgebäudes, beim Festkonzert zum 525-jährigen Jubiläum im Musikverein Wien.

Momentan suchen die Wiener Sängerknaben verstärkt österreichischen Nachwuchs. Fehlt es an Kindern aus Österreich?

Wir sind immer auf der Suche nach jungen, musikbegeisterten Talenten – Kinder werden nun einmal erwachsen. Wir haben jedes Jahr 25–30 Plätze für neue Sängerknaben, 5–7 Plätze für neue Chormädchen. Als Wiener Sängerknaben haben wir großes Interesse, heimische Kinder anzusprechen; gleichzeitig freut es uns, dass auch internationale Bewerbungen kommen. Zurzeit kommen etwa 65 % der Knaben aus Österreich und 35 % aus anderen Nationen, darunter Frankreich, Japan, Kanada, Korea, Neuseeland, Russland, Syrien und die Ukraine. Für die Kinder ist das toll: Sie haben Freunde auf der ganzen Welt; im Chor zählt, wie jemand singt, vielleicht noch, ob er gut Fußball spielt, nicht, wo er herkommt. Für die Administration ist das nicht ganz so leicht, beispielsweise wenn ein Visum beantragt werden muss.

Wir sind sicher, dass es in ganz Österreich viele Kinder gibt, die gerne bei uns singen würden, haben aber den Eindruck, dass manche sich vielleicht nicht trauen, sich bei uns zu melden. Das würden wir gerne ändern: Wir freuen uns über jeden Anruf, jede E-Mail, jeden Brief. Eine spezielle Ausbildung muss man nicht haben. Wichtig sind das Interesse an der Musik, die Begeisterung für das Singen, der Wunsch und der Wille, bei uns mitzusingen, mitzureisen, mitzuleben: Teil unseres Campus zu sein.

Wie stehen die Eltern zu den Verpflichtungen, dem Zeitaufwand, vielleicht auch der Trennung von der Familie? Müssen Eltern sich besonders engagieren?

Wir haben tolle Eltern; „unsere" Kinder wissen, dass sie die Unterstützung ihrer Familie haben. Die Eltern vertrauen uns ihre Kinder an, wir erziehen die Kinder gemeinsam.

Wir haben eine Schule, die auf die Kinder zugeschnitten ist, die mit einem flexiblen Stundenplan auf die Aktivitäten des Chores und die Bedürfnisse der Kinder Rücksicht nimmt. Eine große Rolle spielt das Internat: Damit können wir die logistischen und zeitlichen Belastungen abfangen; die Kinder haben so viel mehr Freizeit. Für Kinder aus Wien und Umgebung gibt es das „Internat light" – sie schlafen Montag, Dienstag, Donnerstag und Freitag im Internat. Wer will, kann den Mittwoch Abend und das Wochenende zu Hause verbringen. Und Freunde aus Übersee kommen oft einfach mit.

Das Internat ist für den Zusammenhalt der Kinder sehr wichtig; sie singen zusammen, sie lernen, spielen, leben zusammen. Wenn sie dann auf Tournee fahren, ist es, als reise man mit seiner sehr großen Großfamilie.

Der Chor hat auch soziale Ziele; er möchte weniger privilegierten Kindern Zugang zu einer musikalischen Ausbildung bieten. Zu diesem Zweck haben die Wiener Sängerknaben, die Caritas und das Wiener Konzerthaus die internationale Organisation superar gegründet. Was hat es damit auf sich?

Wir haben superar 2009 gemeinsam mit dem Konzerthaus und der Wiener Caritas gegründet, um allen Kindern Zugang zum Singen und zur Musik zu ermöglichen. Superar arbeitet vor allem in Schulen, in denen es wenig Musikunterricht gibt, in Communities, in denen viele Menschen mit Migrationshintergrund leben, denen Deutsch vielleicht schwerfällt. Gerade dort kann Musik viel leisten, im Hinblick auf die Entwicklung der einzelnen Kinder, auf Integration. In Österreich ist superar in Salzburg, Graz, Vorarlberg und Wien vertreten; außerdem ist superar in der Schweiz, in Bosnien, Rumänien, Ungarn und in der Slowakei aktiv. Etwa 3000 Kinder musizieren in den verschiedenen Programmen; immer wieder gibt es Events, bei denen superar-Kinder mit Wiener Sängerknaben singen.

In jedem Alter verlangt Chorsingen Disziplin, Teamarbeit, Verantwortung für die Gruppe und doch Individualismus. Sie betreuen Kinder und Jugendliche von sechs bis achtzehn Jahren: Gestaltet sich das nicht manchmal etwas schwierig?

Eigentlich geht es um Selbstdisziplin; die kann man einem Kind nicht aufzwingen. Aber Kinder sind im Grunde von sich aus motiviert, sie wollen etwas erreichen. Diese eigene Motivation muss man fördern und entwickeln. Musik auf professionellem Niveau kann man nur machen, wenn man es gerne und mit Überzeugung tut. Das leben wir den Kindern vor. Der Rest ergibt sich fast von selbst.

Sie haben gesagt: „Ein Chor besteht aus vielen Individuen, die als Ganzes agieren sollen. Richtig gut wird ein Konzert erst, wenn jeder Einzelne seine Persönlichkeit beitragen kann." Stärkt Chorsingen das Selbstvertrauen und das Verantwortungsgefühl der Kinder?

Ja, auf jeden Fall. Als Chorsänger sind wir davon sowieso überzeugt. Es gibt mittlerweile viele Studien, die belegen, dass Kinder, die im Chor singen, in ihrer persönlichen und geistigen Entwicklung große Vorteile haben.

Ein Chor ist ein Team mit dem Ziel, gemeinsam Musik zu machen. Das kann nur funktionieren, wenn man auf-

Abb. 59: Uniformübergabe im MuTh.

einander hört. Jeder hat Stärken, jeder hat Schwächen; im Team kann man das ausgleichen. Die Kinder entwickeln ein Gespür dafür, wie sie einander helfen können: Sie fühlen miteinander, übernehmen Verantwortung füreinander, sie sind – im besten Wortsinn – eine Gemeinschaft; fast wie ein einziger Organismus.

Wie entwickeln Sie ihre Programme? Wie finden Sie das Repertoire einer Tournee?

Jede unserer Tourneen hat ein bestimmtes Thema, ein Motto; zum Beispiel „Tierlieder" oder „Vienna Waits for You", „A Night at the Theatre", „Together", „Ein Sommernachtstraum". Rund um das Thema wird das Repertoire für die Tournee zusammengestellt. Dabei kann der jeweilige Kapellmeister – oder die Kapellmeisterin – sehr frei aussuchen, welche Stücke für seinen oder ihren Chor, für die jeweiligen Stimmen am besten passen.

Uns ist es wichtig, die Aufführungen so abwechslungsreich wie möglich zu machen, mit möglichst unterschiedlicher Musik – gregorianischer Choral, Renaissancemotetten, klassische Chormusik, moderne Kompositionen, Pop, Filmmusik, alles Mögliche. Wenn wir in ein anderes Land reisen, führen wir immer auch etwas aus dem Gastland auf. Das hat bei uns Tradition. Früher wurden viele Lieder auf den Tourneen gelernt. Die Kapellmeister haben sich etwas vorsingen lassen, die Kinder haben es nachgesungen. Man könnte sagen, wir bringen unsere Musik als Geschenk mit, und wir bekommen Gegengeschenke in Form von mehr Musik.

Was ist für Sie das Wichtigste in der Arbeit mit Kindern?

Respekt. Für andere, für sich selbst, so dass man in allem, was man tut, sorgfältig mit sich und anderen umgeht, das Gegenüber so nimmt, wie es ist. Dazu muss man gut zuhören, und das lernt man in einem Chor automatisch. Ein Chor ist eine Gruppe von Menschen, deren Ziel es ist, gemeinsam Musik zu machen. Ein besseres Ziel kann es nicht geben.

Was ist für die Kinder das Wichtigste auf einer Tournee?

Das Wichtigste für die Kinder ist die Erfahrung, als Teil des Chores auf Tournee zu sein; das Erlebnis, die Musik mit dem Publikum zu teilen. Und die Erfahrung, Gast in einem anderen Land, in einer anderen Kultur zu sein, mit offenen Augen und offenem Verstand unterwegs zu sein.

Wie sind die Wiener Sängerknaben durch die Pandemie gekommen?

Mit Glück und Hilfe. Wir hatten finanzielle Unterstützung sowohl von der österreichischen Bundesregierung als auch von der Stadt Wien. Damit konnte allerdings nur ein Teil der Verluste abgefangen werden. Zusätzlich gab es eine große Spendenkampagne. Aber es ist klar, dass wir uns auf Dauer nicht auf Konzerteinnahmen verlassen können – um die Zukunft unseres Campus zu sichern, brauchen wir regelmäßige Unterstützung von der öffentlichen Hand, von Sponsoren und Spendern.

In musikalischer Hinsicht war es ebenfalls schwierig: Im ersten Lockdown stand das Singen ja unter Generalverdacht. Aber wir bekamen als professioneller Chor die Erlaubnis, unter bestimmten Auflagen zu singen: Es wurde mit Maske geprobt, mit Abstand, bei geöffneten Fenstern und mit Geräten, die Viren filtern. Außerdem haben wir in unseren größten Räumen gesungen, dem Schwimmbad, der Turnhalle, dem szenischen Probensaal, sodass zwischen den Sängern möglichst viel Abstand war. Das war sogar ein ganz gutes Training für die Ohren.

Wie viele Künstler haben wir auch Online-Konzerte veranstaltet; aber das ist kein Ersatz für das Live-Erlebnis, es bleibt ein blasser Abklatsch. Mit dem besten Willen, der besten Musik, der besten Performance und der allerbesten Technik: Es fehlt der direkte Kontakt zwischen Künstler und Publikum. Die menschliche Note, ohne die geht es nicht.

Immerhin hat die Pandemie deutlich gezeigt, wie wichtig Musik und ganz besonders das Singen für den Menschen ist, für uns alle: Es hebt die Stimmung, es hilft, Gefühle auszudrücken und zu verarbeiten. Musiker haben also eine wichtige Aufgabe in der Gesellschaft.

Ging der Schulbetrieb in der Pandemie weiter?

Ja – auch im Lockdown; da wurden die Klassen online abgehalten.

Wie viele Konzerte und Tourneen haben Sie in der Pandemie verloren?

Wir haben weit über 700 Konzerte im In- und Ausland verloren; drei Japan-Tourneen, drei USA-Tourneen, drei China-Tourneen, zwei Tourneen nach Südkorea, drei Tourneen nach Taiwan, zwei Deutschland-Tourneen und zwei kleinere europäische Reisen.

Glauben Sie, dass man die Wiener Sänger-knaben wenigstens einmal im Leben ge-hört haben sollte? Warum ist das wichtig?
Ein Kind, Kinder professionell singen zu hören, ihre Begeisterung dabei zu sehen, zu spüren, wie sie all ihre Energie in eine Aufführung legen, das hat etwas Magi-sches, und es gibt Hoffnung. Eine Welt, in der so etwas vorkommt, kann nicht ganz schlecht sein.

Was sollte man aus einem Sängerknaben-Konzert „mitnehmen"?
Ein Gefühl von Freude, altmodisch aus-gedrückt vielleicht etwas Wonne. In den anderthalb Stunden, die ein Konzert dau-ert, gehören wir dem Publikum, und das Publikum gehört uns. Wir schenken Mu-sik, das Publikum schenkt uns Gehör. Im Idealfall bedeutet ein Konzert mit einem unserer Chöre anderthalb Stunden Ver-gnügen, Musik pur, eine echte Auszeit – Urlaub vom Alltag.

KAPITEL 4

Die Erfindung der Wiener Sängerknaben

Das Ende der Monarchie

Ende des 19. Jahrhunderts büßt die Hofmusikkapelle ihren Nimbus ein. Kaiser Franz Joseph bestimmt 1900 – sicher aus finanziellen Erwägungen –, dass die Musiker nicht mehr „per Dekret" bestellt, sondern mit einem zeitlich befristeten Vertrag engagiert werden: Sie verlieren damit ihren Status als Hofbeamte und ihren Anspruch auf Altersversorgung – in den neuen Dienstverträgen ist das sogar ausdrücklich vermerkt. Ohne materielle Sicherheit streben Dirigenten wie Hofkapellmeister Hans Richter ins Ausland, machen international Karriere. Richter sorgt noch dafür, dass Josef „Pepi" Hellmesberger junior als Vizekapellmeister angestellt wird; dann reicht der ehemalige Hofsängerknabe seinen Rücktritt ein.

Pepi Hellmesberger führt jetzt die Geschäfte, er kümmert sich um die Belange der Sängerknaben, um Vorsingen, Aufnahme, Stipendien. Das ist eine Menge Arbeit, vor allem eine Menge Bürokratie: Ende 1900 bittet Pepi um einen zusätzlichen Dirigenten – aber die Bitte verhallt ungehört. Erst als der hochbetagte Hofkapellmeister Rudolf Bibl sein offizielles „Inaktivierungsansuchen" einreicht, kann Hellmesberger zum Hofkapellmeister befördert und Karl Bruckner zum Vizehofkapellmeister ernannt werden. Georg Valker, seit 1894 als Organist in der Kapelle, wird Klavierlehrer der Sängerknaben. 1903 hat Hellmesberger eine Liaison mit einer Balletttänzerin, deren Vater dann für einen handfesten Skandal sorgt: Er schlägt Pepi auf offener Straße ins Gesicht – mit dem Ergebnis, dass der Hofkapellmeister Wien verlassen muss. Sein Nachfolger als „Erster Dirigent"[192] wird Carl Luze, der ehemalige Hofsängerknabe kennt den Betrieb. Die Anstellung ist auf ein Jahr befristet und kann nach Bedarf verlängert werden; ein Pensionsanspruch ist ausgeschlossen. Luze macht sich dennoch voller Elan an die Arbeit. Noch am Tag seiner Anstellung dirigiert er seine erste Messe in der Hofburgkapelle, beantragt die dringend nötige Reparatur der Orgel, beschäftigt sich mit Personalangelegenheiten und kümmert sich um Eltern, die sich über die Zustände im Löwenburgschen Konvikt beschweren.

Im Juni 1904 wird ein elfjähriger Knabe namens Clemens Krauss aufgenommen. Er bleibt nur ein Dreivierteljahr, aber in dieser Zeit macht er sich so gut wie unentbehrlich. Er hat eine sensationelle Stimme und singt Koloraturen vom Blatt: Im kleinen Chor der Hofsängerknaben ist er damit der designierte Sopransolist und der unumstrittene Star. Als er im Februar 1905 völlig unerwartet das Konvikt verlässt[193], schreibt Luze an das Oberstofmeisteramt, dass „die Aufführung größerer – besonders mit Sopran-Soli componierter Werke" derzeit unmöglich sei; gleichzeitig bittet er darum, den Austritt eines Sängerknaben mitten im Schuljahr nicht mehr zu erlauben.

Im Juni 1907 fragt eine „Grammophon Gesellschaft"[194] in der Hofmusikkapelle an, ob sie mit den Hofsängerknaben Tonaufnahmen machen dürfe, damals eine absolute Sensation. Sie dürfen. Das Oberstofmeisteramt weist lediglich darauf hin, dass der Schulunterricht nicht gestört werden darf. Das wird zugesichert, und so entstehen die ersten Tonaufnahmen, darunter das Credo aus Schuberts Messe in G-Dur, ein Hymnus von Eybler, ein *Tantum ergo* eines unbekannten wahrscheinlich zeitgenössischen Komponisten und Mozarts *Ave verum corpus*. Im Oktober des selben Jahres bittet Luze darum, für eine Aufführung von Bruckners Messe e-moll acht Knaben aus dem Stephansdom ausleihen zu dürfen; er hat ja nur zehn, und für eine Messe von Bruckner ist das nun wirklich zu wenig. Es wird ihm zwar erlaubt, aber gleichzeitig wird ihm unmissverständlich bedeutet, dass er in Zukunft nur Werke planen soll, die „mit eigenen Kräften auch tatsächlich aufgeführt werden können."[195]

 QR-Code 19: Aufnahme von 1907: Joseph von Eybler, Hymnus

Im Juni 1909 wird Lorenz Koloman Edler von Mattachich als Altist aufgenommen. Er hat vorher in der Peterskirche gesungen, kommt also mit guter Vorbildung und Routine. Wie Krauss, wird auch dieser Knabe als Erwachsener ein berühmter Dirigent: Lovro von Matačić.

Während des Ersten Weltkriegs versucht man, den Betrieb aufrecht zu erhalten. In den ersten zwei Kriegsjahren führt die Hofmusikkapelle vor allem Werke zeitgenössischer Komponisten auf, die heute kaum jemand mehr kennt; Drobisch, Pembaur, Käßmayer, Gänsbacher, Krenn, Nesvera und Brosig. Zum Tod von Kaiser Franz Joseph I. werden das Requiem in c-moll von Robert Führer[196] und das Requiem in g-moll von Fritz Rotter aufgeführt.

Bis Kriegsende finden Messen in der Hofburgkapelle statt. Teilweise wird sogar neues Personal eingestellt. Georg Valker, inzwischen auch Archivar und Singlehrer der Hofsängerknaben, wird im September 1917 zweiter Dirigent; der neue Organist, Alois Dité, rückt als Archivar nach. Knaben kommen nach wie vor in den Stimmbruch: Noch im Juni 1918 findet ein Vorsingen für die frei werdenden Sängerknabenplätze statt. Vier Knaben, Karl Dierkes, Otto Hofbauer, Erich Khittel und Heinrich Reiner, werden regulär aufgenommen, zwei weitere, Alfred Beikircher und Franz Ofner, als Ersatzknaben vorgemerkt, falls noch jemand mutiert oder abgeht.

Im Herbst 1918 geht im Konvikt die Spanische Grippe um; einige Knaben haben Krätze: Die Hofsängerknaben können nicht auftreten; in der Kapelle singt man daher notgedrungen „Männermessen" für Tenöre und Bässe. Das letzte Hochamt der k.u.k. Hofmusikkapelle als kaiserliches Ensemble findet am 10. November 1918 statt; Johann Heinrich Schmelzers „Missa nuptialis" wird aufgeführt, eine barocke Hochzeitsmesse. Einen Tag später unterzeichnen die Kriegsgegner den Waffenstillstand von Compiègne: Damit ist der Erste Weltkrieg faktisch beendet; der Hof hat ausgedient. Das Hofärar, das materielle und immaterielle Vermögen der Monarchie, wird vom neuen Staat Deutschösterreich übernommen und unter die Verwaltung der neuen Regierung unter Karl Renner (Renner I) gestellt.

Unsichere Zeiten

In der Hofmusikkapelle herrscht Ungewissheit, ob und wie es weitergehen kann. Guido Adler[197], zu dieser Zeit Vorstand des musikwissenschaftlichen Institutes der Universität, schreibt, dass „die Erhaltung der Wiener Hofmusikkapelle auf das Dringlichste zu empfehlen" sei. Von verschiedenen Seiten wird immer wieder die große Bedeutung und die lange Geschichte des Ensembles hervorgehoben, das Interesse der Bevölkerung an den Hochämtern mit Musik; auch die Wiener Philharmoniker machen sich stark. Irgendwie machen die Musiker weiter. Die nächste Messe findet schon am 6. Januar 1919 statt; aus der Hofburgkapelle ist die Burgkapelle geworden. Die neue Verwaltung scheint zwar nicht unwillig, den Betrieb weiterzuführen, will das aber möglichst kostengünstig haben. Carl Luze soll Informationen liefern: Wie viele Musiker sind noch da? Welche Ansprüche haben sie? Was kostet der Betrieb der Kapelle im Jahr? Was ist mit den Hofsängerknaben?

Luze, der ein ureigenes Interesse daran hat, die Kapelle zu erhalten – nicht zuletzt geht es um seinen Job –, ist voller Ideen, wie man zu Geld kommen und was man einsparen könnte. Man könnte Konzerte geben, in der Hofburgkapelle, im Redoutensaal. Im August 1919 schlägt er vor, dass man im Advent und zur Fastenzeit ja die kostengünstigeren Vokalmessen spielen könne – ohne Orchester, dass man Messen von „vernachlässigten" Komponisten wie etwa Guillaume Dufay oder Giovanni Pierluigi da Palestrina[198] aufführen solle, um zusätzliches Publikum anzulocken, nicht nur die Wiener. Luze denkt schon im Nachkriegsjahr 1919 an Touristen: Er will die Oratorien in der Burgkapelle – in der Monarchie private Logen für Angehörige des Kaiserhofes und ihre Gäste

– öffnen lassen, damit mehr zahlende Zuhörer Platz haben. Er erwägt auch, die Knaben ganz einzusparen; das müsste „freilich mit der größten Subtilität behandelt werden"; Luze will niemanden aufregen. Ein anderer Vorschlag ist, nur sechs Knaben zu beschäftigen, die bei ihren Eltern untergebracht werden könnten, dazu je zwei Sängerinnen aus der Oper im Sopran und Alt zu engagieren. Im September 1919 werden jedenfalls drei neue Knaben provisorisch aufgenommen.

Ab 1. Januar 1920 wird die geistliche Burgkapelle der Pfarre St. Augustin angegliedert, die Zahl der Priester von sechs auf drei reduziert. Die musikalische Seite ist damit noch lange nicht geregelt: Die Musiker kämpfen um ihre Bezüge, und was aus den Sängerknaben werden soll, ist völlig unklar. Alles ist in Schwebe, alles bröckelt; angesichts dieser Unsicherheit und der schlechten Versorgung in der Nachkriegszeit verlassen fünf Sängerknaben von sich aus das Löwenburgsche Konvikt. Im Internat leben jetzt nur noch vier Knaben; zwei beenden ihren Dienst im Juni regulär, die anderen beiden sollen „in häusliche Pflege" entlassen werden, aber weitersingen. Luze will für den Herbst vier neue Knaben aufnehmen, sodass er insgesamt sechs Kinder zur Verfügung hätte, drei Soprane und drei Alte. Aber ohne höfischen Glanz, ohne Verpflegung und ohne die Aussicht auf ein Stipendium ist eine Stelle als Sängerknabe unattraktiv; zu diesen Bedingungen finden sich keine Bewerber mehr. Luze ist gezwungen, Frauen aus der Staatsoper für die Sopran- und Altpartien zu engagieren.

Am 1. November 1921 übernimmt das Bundesministerium für Inneres und Unterricht die Verwaltung der Hofmusikkapelle. Gleichzeitig wird Monsignore Josef Schnitt aus dem niederösterreichischen Mailberg Rektor der Burgkapelle – ohne Bezüge, sein Geld verdient er als Religionslehrer. Bis September 1922 werden Messen in der Kapelle zelebriert; hinter den Kulissen gibt es Tarifverhandlungen mit den Musikern – allerdings ohne Ergebnis: Die Aufführungen in der Kapelle müssen im Herbst 1922 eingestellt werden. Das Finanzministerium lehnt eine Subvention für 1923 ab. In dem Moment, in dem die Hofmusikkapelle vor dem endgültigen Aus steht, melden sich prominente Unterstützer zu Wort. Am 14. Mai 1923 erscheint in der Neuen Freien Presse ein Artikel[199], der die Krise in drastischen Worten schildert; Autor ist Ministerialrat Dr. Karl Kobald, von 1887 bis 1890 selbst Hofsängerknabe und im Ministerium für Unterricht inzwischen für Musik zuständig. Kobald unterstreicht die historische und künstlerische Bedeutung der Hofmusikkapelle und wirbt unverhohlen um Gelder zu ihrer Rettung:

> ... befindet sich dieses berühmte Kulturinstitut in einer schweren Krise ... Im Interesse der Erhaltung dieses Institutes für das Wiener Musikleben ist zu hoffen, ... daß sich auch Mäzene finden werden, die zu Erhaltung dieses einzigartigen österreichischen Kulturgutes ihr Scherflein beitragen.

Der Artikel bewegt einiges: Im „Komitee zur Förderung Sinfonischer Musik in Wien" entsteht ein eigenes Subkomitee „zur Förderung der Kirchenmusik in der Burgkapelle"; zu den Mitgliedern gehört auch der Kirchenrechtler und Universitätsprofessor Max Hussarek von Heinlein[200]. Der Verein wirbt erfolgreich Spenden ein und erklärt sich bereit, die Verwaltung der Hofmusikkapelle zu übernehmen, unter der Bedingung, dass sich das Finanzministerium mit einer Subvention beteiligt. Der Deal kommt zustande: Am 1. Januar 1924 spielt die Kapelle wieder, und zwar gleich eine groß besetzte Messe, Schuberts Messe in Es-Dur.

Und sehr bald „tauchte der Gedanke auf, auch das Sängerknabenkonvikt, welches seit fast 5 Jahrhunderten an der Hofburgkapelle bestanden hatte, wieder aufzurichten".[201] Rektor Schnitt, inzwischen als Religionslehrer pensioniert, stellt sich selbst und alles, was er besitzt, in den Dienst der Sache, die Sängerknaben werden seine Lebensaufgabe. In seinem – wahrscheinlich später entstandenen – Tagebuch lobt Schnitt sich in der dritten Person selbst:

> Für den Anfang fremde Hilfe zu gewinnen, schien aussichtslos; so stellte der Rektor der Burgkapelle dem zu schaffenden Kulturwerk seine eigenen Mittel zur Verfügung und ging im Frühjahr 1924 an die Verwirklichung seines großen Planes.

Carl Luze, der inzwischen seinen Dienst unter dem neuen Titel „Kapellmeister der ehemaligen Hofmusikkapelle"[202] wieder aufgenommen hat, leistet Schützenhilfe. Im Februar 1924 schreibt er an das Unterrichtsministerium, dass es zur „Komplettierung dieses Instituts der Knabenstimmen bedarf"[203] und führt aus, dass „2 Schlafzimmer, 1 Studierzimmer, zugleich Übungszimmer, 1 Speisezimmer, 1 Zimmer für den Präfekten und 1 Zimmer für das Personal" gebraucht würden. Schnitt seinerseits verpflichtet sich dem Ministerium gegenüber schriftlich, das neue Sängerknabenkonvikt mit eigenen Mitteln zu gründen und fünf Jahre lang auch zu finanzieren. Das Geld hat er aus dem Verkauf eines von ihm erfolgreich betriebenen Hotels am Mondsee[204]; geeignete Räumlichkeiten in der Hofburg vermittelt ihm das Ministerium für Handel und Verkehr, das die Gebäude im Besitz der Republik verwaltet.

Jetzt geht alles schnell; die erste Aufnahmeprüfung findet am 23. Mai 1924 statt. Laut Schnittschem Tagebuch melden sich auf den Aufruf „in allen Zeitungen" etwa 200[205] enthusiastische Bewerber um die Plätze im so einprägsam betitelten „Sängerknabenkonvikt der ehemaligen Hofburgkapelle". Der Andrang erklärt sich vermutlich aus der allgemeinen Krise, die Inflation hat sich zu einer Hyperinflation ausgewachsen, niemand weiß, wie man sich das Leben leisten soll. Das Sängerknabenkonvikt verspricht dagegen beruhigende alte Werte, Tradition und Beständigkeit; möglicherweise spricht es auch eine nostalgische Sehnsucht nach der „guten alten" Zeit an.

30 hoffnungsfrohe Kandidaten schaffen es in die nächste Runde: Eine Woche später sitzen sie im Vorbereitungskurs in der Hofburg, sie werden den Sommer über von Vizekapellmeister Georg Valker und dem zweiten Organisten Heinrich Müller[206] unterrichtet, „abgerichtet", wie Schnitt es nennt; aber er meint es sicher nicht so, wie es

Abb. 60: Sängerknaben im Roten Salon der Hofburgkapelle – im ehemaligen Schlafzimmer von Kronprinz Rudolf. Sommer 2022.

heute klingt. Im September folgt die endgültige Auswahl. Zehn Knaben aus dem Kurs, dazu Matthias Schneider, Sängerknabe aus dem Stift Klosterneuburg, und Rudolf Bader, Sängerknabe aus dem Stift Zwettl, beziehen ihr neues, improvisiertes Internat in der Hofburg. Sie bewohnen zwei Zimmer des ehemaligen Kaiser-Franz-Appartements und einen Teil von Schnitts eigener Dienstwohnung; Kronprinz Rudolfs ehemaliges Schlafzimmer gehört dazu. Als „Dienstkleidung" für die Knaben wählt der sparsame Rektor den topmodernen Matrosenanzug, nicht von ungefähr – es ist die zeitgenössische Sonntagskleidung für Kinder „aus gutem Haus"; die meisten besitzen einen eigenen.

Dieser „erste Chor" wird für Rektor Schnitt immer etwas Besonderes bleiben, noch Jahrzehnte danach schwärmt er von ihren Stimmen. Ende des Jahres informiert er das Unterrichtsministerium in einem Schreiben, dass das Sängerknabenkonvikt mit 15. September 1924 seinen Betrieb aufgenommen habe. Er unterzeichnet mit *Turris Davidica*, Davidsturm. Hinter dem Namen, den Schnitt auch auf die Mützenbänder der Matrosenkappen sticken lässt, verbergen sich ein ganzes Programm – und ein Bildungsideal: Der

Davidsturm steht für einen unbezwingbaren Bergfried, in dem man sicher ist, eine Zuflucht; gleichzeitig drückt er Zuversicht aus. Im Christentum ist *Turris Davidica* zudem ein Beiname Marias, wie übrigens auch der Elfenbeinturm, der ideale Rückzugsort für Gelehrte. Für Josef Schnitts Zukunftsvision sicher nicht unerheblich ist der Zusammenhang mit König David, dem Sänger par excellence.

Im Davidsturm gewöhnt man sich schnell an einen neuen Alltag; die Kinder werden um 6:15 Uhr geweckt, danach geht es zum Gebet in die Hofburgkapelle gleich nebenan. Nach dem Frühstück werden kurz die Hausübungen wiederholt, dann gehen die Knaben zu Fuß in die Schule, in das Piaristengymnasium im achten Bezirk. Um 13:30 Uhr gibt es Mittagessen im Konvikt, von 14 bis 16 Uhr wird geprobt. Danach gibt es eine Jause mit anschließender Freizeit, die die Jungen auf dem Heldenplatz oder im Volksgarten verbringen. Ab 17 Uhr werden Hausaufgaben gemacht, und um 19 Uhr gibt es Abendessen. Rektor Schnitt fragt danach Lateinvokabeln ab; eine bei den Knaben nicht nur beliebte Aktivität. Um 21 Uhr ist Nachtruhe. Ab und zu gehen die Herren Knaben in die Staatsoper, um eine Vorstellung zu erleben, dann muss die Wache sie als Spätheimkehrer wieder in die Hofburg lassen, dann ist Nachtruhe eben später. Die Knaben haben „1 Vorzimmer, 2 Schlafsäle, 1 Waschraum, 1 Badezimmer, 1 Studierzimmer, 2 Musikzimmer, 1 Krankenzimmer und 1 Zimmer für den Präfekten" zur Verfügung.[207] Theres kocht für sie, unterstützt vom Stubenmädchen Marie; Diener Johann putzt ihnen die Schuhe – die Hausgemeinschaft erinnert an die Unterbringung der Sängerknaben im 16. Jahrhundert.

Die Knaben und ihr Repertoire entwickeln sich schnell. Georg Valker studiert mit ihnen die Messen ein, Heinrich Müller übernimmt die Stimmbildung und unterrichtet Musiktheorie. Im Herbst gibt es die ersten Auftritte, im Theater in der Josefstadt, im sogenannten Ahnensaal der Burgpfarre[208] und in der Burgkapelle – da ja zunächst noch mit den Damen des Staatsopernchores.

Anfang 1925 bestürmen die Kinder den Rektor, sie wollen im Fasching Theater spielen, ein eigenes Stück aufführen, mit Kostümen. Schnitt findet, dass das in ihrem Fall mit Musik geschehen muss, schließlich sind sie Sängerknaben. Er sucht Mozarts Singspiel *Bastien und Bastienne* aus, ein Schäferstück nach Jean-Jacques Rousseau, das Mozart als Zwölfjähriger komponiert hat. Bastienne zweifelt in echter Rokokomanier an der Treue ihres Bastien, der wiederum hat wohl manche Liebschaft hinter sich, will aber eigentlich nur Bastienne. Beide suchen unabhängig voneinander Rat bei Colas, dem spitzbübischen, cleveren Zauberer, der mit viel Hokuspokus dafür sorgt, dass die beiden zueinanderfinden. Heinrich Müller transponiert die beiden Männerrollen ins Knabenregister, und weil es im Original keine Rolle für den Chor gibt, arrangiert er das Menuett aus Mozarts Symphonie Es-Dur KV 543 als Jubelchor; der wird dann auch mit einer eigenen Rokoko-Choreografie getanzt.[209] Die Staatsoper borgt den Sängerknaben Perücken und Kostüme für die Produktion. Die Premiere findet am Faschingssamstag in der Wohnung von Rektor Schnitt statt; der Ahnensaal ist brechend voll. Die Solisten Matthias Schneider, Rudolf Bader und Alois Worliczek, vom Rektor Bubi, Bibi und Burli genannt, werden bejubelt; die Oper wird daraufhin gespielt, sooft es geht, und Schnitt nutzt jede Gelegenheit, um die Werbetrommel für seinen Chor zu rühren.

Während die Sängerknaben als unabhängiges Ensemble Fortschritte machen, schlittert die ehemalige Hofmusikkapelle in die nächste finanzielle Krise – trotz eines erneuten Spendenaufrufes. Das „Komitee zur Förderung Sinfonischer Musik" löst sich auf, und weil man sich mit den Ministerien nicht einigen kann, treten die Orchestermusiker und die erwachsenen Chorsänger in eine Art Streik; spätestens ab Juni 1925 werden keine Messen mehr aufgeführt – zumindest nicht von den Erwachsenen der Kapelle.

QR-Code 20: Edvard Grieg, Solveigs Lied, gesungen von Matthias Schneider

Schnitt hat inzwischen längst Vorkehrungen für die Sängerknaben getroffen, zumal das Bankhaus Dr. Klüger, bei dem er sein Vermögen angelegt hat, vor der Pleite steht und die Zinsen nicht mehr auszahlen kann. Er lässt die Kinder jetzt überall auftreten, wo sich die Gelegenheit bietet. Im Mai 1925 hat Schnitts Starsolist Matthias Schneider eine kleine Rolle in der Staatsoper; er singt den Savoyardenknaben in Walter Braunfels' Oper „Don Gil von den grünen Hosen"; Dirigent ist Staatsoperndirektor Franz Schalk. Es ist das allererste Mal, dass ein Kind in der Wiener Staatsoper Solo singt. Gleichzeitig gründet der umtriebige Rektor den „Verein der Freunde des Sängerknabenkonviktes der Burgkapelle". Er braucht potente Unterstützer. Schnitt will, dass die Kinder in der Burgkapelle singen, schließlich ist das die Tradition der Hofmusik, ihre Existenzberechtigung; und wenn die erwachsenen Musiker nicht wollen, dann eben anders: Im Juni lässt er die Knaben alleine, nur von der Orgel begleitet, die Messen singen. Das führt zu einem Eklat – Opernchor, Orchestermusiker und Dirigenten fühlen sich hintergangen und echauffieren sich in einem Schreiben an das Unterrichtsministerium: „Anstatt nun eine Lösung zu suchen, die den Verhältnissen einigermaßen entsprochen und die Gefühle der Musiker geschont hätte, hat der Herr Rektor Prof. Schnitt kurzer Hand über die Köpfe der Mitglieder der Kapelle hinweg einen Chor mit Orgelbegleitung eingesetzt." Bis zu einer ordentlichen Regelung soll das Ministerium dem Rektor solche Eigenmächtigkeiten verbieten, fordern die Absender des Schreibens.

Ob ein solches Verbot wirklich ausgesprochen wird, ist unklar. Beim Publikum kommen Schnitts Sängerknaben jedenfalls an, das weiß der Rektor sehr genau, und er tut alles in seiner Macht Stehende, um das Produkt Sängerknaben weiter zu verbessern. Weil Georg Valker nur wenig Zeit zum Proben hat, lässt Schnitt jetzt Heinrich Müller – den Mann seines Vertrauens – auch die Messen einstudieren. Die Knaben machen die erhofften Fortschritte: Ab März 1926 singen sie die Oberstimmen in der Burgkapelle alleine, ohne Damen, und sie stellen auch die Solisten. Die Verträge der fünf Opernsängerinnen werden nicht verlängert.

Schnitt hat das Potenzial der Institution erkannt, und er hat das, was man *street smarts* nennt. Er sucht und findet Wege, seine Sängerknaben, wo es nur geht, weiterzubringen. Ihm ist klar, dass die Zukunft im Konzertbetrieb liegt. Mit bezahlten Auftritten können die Sängerknaben sich ihren Unterhalt zumindest zum Teil selbst ersingen, nur mit bezahlten Auftritten können sie überleben. Gräfin Hartenau[210] wird zur Schirmherrin der Hofmusikkapelle und des Sängerknabenkonviktes. Die Gräfin korrespondiert mit Regierungsmitgliedern, mit Beamten in den Ministerien, mit Franz Schalk; wenn nötig, vermittelt der ehemalige Opernstar für Schnitt, der nicht nur manchmal aneckt; Schalk hält ihn sogar für pathologisch.[211] Die Gräfin glättet Wogen, organisiert Soireen, hilft mit Kontakten und mit Geld.

Pioniere in Sachen Tournee

Den Sommer 1926 nutzt Schnitt für eine erste Konzertreise, es ist ein Test. Zum ersten Mal sind die Sängerknaben außerhalb Wiens unterwegs, sie fahren nach Innsbruck und nach Salzburg. Anschließend geht es über die Landesgrenzen nach Bad Reichenhall und in die Schweiz: Zwischen dem 17. und dem 20. August singen sie unter der Leitung von Professor Heinrich Müller allabendlich im Luzerner Kursaal. Auf dem Programm stehen Motetten, Arien und Volkslieder; außerdem führen sie zwei Spielopern auf: Mozarts „Bastien und Bastienne" und „Der Apotheker" von Joseph Haydn.[212] Der Stoff ist von Carlo Goldoni; es geht wie so oft um eine junge Dame. Drei Herren – der alternde Vormund, ein junger, aber fauler Dandy und der schüchterne, aber grundehrliche Apothekergehilfe – wetteifern, vielfach verkleidet und mit nicht immer ganz legalen Methoden, um ihre Gunst. Die Musik ist anspruchsvoll; und den Kindern macht das gleichzeitige Singen und Spielen großen Spaß. Die Konzertankündigung ist international, zweisprachig: Aus der unübersetzbaren Bezeichnung „Sängerknabenkonvikt der Wiener Burgkapelle" wird in einem eigentümlichen Englisch das ebenso sperrige „Singerboys College of the Viennese Burgchapel".

Abb. 61: Konzertankündigung Luzern, 1926.

Rektor Schnitt schreibt in seinem Reisetagebuch:

9 Uhr abends Ankunft in Luzern. Es war der 16. August (...) besonders die Aufnahme am nächsten Tag durch den Verwaltungsrat Muri so herzlich wie nur denkbar. Nachmittags grosse Jause im Kursaal. Meine größte Freude war, daß sich die Kinder in der grossen Gesellschaft wie kleine Kavaliere benahmen. Die vier Abende in Luzern gut besucht, ungeheurer Applaus. Den Kindern gefiel an Luzern (trotz Seefahrt – die Schiffahrtsgesellschaft hatte uns ein Gratis-Kollektivbillet für alle Tage unseres Aufenthaltes zur Verfügung gestellt –, trotz Rigi, Pilatus, Tellsplatte, Engelberg) am besten das „Schweizer Frühstück", das man uns deshalb auch zur Jause überall auftischte; daran knüpfend ein Erlebnis: Zur Jause eingeladen auf dem „Gütsch", der Kinder Appetit bereits bekannt, die Tische bogen sich von Kaffee, Butter, Honig, Confiture, aber nach unserer Ankunft nur fünf Minuten lang, dann war alles verschwunden, sofort wieder aufgetragen, nach fünf Minuten wieder verschwunden, wieder aufgefüllt. Als die Kinder fortsetzen wollten, der Rektor: „Nein, Kinder, zuerst werden wir ihnen zeigen, dass wir nicht nur essen, sondern auch singen können." Grosser Applaus, Draufgaben, wieder zu Tisch. Als alles wieder verschwunden war und die Besitzer nochmals auftragen liessen, blies der Rektor zum Aufbruch. Burli[213] aber sagte beim Weggehen: „Na, solange die Generation lebt, die ladet uns nicht mehr ein".

Spätestens ab Dezember 1925 sind die Sängerknaben auch im Rundfunk zu hören – mit geistlichen Gesängen. Aber die wortreiche Bezeichnung „Sängerknabenkonvikt der ehemaligen Hofburgkapelle" passt nicht in das moderne Medium, und dem Wiener Rathaus ist sie entschieden zu christlich. Eine kurze, treffende Bezeichnung wird gesucht und auch gefunden: *Wiener Sängerknaben*; die zwei Worte sagen alles. Unter diesem Namen singt es sich gut; ab Februar 1927 sind die Wiener Sängerknaben jeden zweiten Sonntag im Rundfunk zu hören; der Name wird zu einem Begriff, einer *Marke*. Mit den Rundfunkhonoraren und mit der Unterstützung des neuen „Vereins zur Erhaltung der kirchenmusikalischen Aufführungen an der ehemaligen Hofburg-Kapelle" sind die Finanzen einigermaßen gesichert; zusätzlich bittet sich Schnitt von seiner Familie finanzielle Hilfe aus, und er bekommt sie auch.

In der Saison 1926/1927 sind die Messen in der Hofburgkapelle so gut besucht, dass Leute weggeschickt werden müssen; aber die künstlerische Qualität leidet. Der kirchenmusikalische Verein sieht die Ursache in der uninspirierten künstlerischen Leitung und interveniert beim Unterrichtsministerium. Die beiden Hofkapellmeister Luze und Valker sollen endlich pensioniert, so der Verein, Staatsoperndirektor Franz Schalk stattdessen angestellt werden. Schalk würde sich „mit größtem Vergnügen und ohne jeden Honoraranspruch" zur Verfügung stellen. Was das Ministerium gerne hört und was Schnitt als „Wendepunkt in der Burgkapelle" bezeichnet, löst unter den Musici – es sind die Wiener Philharmoniker – eine kleine Meuterei aus. Sie fühlen sich übergangen; sie sehen sich „ausschließlich unter der Leitung ihrer ernannten Kapellmeister ... stehend";

Pioniere in Sachen Tournee   163

gnadenhalber erklären sie sich aber mit der „fallweisen Leitung von Aufführungen" durch Schalk einverstanden. Wenig später machen sie eine Eingabe, in der sie höhere Bezüge fordern; das würde „viel zur Hebung der Schaffensfreude und damit auch des Ansehens der so schönen Institution" beitragen. Während die Musikergagen angehoben werden, sollen die Sängerknaben aber weiterhin „wie bisher unentgeltlich zur Verfügung gestellt werden". Schnitts Einsatz und dessen Wichtigkeit für den Knabenchor bleiben nicht unbemerkt: Es scheint dem Ministerium „vor allem notwendig, daß Rektor Schnitt, der Leiter und die Seele des Konvikts, wenigstens in den nächsten Jahren nicht durch eine anderweitige seelsorgliche Verwendung diesem Institut entzogen wird."

1927 werden Konzerte gegeben, Schallplatten aufgenommen, neue Opern einstudiert, *Abu Hassan* von Carl Maria von Weber, *Der Dorfbarbier* von Johann Schenk. Zusätzlich nutzt der Rektor jede Möglichkeit zu reisen. Er überzieht ganz Österreich und Europa generalstabsmäßig mit Konzerten; im April geht es mit 17 Sängerknaben nach Deutschland, nach Leipzig, Dresden, Berlin, Köln und Düsseldorf. In Berlin werden die Aufführungen von *Bastien und Bastienne* und vom *Apotheker* von einem Orchester begleitet; der berühmte Erich Kleiber, Chef der Staatsoper Unter den Linden, dirigiert. Das ist eine Sensation, und das Medienecho entsprechend überwältigend; vier Berliner Zeitungen berichten darüber, außerdem Zeitungen in Hamburg, Königsberg, Schlesien und natürlich Wien.

Die erste Schwedenreise kommt mithilfe eines frühen Sponsoring-Deals zustande, lange bevor das Wort in dieser Bedeutung Einzug in die Sprache hält.[214] Schnitt, in diesen Dingen seiner Zeit weit voraus, schreibt eigenhändig das Testimonial: „Wir Wiener Sängerknaben verwenden Pastor Kneipps Brustkaramellen, und sind selbe besonders bei unseren Altstimmen zur Erlangung einer reinen Kehle sehr beliebt."

Schnitt ist unermüdlich um Verbesserungen besorgt. Inzwischen bevölkern 27 Sängerknaben die für zwölf Kinder gedachten dunklen Räume der Hofburg. Es ist dementsprechend eng, und manche der Zimmer sind überhaupt nicht beheizbar. Im Januar 1928 klagt der Rektor in einem Brief an das Unterrichtsministerium, die Wohnverhältnisse der Sängerknaben seien katastrophal und bittet um „Beistellung anderer, wenigstens einigermaßen geeigneter Räume". Zwei Monate später fordert die Burghauptmannschaft von den Wiener Sängerknaben plötzlich eine Mietnachzahlung von 1103,83 Schilling für die Zeit vom 1. November 1924 bis zum 30. April 1928. Es ist eine Summe, die Schnitt nicht aufbringen kann – der empörte Rektor hält die Forderung für eine Retourkutsche auf seine Bitte um bessere Räumlichkeiten. Er reagiert seinerseits sofort und bühnenreif mit Streikandrohung:

Da ich mich der Erkenntnis nicht verschließen kann, daß auch im BMfU nur gewerkschaftliche Mittel Eindruck machen, sehe ich mich – wenn auch mit innerem Widerstreben, so doch durch das Interesse für meine armen Zöglinge – gezwungen, zu erklären, daß ich, ohne erträgliche Ordnung der Verhältnisse, mit Herbst 1928 ... die Mitwirkung der Sängerknaben bei den Hochämtern in der Burgkapelle einzustellen gezwungen sein würde.[215]

Schnitt sieht sich desavouiert und frustriert; die Knaben werden für ihre Leistung in der Kapelle nicht bezahlt, es gibt keine Subventionen, und obendrein will man sie noch zur Kasse bitten – für eine unzumutbare Unterkunft. Es folgen schwierige, unangenehme Verhandlungen, bis endlich, fast ein Jahr später, die Burghauptmannschaft ein Einsehen hat und den Wiener Sängerknaben die Mietnachzahlung erlässt. Gleichzeitig weist man ihnen neue Räume in der Hofburg zu.

1928 wird fast jeden Monat gereist; im Januar ist man in der Schweiz, im März in der Tschechoslowakei, im April gastiert man in Jugoslawien, im Mai gibt es Kurztrips nach Znaim und Budapest. Im August sind die Knaben in Vorarlberg, Deutschland und der Schweiz unterwegs, im Oktober in Polen und Deutschland, im Dezember geht es nach Jugoslawien, in die Steiermark und nach Kärnten. Aufgrund der vielen Reisen können die Kinder nicht mehr regelmäßig zur Schule gehen. Schnitt weiß sich zu helfen; er gründet kurzerhand eine Privatschule. Ab jetzt werden die Sängerknaben zu Hause im Konvikt unterrichtet; das spart den Kindern Zeit und Wege. Zwei Mal pro Jahr werden sie als Externisten im Piaristengymnasium geprüft, das auch die ausgesprochen wohlwollenden Zeugnisse ausstellt.

Im Februar und März 1929 packt den Rektor wieder die Reiselust; das bedeutet aber, dass die Kinder für zwei Messdienste ausfallen. Schnitt informiert Kapellmeister Luze. Der ist naturgemäß nicht begeistert, aber behilft sich mit Sängerinnen aus dem Opernchor. Wenn Schnitt nicht aufpasst, kann es passieren, dass die Sängerknaben ihre hart erkämpfte Position in der Kapelle wieder verlieren; Luze stellt ihm die Rute mehr oder minder deutlich ins Fenster. Aber Schnitt braucht vor allem die Einnahmen der Auslandsreisen, um die Existenz der Sängerknaben zu sichern. Seine Lösung für das Problem ist ein zweiter Chor; längst hat er Knaben in Ausbildung, die noch bei ihren Eltern wohnen. Der Rektor erklärt dem Kapellmeister, auch eine „2te Kategorie" Sängerknaben könne die Messen singen. Falls es besonders schwierige Messen seien, könne man ja eine Dame aus der Staatsoper als Stimmführerin engagieren – auf Kosten der Wiener Sängerknaben. Schnitt weiß, wie gut seine zweite Kategorie ist, und ist sich ziemlich sicher, dass er dieses Geld nicht auszugeben braucht. Luze steigt auf den Vorschlag ein, zunächst wohl als eine Art Test. Damit sind die so wichtigen Tourneen zwar fürs Erste gesichert, aber die finanzielle Situation ist nach wie vor alles andere als rosig. Schnitt will unbedingt erreichen, dass das Unterrichtsministerium die Kosten für die Sängerknaben übernimmt, mindestens eine Gage für die Auftritte in der Hofburg zahlt. In einem weiteren Brief an das Ministerium rechnet Schnitt die Kosten vor, die die externen Sängerknaben zusätzlich verursachen, „allein die Elektrische[216] kostet täglich 8,96 Schilling"; in Summe mehr als 100 Schilling pro Woche. Das Ministerium bleibt stur.

Immerhin: Während der zweite Chor die Dienste in der Kapelle singt, kann der „erste" Chor auf eine zweimonatige Tournee durch Europa fahren – durch Italien, Frankreich, Spanien und die Schweiz. Kapellmeister Luze lässt es sich nicht nehmen, zumindest eines der Highlights zu dirigieren, eine Messe in Paris. In der Wiener Zeitung heißt es:

Die Wiener Sängerknaben, die Dienstag aus Rom in Paris eingetroffen sind, traten am 2. d. M. in der Saint-Etienne-du-Mont-Kirche zum ersten Male vor der Pariser Öffentlichkeit auf, wo unter Leitung von Professor Luze die Krönungsmesse von Mozart aufgeführt wurde. Das Kirchenkonzert hatte außerordentlichen Erfolg. Die Wiener Sängerknaben wurden von einem Vertreter der Diözese und dem Vertreter der österreichischen Gesandtschaft beglückwünscht. Am Abend des 2. d. M. gab der Knabenchor ein Konzert, bei dem gotische Musik aus dem 13. bis 15. Jahrhundert und Haydns „Apotheker" unter Leitung von Rudolf Nilius zum Vortrag kam. Gestern wurde die Reise nach Spanien fortgesetzt.[217]

Wieder in Wien, gehen die Verhandlungen mit dem Unterrichtsministerium weiter; der Winter ist bitterkalt, die Heizkosten enorm – aber weil groß besetzte Messen geplant sind, bei denen beide Chöre gebraucht werden, fehlt den Sängerknaben die Zeit, außerhalb der Kapelle Konzerte zu geben. Sie haben also kein Einkommen. Eigentlich will der Rektor, dass das Ministerium die Finanzierung der Wiener Sängerknaben komplett übernimmt, auch Franz Schalk sieht das als einzig richtige Lösung. Das Ministerium sträubt sich, man will „allfällige Erziehungsmängel nicht unterstützen". Die Beamten sehen die Sängerknaben als private Schule; sie befürchten, dass eventuelle Erziehungsmängel – darunter verstehen sie schlechte Noten – auf das Ministerium zurückfallen könnten.

Mit Erlass vom 4. Februar 1930 wird dem Knabenchor dann doch einigermaßen überraschend eine jährliche „Subvention"[218] von 18.120 Schilling in Aussicht gestellt; die Zuwendung ist auf drei Jahre befristet. Im Gegenzug verpflichtet sich Schnitt, für alle Aufführungen der Hofmusikkapelle mindestens 14 Knaben zu stellen, die Auswahl überlässt er Franz Schalk, der jetzt künstlerischer Leiter der Kapelle ist. Das Ministerium verlangt außerdem, dass die Reisen auf zwei pro Jahr reduziert werden, eine Bedingung, die Globetrotter Schnitt geflissentlich ignoriert. 1930 geht es nach Deutschland, Dänemark, Schweden und Polen, nach Griechenland und Bulgarien. Im April gibt es Kurzreisen nach Budapest und Frankfurt am Main, im Mai reist man nach Polen. Im Oktober fährt ein Chor nach Salzburg und Tirol, nach Deutschland, in die Schweiz und nach Italien; im November steht wieder einmal Schweden auf dem Reiseplan; 1931 geht es munter so weiter.

Nicht so munter ist es in Wien: Im November teilt das Ministerium lapidar mit, dass die Subventionen für die Hofmusikkapelle von bisher 97.000 auf nunmehr 15.000 Schilling gekürzt werden müssten. Das ist mehr als nur eine Sparmaßnahme, das ist existenzgefährdend. Die Orchestermusiker reagieren mit einem Schreiben, sie „können es nicht fassen, daß diese jahrhundertealte Institution ... vernichtet werden soll." Sie erklären

166 Die Erfindung der Wiener Sängerknaben

sich bereit, einer Reduktion ihrer Monatsgage von 80 auf 50 Schilling zuzustimmen, wenn der finanzielle Verlust durch bezahlte Übertragungen im Rundfunk – ohne die lästige Messhandlung – zumindest teilweise abgefedert werden kann. Gleichzeitig beschweren die Musiker sich, dass für Dirigenten, Staatsopernchor und Orchester nur 70.100 Schilling zur Verfügung stünden, während Schnitt, der ja lediglich „eine Anzahl von Sängerknaben" beibringt, dafür 18.000 Schilling erhält.[219] Dass die Sängerknaben, die ja Kinder sind, ganz anders vorbereitet werden müssen, dass auch deren Chorleiter bezahlt werden müssen, wird nicht bedacht. Und die Leistung der Sängerknaben selbst wird ganz offensichtlich nicht gesehen. Schlussendlich einigen sich die Mitglieder der Hofmusikkapelle und das Unterrichtsministerium darauf, die Bezüge der Musiker auf je 30 Schilling pro Monat zu reduzieren und die „Subvention" für die Sängerknaben auf 8000 Schilling herabzusetzen. Ein neuer künstlerischer Leiter wird nur ehrenamtlich bestellt – tatsächlich findet sich Clemens Krauss dazu bereit. Krauss ist inzwischen als Nachfolger von Schalk Musikdirektor der Wiener Staatsoper; vielleicht reizt ihn als ehemaliger Hofsängerknabe die Aufgabe besonders. Auch die Tonaufnahmen werden eingetaktet: Für 1932 sind zehn Messen mit einer Gage von 2000 Schilling pro Aufführung geplant; davon erhalten die Wiener Sängerknaben lediglich 300.

Exkurs: Feriendomizil Hinterbichl

Rektor Schnitt entdeckt Hinterbichl rein zufällig, als er 1924 mit einem Freund zehn Tage durch die Dolomiten wandert. Ziel ist Prägraten in Osttirol, 1312 Meter über der Adria. Der kleine Ort im Virgental ist nur über einen Karrenweg zu erreichen, es gibt einen einzigen Landgasthof, ein echtes, abgeschiedenes Paradies. Im Herbst des Jahres 1924 ist Schnitt in Wien vollauf mit der Errichtung des Internates beschäftigt, „mit all seinen Arbeiten und Sorgen". Zu den Sorgen gehört, dass die Kinder, richtige Stadtkinder, die meisten aus einfachen Verhältnissen, blass und unterernährt sind. Ein Arzt rät Höhenluft, und Schnitt denkt sofort an Prägraten. Im Februar 1925 werden die Kinder erstmals nach Osttirol geschickt; nach einem Monat kommen sie sichtbar erholt zurück. Das gibt dem Rektor die Idee, bei Prägraten nach einem Sommerquartier für regelmäßige Aufenthalte suchen zu lassen; die Wahl fällt auf Hinterbichl, 1329 Meter über der Adria, ein winziges Dorf mit einer Handvoll Höfe. Im ersten Sommer mietet Schnitt eine Küche und die freien Zimmer der Hinterbichler Bauern; er kommt mit 14 Chorknaben, zehn Freunden, den Institutsangestellten und Sack und Pack über den Karrenweg. Alles, was sie brauchen, Bettgestelle, Matratzen, Bettzeug, Küchengerät muss erst mühsam per Fuhrwerk in den Ort befördert werden. Selbst in den 1920er-Jahren ist es eine Zeitreise, und es ist, typisch Schnitt, grandios improvisiert.

Hinterbichl, liebevoll Hibi gerufen, wird zur fixen Sommerresidenz. 1928 wird aus dem Karrenweg auf Schnitts Initiative eine Straße, und im gleichen Jahr lässt der Rek-

Abb. 62: Die Kellner-Crew mit Rektor Schnitt in Hinterbichl. Sommer 1937. Foto: P. Patak.

Abb. 63: Am besten reist man mit leichtem Gepäck. Packliste für Hinterbichl mit Informationen für den Chor von Kapellmeister Friedrich Brenn. Sommer 1950.

tor als Tourismusmanager von einigem Talent in Hinterbichl den Grundstein zu einem Hotel legen. Das „Hotel Wiener Sängerknaben" wird 1930 eröffnet. In den folgenden Jahren wird es sukzessive vergrößert, bis es schließlich über 150 Betten verfügt. Zum Hotel gehören ein eigenes Elektrizitätswerk, eine eigene Wasserleitung, eine Bäckerei, ein Schlachthaus und eine Selcherei: Schnitt setzt auf Selbstversorgung, auf Unabhängigkeit. In den Sommermonaten übersiedelt das ganze Institut nach Osttirol, dazu kommen zahlende Sommergäste aus ganz Europa und den USA, die die Sängerknaben hören wollen. Unter den Gästen sind Prominente, die Sängerinnen Anny und Hilde Konetzni, die Sänger Anton Dermota und Paul Schöffler; einmal ist der englische Schriftsteller Aldous Huxley dabei. Der spätere Bundeskanzler Leopold Figl ist fast jedes Jahr zu Gast. Schnitt ist überall, an der Rezeption, in der Schlachterei, in der Küche, fast immer in Soutane. Er kümmert sich um Gäste, um Sängerknaben und die Abgänger, die auch den Sommer in Hibi verbringen dürfen. Die Buben proben täglich; servieren Speisen und abends Konzerte, sonntags singen sie eine Feldmesse vor der spektakulären Alpenkulisse der Hohen Tauern, wie sie auch im Film „Singende Jugend" zu sehen ist.

Pioniere in den USA

1932 schiffen sich Rektor Schnitt, Kapellmeister Dr. Georg Gruber, Schwester Maria Mühlbacher und 22 Stück muntere Knaben auf der SS Statendam, einem Passagierdampfer der Holland-America Lijn, ein.

Abb. 64: Aufbruch zur ersten USA-Tournee, 1932. Auf den Kappen der Knaben steht noch „K. d. Wr. Sängerknaben."

Abb. 65: An Bord der SS Statendam, mit 212 Metern Länge im transatlantischen Passagierverkehr das Maß aller Dinge; sie verfügt sogar über einen Swimmingpool. 1924 bei Harland & Wolff in Belfast vom Stapel gelaufen, wird das Schiff 1929 in Rotterdam bei Wilton & Fijenoord fertiggestellt, ist 1932 also erst drei Jahre im Dienst.

Diese Reise ist professionell vorbereitet; in den USA ist der legendäre Impresario Sol Hurok[220] für die Organisation verantwortlich – er kümmert sich um Konzertorte und Veranstalter, um stilvollen Transport im eigenen Bus, um Unterkünfte und um die nötigen Auftrittsgenehmigungen für die Kinder; die Gesetze sind von Bundesstaat zu Bundesstaat verschieden.

In Wien wird mitgefiebert, die Reise von der *Illustrierten Kronenzeitung* euphorisch begleitet – mithilfe von Reiseberichten, die der rastlose Rektor regelmäßig schickt. Die Heimat soll mitleben. Gelegentlich schreibt der Kapellmeister eine Kolumne, manchmal kommen auch die Kinder zu Wort: Kurt, Ludwig, Willy und Robert. Zu Neujahr veröffentlicht die Kronenzeitung die Kinderberichte „aus dem Land der unbegrenzten Möglichkeiten".

Auch die amerikanische Presse berichtet und überschlägt sich geradezu vor Begeisterung, obwohl oder vielleicht gerade, weil der Gesang der Wiener Sängerknaben für amerikanische Ohren ungewohnt klingt. In den USA kennt man die englischen

Abb. 66: An Bord der Île de France, Flaggschiff der französischen Compagnie Générale Transatlantique und das Schiff der Reichen und Schönen. USA-Tournee 1933–34.

Knabenchöre, in denen Knaben und Männer singen; die Knaben fast ausschließlich mit Kopfstimme. Dagegen klingen die 22 Sängerknaben, die ja Brust- und Kopfstimme mischen, ungeheuer robust – vor allem singen die Kinder alleine, und das verfehlt seine Wirkung nicht.

Bis Februar 1933 geben sie 78 Konzerte von New York bis Kalifornien; später heißt es, sie hätten dabei 60.000 Meilen zurückgelegt. Sie fahren mit der Canadian Pacific Railway nach Kanada, und in Kansas haben sie zwei Konzerte vor jeweils 8000 Zuschauern. Amerika ist ein Kontinent der Superlative.

Während Schnitt in den USA unterwegs ist, ziehen in Wien dunkle Wolken auf. Wieder soll das Budget der Hofmusikkapelle gekürzt werden, und man überlegt, nur jeden zweiten Sonntag zu musizieren. Das aber will der Orchestersprecher, der Geiger Erwin Dengler, partout nicht. Er ist überzeugt, dass sich dadurch „viele Besucher ... verlaufen würden und die Erhaltung des Konviktes der Sängerknaben, die auf einen Teil der Einnahmen angewiesen sind, schwer gefährdet, wenn nicht sogar in Frage gestellt würde."[221]

Abb. 67: Sol Hurok macht's möglich: 1935 sind die Wiener Sängerknaben mit einem „gebrandeten" Bus, mit Rektor Schnitt, Kapellmeister Hans Urbanek, Schwester Marie und zwei Chauffeuren in den USA unterwegs: Service is their Motto.

Dengler will im Gegenteil das Repertoire ausweiten, die Qualität und damit auch die Bedeutung der Hofmusikkapelle anheben. Im Januar 1933 beschweren sich die Musiker, dass Schnitt „dauernd auf Reisen" sei und daher immer nur die „zweite Garnitur" Sängerknaben in der Burgkapelle sänge. Sie halten in einem Protokoll fest, dass Schnitt seine „negative Einstellung" aufgeben, dass er die besten Sängerknaben zur Verfügung stellen müsse. Wenn er das nicht mache, lautet die unverhohlene Drohung, müsste eine andere Lösung gefunden werden. Schließlich gäbe es noch andere Chöre. Auch ein boshafter Seitenhieb auf die angeblich „niveaulosen Radiovorträge" der Sängerknaben fehlt nicht, „Fernstehende" zögen daraus falsche Rückschlüsse auf die Qualität der Hofmusikkapelle, die doch über jeden Zweifel erhaben sein sollte.

Im Februar 1933 kommt Schnitt aus den USA zurück. Mit dem Protokoll konfrontiert, schreibt er eine neunseitige Gegendarstellung, in die er seine ganze Verbitterung legt. Inzwischen betreut das Institut achtzig Knaben: Sie hausen auf engstem Raum in der Hofburg, die Lebenshaltungskosten sind hoch; die Sängerknaben sind *gezwungen*, auf Reisen Geld zu verdienen. Gleichzeitig lässt Schnitt ein externes Gutachten über die Hofmusikkapelle erstellen, das er dem Ministerium und Clemens Krauss als dem künstlerischen Leiter des Ensembles zukommen lässt. Die Kritikpunkte sind immer dieselben; im Grunde geht es, wie fast immer, um Zeit und vor allem Geld. Der ungenannte

Gutachter – Krauss nimmt an, es sei Hofkapellmeister Luze – fordert die Anstellung eines *Rector ecclesiae*, dem die Burgkapelle nach kirchlichen Gesetzen untersteht; er fordert ein breiteres Repertoire mit Werken von gregorianischem Choral bis zu zeitgenössischer Musik, und er fordert die Anstellung eines geschäftsführenden Kapellmeisters und Dirigenten, der in Abstimmung mit Krauss und Schnitt das Programm erstellen soll und der die Aufführungen und etwaige Tonaufnahmen auch leitet.

Krauss antwortet mit Bezug auf die Sängerknaben, er möchte Mitsprache bei der Einteilung der Knaben für die Messen, denn er hält es für ausgeschlossen, dass alle achtzig Kinder gleich gut oder gleichermaßen für die Messgesänge geeignet sind. Und er will Einfluss auf ihren Musikunterricht nehmen können, denn das sei „eine für ihr ferneres Leben entscheidende und wertvolle musikalische Bildung, als Gegenleistung für ihre Dienste".[222]

Das Unterrichtsministerium geht auf einige der Forderungen aus dem Gutachten ein. Schnitt wird Rector ecclesiae der Burgkapelle; als geschäftsführender Kapellmeister kommt der charismatische Ferdinand Grossmann (1887–1970), der für die Wiener Sängerknaben noch sehr wichtig werden wird. Carl Luze geht 1934 mit 70 offiziell in Pension.

Am 5. August 1934 singen die Wiener Sängerknaben zum ersten Mal bei den Salzburger Festspielen – es ist ein Ritterschlag. Unter Kapellmeister Leopold Emmer singen sie eines ihrer typischen Chorkonzerte, inklusive Spieloper; diesmal ist es die *Opernprobe* LoWV 91 von Albert Lortzing. Das Programm beinhaltet neben zwei A-cappella-Motetten von Jacobus Gallus und zwei Chorliedern von Max Reger auch ein Sololied von Richard Strauss, *Traum durch die Dämmerung*. Das ist einerseits eine Verbeugung vor dem ja noch lebenden Mitbegründer und Präsidenten der Festspiele, andererseits aber auch ein Zeichen für die Qualität der Solisten – der *Traum* ist alles andere als leicht zu singen.

Am Karfreitag, dem 19. April 1935, krachen Schnitt und Grossmann das erste Mal so richtig zusammen. In der Hofburgkapelle ist eine Aufführung von Antonín Dvořáks *Stabat mater* angesetzt, die von der RAVAG[223] live übertragen werden soll. Grossmann will natürlich, dass die Aufnahme perfekt wird; er probt vorher, für Schnitts Empfinden viel zu lang. Schnitt schreit ihn, so schreibt es Grossmann, coram publico an, er richte die Kinder zugrunde; wie oft sollten sie denn noch das Stabat mater singen? In Bezug auf die Kinder ist Schnitt extrem empfindlich. Er ist ihr Beschützer, ihr Verteidiger; jedenfalls redet oder brüllt er sich immer mehr in Rage. Grossmann wolle dem Institut schaden, ihm „etwas abzwicken". Grossmann schickt seinen Bericht an das Unterrichtsministerium und schließt mit den Worten, dass er vielleicht mit Schnitts Interessen, aber sicher nicht mit den Interessen der Hofmusikkapelle „in Konflikt gekommen" sei. Das Ministerium möge Schnitt zur Kenntnis bringen, dass er, Grossmann, nicht Schnitt, sondern eben dem Ministerium unterstehe. Wenn Schnitt mit ihm Probleme hätte, möge er sich beim Ministerium beschweren. Von Schnitt ist dazu keine Stellungnahme überliefert.

Schnitt will den Knabenchor, sein Werk, um jeden Preis erhalten; er will, dass dieser

Chor – in welcher Formation auch immer – in der Hofburgkapelle singt, denn da hat er seine Wurzeln, das ist die Tradition, die dieser Chor weitertragen soll. Aber nur für die Kapelle kann und will Schnitt keinen Chor erhalten; seine Buben *müssen* reisen. Die Tourneen sind ein echter Wirtschaftsfaktor: Die zweite USA-Reise bringt – für sechs Monate Tournee – einen Gewinn von umgerechnet 140.000 Schilling; das entspricht etwa 11.666,6 Schilling pro Monat. Gleichzeitig erhalten die Sängerknaben für ein ganzes Jahr Kapelldienste gerade einmal 10.760 Schilling; das steht in keinem Verhältnis.

Grossmann wiederum geht es in erster Linie um die künstlerische Qualität in der Hofburgkapelle, und auch im Ministerium scheint die vorherrschende Meinung zu sein, dass die Tourneeprogramme der Sängerknaben keinen künstlerischen Wert besitzen, von „Heurigenmusik" und „Publikumszuckerln" ist die Rede. Gemeint sind vor allem die eigenen Arrangements von Walzern und Polkas der Familie Strauß. Schnitts Sängerknaben stehen für Kitsch und Kommerz, und natürlich wird unterstellt, dass Schnitt immer die besseren Sänger um die Welt schickt. Sehr wahrscheinlich schwingt auch etwas Neid mit, auf die großen Reisen, auf die Abenteuer, auf das Medienecho und auf die internationale Popularität. Und so ringen die Beteiligten weiter um eine Lösung.

 QR-Code 21   Allerlei Polkas

1934 mietet Schnitt sich und sein Institut im Schloss Wilhelminenberg ein; fast zwölf Hektar hat das Anwesen, dazu gehören eine Gärtnerei und ein Teich, in dem man schwimmen kann. Schnitt lässt das Schloss für viel Geld sanieren und adaptieren: Die neuen Errungenschaften, den Turnsaal, die Spielzimmer, die „modernsten hygienichen [sic!] *Einrichtungen*", will heißen die Duschen, präsentiert der Rektor stolz in einer Broschüre. Überhaupt schwebt dem Bauernsohn Schnitt ein landwirtschaftlicher Betrieb vor, der sich selbst versorgen kann. Schnitt denkt auch an andere künstlerische Betätigungsfelder; er engagiert den akademischen Maler August Eduard Wenzel[224], der den Buben Mal- und Zeichenunterricht erteilt. Die Kinder genießen den Platz, den sie zur Verfügung haben, die Freiheit und den Luxus, den der Wilhelminenberg bietet.

Allerdings hat das komfortable Schloss einen großen Nachteil: Es ist weit weg von der Stadt, und für die Sonntagsdienste in der Hofburg muss man sehr früh aufstehen – die nächste Straßenbahnhaltestelle ist 45 Minuten Fußmarsch entfernt. Mit dem Umzug auf den Wilhelminenberg werden die Knaben anderen Schulen zugeteilt; die Gymnasiasten werden in der Maroltingergasse geprüft, die Volksschüler in der Lorenz-Mandl-Schule. In diesen beiden Schulen nimmt man auf Weltreisen keine Rücksicht; die Zeugnisse der jugendlichen Globetrotter sind katastrophal.

Neue Kapellmeister kommen; Leopold Emmer, Leopold Weninger, Hans Urbanek, Viktor Gombocz. Im Juli 1935 bricht ein Chor mit Schnitt, Gombocz und einem Präfekten zu einer Weltreise auf, per Eisenbahn, Schiff und Bus, über Italien, durch das Mittelmeer und den Suez-Kanal, quer durch den Indischen Ozean mit Zwischenstopp in Ceylon, nach Australien, Neuseeland, durch den Südpazifik über Fidschi, Samoa, Hawaii und quer durch die USA. Die letzten Konzerte singen die Kinder in Frankreich. Die Erwachsenen bemühen sich, den Knaben wenigstens etwas Bildung angedeihen zu lassen, und die Kinder füllen ihre Kladden mit Diktaten, Mathematikbeispielen, englischen Vokabeln, Zeichnungen und „Erlebnisaufsätzen", Letztere eher etwas sparsam formuliert.

Im Originaltagebuch eines Knaben liest sich das so:

> Das Leben auf dem Schiff.
> Um 8 h wekte [sic] uns der Herr Brefekt [sic].
> Wir gingen eine halbe Stunde schwimmen.
> Dann gingen wir Kaffeetrinken. Dann
> lernten wir bis 12 h, Und wir gingen
> essen. Später gingen wir schlafen
> bis ½ 4 h. Dann gingen wir Jause
> essen. Und hatten Probe. Dann
> haben wir Schulstunde bis zum Abend
> essen. Dann gehen wir ins Kino. Und
> dann gingen wir schlafen.[225]

Landgänge werden ähnlich ausführlich geschildert, die gleichzeitig ersehnte und gefürchtete Äquatortaufe gar nicht erwähnt: Die Erwachsenen geben den Unterricht auf; es ist wichtiger, dass die Kinder die Reise bewusst erleben.

Spätestens ab 1936 sind die Chöre ständig unterwegs. Dr. Gruber fährt mit seinem Chor nach Frankreich, Argentinien, Uruguay, Chile und Brasilien; Emmer bereist Belgien, die Niederlande und Frankreich. Leopold Weninger übernimmt eine dreimonatige Tournee durch Litauen, Lettland, Polen, Rumänien und Jugoslawien. Im Herbst sind zwei Chöre gleichzeitig unterwegs. Während Haymo Täuber, der Leopold Emmer als Kapellmeister folgt, mit seiner Truppe von September bis Dezember sieben europäische Länder von Schweden bis in die Slowakei abklappert, ist Gombocz mit seinen Knaben von September 1936 bis April 1937 unterwegs: Sein Reiseplan führt durch die Schweiz, Deutschland, die Niederlande, Belgien und Frankreich in die USA; auf dem Rückweg macht der Chor noch zwei Zwischenstopps im Saargebiet und im Elsass. Gombocz ist der Mann für die lange Strecke. Karl Etti löst Weninger als Kapellmeister ab und bereist im Herbst mit seinem Chor Deutschland; währenddessen bricht Gombocz wieder in die USA auf.

Während die Chöre der Wiener Sängerknaben den Globus mit Konzerten erobern und sich allerorts buchstäblich in die Herzen singen, glätten sich in Wien die Wogen zumindest ein wenig. Denn: Wenn es drei (oder sogar vier) Chöre gibt, die abwechselnd

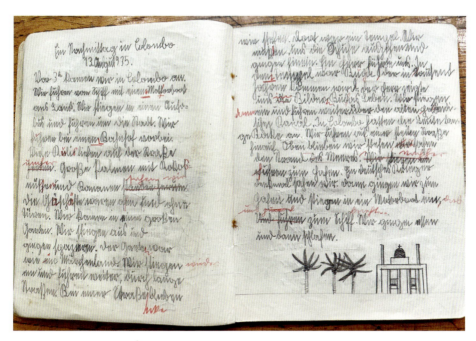

Abb. 68: „Ein Nachmittag in Colombo. 13. August 1935." Tagebuch eines Sängerknaben mit den Korrekturen des Brefekten.

unterwegs sind, dann müssen die ja eine annähernd ähnliche Qualität haben, dann sollte nach Adam Riese immer mindestens einer in Wien sein, der in der Lage ist, die Messen in der Hofburgkapelle zu singen. Ende 1936 einigt sich Schnitt mit dem Ministerium; er verpflichtet sich jetzt, „je nach Erfordernis" bis zu 20 entsprechend studierte und dem jeweiligen „Schwierigkeitsgrad auch vollkommen gewachsene" Sängerknaben für die Hofburgmessen zu stellen. Das Repertoire wird vom Direktorium der Kapelle, von Grossmann und Schnitt gemeinsam festgelegt. Dafür gibt es ein Honorar von 4500 Schilling pro Jahr sowie zwei Drittel der sonntäglichen Einnahmen.

Die Aufstellung der Tourneen für die Jahre 1936–1937 zeigt, dass Schnitt gerne hart am Wind segelt, den Kalender ausreizt, so gut es geht: Von Mitte September bis Mitte Oktober 1936 und von Februar bis April 1937 sind drei Chöre gleichzeitig auf Achse; in der übrigen Zeit sind immer zwei in Wien zur Verfügung. Es ist der Beginn des „Tournee-Rades" der Wiener Sängerknaben.

Nach der langen ersten Südamerikatournee kommt es im Herbst 1937 zum Bruch zwischen Kapellmeister Gruber und Rektor Schnitt; die Differenzen schwelen schon einige Jahre. Gruber, zu diesem Zeitpunkt der Kapellmeister mit der größten Erfahrung, will weiterkommen; vermutlich passt ihm Schnitts autoritäre Art nicht. Längst liebäugelt er mit einem eigenen Ensemble, längst hat er mit Franz Burkhart[226], dem Leiter des Wiener Chorvereins, einen eigenen Knabenchor begonnen. Er hat einige Tourneen

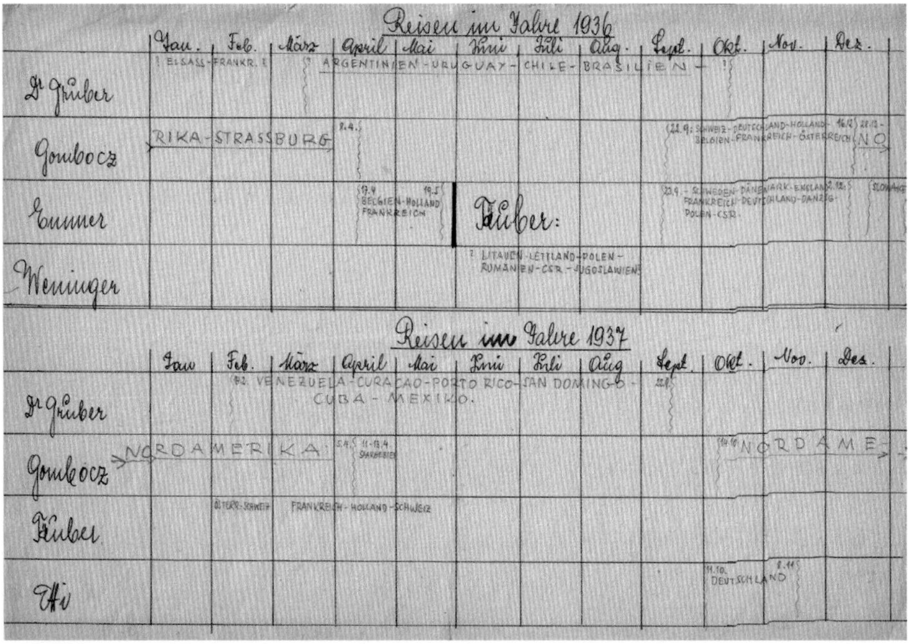

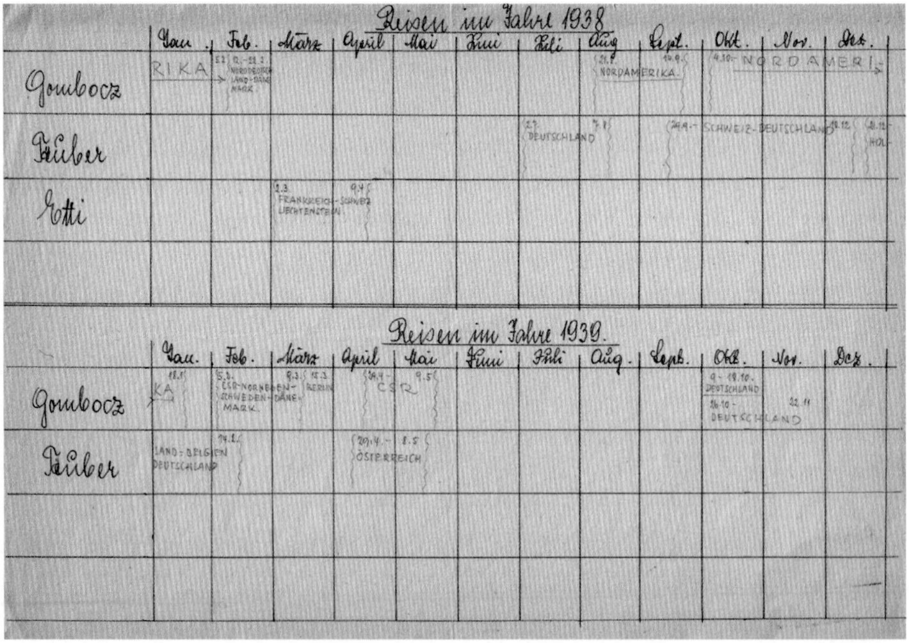

Abb. 69 und 70: Planung ist alles: Zeitgenössische Aufstellung der Reisen 1936–37 und 1938–39. Archiv der Wiener Sängerknaben. Die Chöre sind nach den Kapellmeistern benannt; 1936 gibt es bereits vier Chöre. Im Kriegsjahr 1939 muss Personal abgebaut werden, Reisen sind deutlich reduziert.

ohne Schnitt hinter sich; er weiß, was ankommt, und er hat entsprechende Kontakte geknüpft. Öffentlich wirft er Schnitt vor, dass der ihn immer mit schlecht ausgebildeten Knaben losschickt; wenn er, Gruber, die Truppe dann unterwegs auf Vordermann gebracht hat, werden sie in Wien einem anderen Kapellmeister zugeteilt. Er kündigt, und Schnitt fühlt sich davon sicher vor den Kopf gestoßen. Als Gruber im September mit den „Wiener Mozartsängerknaben" nach Irland fährt, unter denen noch dazu Sängerknaben aus Grubers Südamerikachor sind, weiß Schnitt, dass sein ehemaliger Mitarbeiter ihn hintergangen hat. Grubers Chor tritt mit einem Programm auf, das – inklusive Spieloper – nach dem erprobten Rezept des Rektors zusammengestellt ist. Schnitt geht wutschnaubend auf die Barrikaden, beschwert sich bei den Behörden und wendet sich an ein Boulevardblatt, um die Angelegenheit möglichst flächendeckend publik zu machen. Der Rektor ist sich zudem sicher, dass Gruber die Sängerknaben um die Einnahmen der Südamerika-Tournee geprellt hat, 60.000 Schilling; auch das prangert er an. Schließlich vergisst er nicht, auf Grubers bedenkliche politische Haltung hinzuweisen; Gruber sympathisiert mit den Nationalsozialisten, und das ist zu dieser Zeit im österreichischen Ständestaat illegal. Als Gruber 1938 nach dem „Anschluss" Österreichs an das Deutsche Reich seine Parteimitgliedschaft in der NSDAP beantragt, gibt er selbst an, dass er auf seinen Konzerten „für die deutsche Kultur und nationalsozialistische Idee" werben will.

Immerhin: Die Wiener Sängerknaben sind so erfolgreich, dass man sie kopiert.[227]

Die Wiener Sängerknaben im Dritten Reich

Gruber hat noch jedoch noch andere Pläne: Am 15. März 1938, zwei Tage nach dem „Anschluss" (es ist der Tag von Hitlers berüchtigter Ansprache auf dem Heldenplatz), erscheint er in Begleitung von Franz Burkhart und einem Trupp SA-Leuten[228] im Schloss Wilhelminenberg. Er hat ein Schreiben des „Amtes des Landeskulturleiters der NSDAP – Hitlerbewegung Österreich" bei sich, das ihn zum kommissarischen Leiter des Sängerknabeninstitutes ernennt. „Seinen Weisungen ist unbedingt Folge zu leisten"; unterschrieben hat Landeskulturleiter Robert Ernst.[229] Schnitt wird gezwungen, das Institut zu verlassen. Trotz seiner erheblichen Bemühungen wird er nicht wieder eingesetzt; er erhält Hausverbot. Immerhin sorgt das Erzbischöfliche Ordinariat dafür, dass er Rektor der Burgkapelle bleibt, wenn auch ohne Kompetenzen. Gruber seinerseits verliert seinen kommissarischen Posten schon im Mai[230]; der neue Leiter ist Dr. Paul Lorenzi, ein ehemaliger Opernsänger.

In Folge erhalten die Wiener Sängerknaben neue Statuten; zu ihren Aufgaben gehört jetzt auch die Mitwirkung bei „Veranstaltungen politischer Art". Sie werden, wie die Regensburger Domspatzen, der Leipziger Thomanerchor und der Dresdner Kreuzchor, der Hitler-Jugend beziehungsweise dem Deutschen Jungvolk als „Spielfähnlein" eingegliedert. Singen hat auch bei den Nazis eine wichtige, gemeinschaftsstiftende Funktion, und das Regime will gerade die berühmten und traditionsreichen Knabenchöre als Propagandainstrumente einsetzen.

Dr. Lorenzi erstellt ein Budget für die Sängerknaben, bei dem den Behörden vermutlich ganz anders wird. Aber Propaganda darf ja etwas kosten, und so werden die von Lorenzi errechneten 53.950 RM pro Jahr sogar aufgerundet. Insgesamt werden für die Hofmusikkapelle in der Saison 1939/40 127.682 RM ausgegeben; die Musikerbezüge werden um stattliche 39% angehoben, und die Institution der Staatsakademie unterstellt. Damit scheinen zwar die finanziellen Querelen um die Hofmusikkapelle vorerst beendet, aber das Sängerknabeninstitut hat weiter Geldprobleme – und die Haupteinnahmequelle, das Reisen, ist jetzt deutlich erschwert. Dennoch sind die Chöre auch im Dritten Reich weiter unterwegs. Allein zwischen März und Dezember 1938 lassen sich acht Konzertreisen nachweisen. Von Oktober 1938 bis Januar 1939 sind die Wiener Sängerknaben mit Victor Gombocz wieder einmal in den USA; es ist bereits die siebte Amerikatournee. Auf dieser Reise werden auch Tonaufnahmen gemacht, darunter ein als „American Indian Christmas carol" bezeichnetes Lied mit dem Titel *Ayapo*, von Gombocz für Solosopran und Chor a cappella arrangiert: eine frühe Aufnahme von Weltmusik, in der Originalsprache gesungen.[231]

Zwar ist der Bewegungsradius der Chöre ab Kriegsbeginn im Herbst 1939 deutlich eingeschränkt, aber insgesamt ist es ein Wunder, dass in den Kriegsjahren überhaupt gereist werden kann und wird. Natürlich mischt sich die neue Bürokratie in gewohnter deutscher Gründlichkeit gehörig ein. Aus Berlin kommen Direktiven, auch in puncto Jugendschutz. Kindgerecht und „ohne Ueberanstrengung der Kinder"[232] sollen die Reisen durchgeführt werden; was die Nazis allerdings unter kindgerecht oder Überanstrengung verstehen, sei dahingestellt. Noch etwas ändert sich: Konzertanfragen kommen jetzt nicht mehr von Agenturen, sondern entweder direkt von oder über Behörden, deren Namen allein schon eine Zumutung sind. Will man einer Anfrage nähertreten (manchmal ist das allerdings keine Frage des Wollens), sind von eben diesen Behörden eine Reihe von Genehmigungen einzuholen: Neben der Abteilung II des Amtes des Reichsstatthalters (vor 1938 schlicht Stadtschulrat) müssen die Gemeindeverwaltung, das Reichsaußenministerium, das Reichsministerium für Volksaufklärung und Propaganda und das Reichsministerium für Wissenschaft, Erziehung und Volksbildung informiert und um ihre schriftliche Genehmigung ersucht werden. Mitzuliefern sind sämtliche Informationen über die geplanten Konzertprogramme, den Reiseplan, die Finanzierung, über den oder die Veranstalter, natürlich auch über die Mitreisenden. Ab 1942 kommt noch eine Instanz dazu, die man um Erlaubnis fragen muss: das Büro des Gebietsleiters der Hitlerjugend in Wien. Jeder will seinen Senf dazugeben, keiner mag übergangen werden. Grossmann für seinen Teil hält nur wenig von so viel Bürokratie und sagt das auch laut, sie ist in seinen Augen nicht zweckdienlich, zumal Konzertanfragen gerade jetzt oft kurzfristig sind.

1943 unterbindet das Reichserziehungsministerium Reisen nach Italien und in die Schweiz ganz als „nicht mehr ... kulturpolitisch nötig".[233] Eine von den Eltern der Knaben

Abb. 71: Ferdinand Grossmann dirigiert die Wiener Sängerknaben in der Hofburgkapelle, April 1942. Foto: Ruth Wilhelmi.

ohnehin nicht gewünschte Fahrt nach Kroatien wird 1944 ebenfalls verboten, und die für 1945 geplanten Auslandsreisen kommen infolge der deutschen Kapitulation im Mai nicht zustande.

Die „neue Zeit" bringt also neue Statuten, eine neue Leitung und eine neue Uniform: Der Matrosenanzug weicht einem kurzen dunkelblauen Blazer mit dem Wappen der Stadt Wien, am Ärmel das Hakenkreuz in einer Raute, das Emblem des Deutschen Jungvolks. Dazu passend gibt es eine lange Hose; auf dem Kopf trägt man jetzt Schiffchen statt Tellermütze – bei Kälte lässt sich der Stoff über Ohren und Nacken klappen. Schließlich bringt die neue Zeit auch noch eine neue, weniger komfortable Unterkunft: Das Schloss Wilhelminenberg wird von der SA übernommen, und die Wiener Sängerknaben übersiedeln in das von der Stadt angebotene Ersatzquartier, das Maria-Theresien-Schlössl in der Langen Gasse in der Josefstadt.

Im Herbst 1938 gibt es erneut einen Wechsel in der kommissarischen Leitung der Sängerknaben. Dr. Lorenzi muss gehen, Hans Urbanek kommt. Urbanek ist eigentlich Kapellmeister; er kümmert sich vor allem um die Musik, die wirtschaftlichen Belange managt ein langgedienter Mitarbeiter Schnitts, Ingenieur Cyrill Glatzl.[234] Das alles ist nur vorübergehend; schlussendlich kommt Ferdinand Grossmann als Direktor des Instituts; gleichzeitig werden die Sängerknaben dem Kulturamt der Stadt Wien unterstellt.

Auch wenn den Nationalsozialisten christliche Gottesdienste nicht in die Ideologie passen, in der Hofburgkapelle scheint es mit Mozart, Haydn und Schubert, Palestrina, Lotti und Bruckner mehr oder weniger ungestört weiterzugehen; Grossmann sorgt dafür. Zwischen März und Juni 1939 stehen drei zeitgenössische Kompositionen auf dem Programm: Die Knabenchormessen des Amerikaners Ivan Langstroth[235] und des aus Sicht der Nazis sicher unbedenklichen Tirolers Joseph Messner[236] sind nicht weiter bemerkenswert; Messners Komposition ist 1937 schon einmal aufgeführt worden. Umso mehr ist zur Ostermesse 1939 zu sagen: Deren Komponist Josef Reiter stammt nicht nur aus Braunau am Inn, er hat schon 1899 einen eigenen deutschnationalen Josef-Reiter-Fanclub, 1929 kandidiert er bereits für die NSDAP, 1933 wird er von Adolf Hitler auf dem Obersalzberg empfangen, Braunauer unter sich.[237] Sehr wahrscheinlich ist es eine angeordnete Aufführung; Ferdinand Grossmann dirigiert. Danach wird das Stück nie mehr aufgeführt; das Repertoire bleibt klassisch. Ein einziger Komponist, der vorher auch nur einmal gespielt wurde, nämlich im Dezember 1937, ist jetzt aus dem Repertoire gestrichen: Egon Wellesz, der jüdische Vorfahren hat.[238]

Im Juli 1939 sind die Wiener Sängerknaben mit Kapellmeister Gombocz zum „Tag der Deutschen Kunst" in München geladen; es ist die Eröffnungsveranstaltung der Großen Deutschen Kunstausstellung, die zum dritten Mal stattfindet – sie gilt als die wichtigste kulturelle Veranstaltung im Dritten Reich. Am 15. Juli singen die Sängerknaben zwei kurze Konzerte, am 16. Juli sind sie morgens live im Reichssender München zu hören, am Nachmittag liefern sie Musik am Rande eines monumentalen Festzugs. „2000 Jahre Deutsche Kultur" winden sich durch die Straßen der bayerischen Hauptstadt, nicht eben subtil; die ungeheure Parade soll Staunen machen, und das tut sie auch: Insgesamt ziehen 3212 Darsteller (die eine germanische Mindestkörpergröße aufweisen müssen) in Kostüm und Maske durch ein Spalier von 13.500 Polizisten, SA- und SS-Leuten; 456 Pferde, acht Hunde und drei Jagdfalken sind dabei. 26 Festwagen mit so sinnigen Namen wie „Blut und Boden" erzählen eine germanisierte Version der Weltgeschichte, mit

Die Wiener Sängerknaben im Dritten Reich 181

Abb. 72: Mit Kapellmeister Gombocz. Tag der deutschen Kunst, München, 16. Juli 1939. Foto: Otfried Schmidt.

Hakenkreuz und Walhalla. Der Höhepunkt ist eine Schlussgruppe, die nicht verkleidet ist; SA, SS, Wehrmacht und Polizei, insgesamt angeblich weitere 3000 Personen. Das kleine Häuflein Sängerknaben steht am Marienplatz und staunt; den „Führer" bekommen sie nicht zu Gesicht.

Angesichts dieses Aufmarsches wirkt das Repertoire der Wiener Sängerknaben für die Großveranstaltung erstaunlich unpolitisch; die Knaben singen Madrigale aus dem 16. und 17. Jahrhundert, Lieder von Schubert, Beethoven, Brahms und Reger, Volkslieder und Liebeslieder. Die beiden Soldatenlieder *Ein Schifflein sah ich fahren* und *Wenn die Soldaten durch die Stadt marschieren*[239] stammen aus dem 18. und 19. Jahrhundert, beide werden auch heute noch gesungen.

> Wenn die Soldaten durch die Stadt marschieren / öffnen die Mädchen Fenster und Türen / Warum? Warum?

Das hat sogar potenzielle Anti-Kriegs-Untertöne: Der Refrain fragt nach dem Sinn des Krieges, und in der letzten Strophe sind die Soldaten entweder gefallen oder ihre Mädchen anderweitig verheiratet. Vermutlich fällt das unter der munteren Marschmelodie nicht weiter auf. Im Reichssender wird jedenfalls nichts Soldatisches gesungen – drei Madrigale aus dem 16. Jahrhundert, zwei Volkslieder– *Kein schöner Land* und das *Schwabenliesel* – sowie Max Regers Vertonung von Eduard Mörikes Frühlingsgedicht *Er ist's* stehen auf dem Programm.

Im Herbst 1939 reist Victor Gombocz mit seinem Chor nach Hamburg und Bremen, Pommern und Ostpreußen. Aus Königsberg bringen sie jubelnde Kritiken mit – es ist der erste Auftritt der Wiener Sängerknaben in der Stadt. Vom „ungewöhnlichen Wohllaut der Stimmen" ist die Rede, von „Fülle und Tragfähigkeit", einem „eigenartig innigen, zart schwingenden Klang ... voll hoher Schönheit und packender Eindringlichkeit", von „ausgefeilter Technik" und schließlich „der von tiefstem Empfinden und köstlicher Musikalität zeugende Vortrag, der offenbare stilistische Unterschiede macht" – gemeint ist zwischen den verschiedenen Musikrichtungen, es klingt also nicht alles gleich.[240] Besonderen Beifall bekommt eine Spieloper von Christoph Willibald Gluck: Die *Maienkönigin* ist neu im Repertoire, wie *Bastien und Bastienne* ist es ein Schäferspiel. Auch in diesem Programm findet sich kein einziges Nazilied.

Inzwischen arbeitet Grossmann in Wien kontinuierlich mit der Hofmusikkapelle; die Qualität steigt, und damit auch die Ansprüche an das Repertoire. Grossmann bekommt die Musiker, die er haben will, und er sorgt auch noch für eine Erhöhung ihrer Bezüge: Konzertmeister in der Hofburgkapelle sind die Philharmoniker Franz Mairecker, Wolfgang Schneiderhan und Willi Boskovsky. Im November 1940 wird das *Deutsche Requiem* von Johannes Brahms aufgeführt; im April 1941 Johann Sebastian Bachs *Matthäuspassion*, die Soli lässt Grossmann „im Sinne Bachs" von Knaben singen, lange bevor von historischer Aufführungspraxis die Rede ist.

Am 15. und 16. November 1941 veranstaltet die Reichsjugendführung in der Berliner Philharmonie eine Art Wettsingen der „zehn besten Chöre Deutschlands"; dabei sind – neben den Sängerknaben – die Regensburger Domspatzen, der Thomanerchor Leipzig, der Dresdner Kreuzchor und der Chor des von den Nazis neu gegründeten Musikgymnasiums

Die Wiener Sängerknaben im Dritten Reich 183

in Frankfurt[241]; die Wiener Sängerknaben ziehen mit einem ersten Preis von dannen.

Kurz nach dem Event, am 29. November, lässt Ministerialrat Dr. Kurt Krüger, als Leiter der Abteilung III D in der Parteikanzlei zuständig für Kirchenfragen, Erziehung, Schulen und Hochschulen, sämtliche Befehlsempfänger wissen:

> Unter Bezugnahme auf die verschiedentlich stattgefundenen Besprechungen bitte ich dafür Sorge zu tragen, dass die Partei-Kanzlei, die Reichsjugendführung und das Hauptamt Kultur der Reichspropagandaleitung über alle bevorstehenden Auslandsfahrten der Regensburger Domspatzen, des Thomanerchors, Leipzig, der Wiener Sängerknaben, des Kreuzchors, Dresden, des Chors des Musischen Gymnasiums, Frankfurt, rechtzeitig unterrichtet werden.[242]

Offensichtlich wusste „man" nicht immer Bescheid.

1941 wird in Wien eine Mozartwoche zum 150. Todestag des Komponisten veranstaltet. Es gibt ein aus Berlin diktiertes „Reichsprogramm", zu dem auch ausländische Delegationen eingeladen sind, und ein „Wiener Programm" für die Einheimischen. Alle Events sind hochkarätig besetzt, und angeblich sind bereits vor Beginn der Festlichkeiten 64.000 Karten verkauft; das ist sehr wahrscheinlich einfach Propaganda. Gauleiter und Reichsstatthalter Baldur von Schirach (1907–1974) hält die Eröffnungsrede, Propagandaminister Joseph Goebbels macht am 4. Dezember eine „kulturpolitische Kundgebung". Abschluss und Höhepunkt ist das Mozart-Requiem[243] im Musikverein am 5. Dezember, Mozarts Todestag; die Aufführung wird am Folgetag wiederholt. Dazu gibt es als bizarre Hommage ein eigenes Ritual vor dem Stephansdom, eine eigentümliche Mischung aus Kranzniederlegung für gefallene Soldaten und christlicher Symbolik – selbst Propagandachef Goebbels scheint das zu dick aufgetragen. In seinem Tagebuch nennt er es töricht.[244] Dafür macht das Requiem auf ihn einen solchen Eindruck, dass er die Übertragung im Rundfunk verbietet. Er hat Angst vor der Macht dieser Musik – und formuliert das auch:

> Nachmittags besuchte ich im Musikvereinssaal die Aufführung des „Requiems" durch die Philharmoniker unter Furtwängler mit dem Opernchor. Ein einzigartiges musikalisches Erlebnis. Die Wirkung ist ungeheuer. Ich kannte dies Requiem noch nicht und bin davon wie benommen. Das Publikum steht vollkommen im Bann dieser hinreißenden Musik. Dennoch aber verbiete ich, das Requiem im Rundfunk zu übertragen. Es würde augenblicklich nicht tröstend, sondern nur niederschmetternd wirken. Solche Kost können wir im Kriege nicht gebrauchen; vielleicht einmal am Ende des Krieges oder im Frieden. Augenblicklich bedürfen wir einer Totenmusik, die heroisch, aber nicht christlich oder gar katholisch ist.[245]

Die Sängerknaben haben in der Mozartwoche einige Einsätze unter Grossmann: Am 30. November singen sie in der Hofburg ein Programm mit dem Titel *Der heitere Mozart*; am 2. Dezember führen sie in der Volksoper ihre Mozart-Spieloper *Die Gans des Kalifen*[246] auf; am 4. Dezember gibt es um 11 Uhr ein Gala-Konzert in der Hofburgkapelle. Am Abend singen drei Solisten in der Staatsoper die drei Knaben in der *Zauberflöte* unter Hans Knappertsbusch; am nächsten Abend wird die Oper wiederholt, diesmal dirigiert Rudolf Moralt. Aber das ist eher Routine für die Knaben, denn die Inszenierung von Gustaf Gründgens hat bereits im September 1941 ihre Premiere gehabt. In der Kritik werden die Kinder besonders erwähnt: „Und über alles Lob erhaben erklangen die Stimmen der drei Sängerknaben in überirdischer Unschuld aus der himmlischen Gondel."[247] Jetzt, im Dezember, schweben sie schon zum vierten Mal vom Schnürboden; es ist so wenig aufregend, dass sie in ihrer überirdischen Unschuld aus der Opernkantine gefüllte Paprika mitgehen lassen, die sie dann hoch oben in der Luft genüsslich verspeisen.[248]

Der 7. Dezember ist eigentlich noch Teil der Mozartwoche, aber in der Hofburgkapelle ist man zur Tagesordnung übergegangen. An diesem Sonntag singen die Knaben eine a-cappella-Messe von Palestrina, liturgisch ganz korrekt und ohne Gloria; es ist schließlich Advent.

Ende Februar bis Mitte April 1942 tourt Ferdinand Grossmann mit einem Chor durch Deutschland, Belgien, Frankreich, Spanien und Portugal; zu dieser Zeit eigentlich eine unvorstellbare Reise. Grossmann hat einen Pianisten mit; Karl Krof[249] begleitet die Konzerte am Klavier. Für jedes Land studiert Grossmann eigens ein populäres Volkslied in der jeweiligen Landessprache ein; fast immer gerät das zum emotionalen Höhepunkt eines Konzertes.

Am 2. Februar 1943 kapituliert die Sechste Armee an der Ostfront nach erbitterten Kämpfen in Stalingrad; die Nazis fahren daraufhin schwerste Propagandageschütze auf. Am 18. Februar 1943 verkündet Joseph Goebbels in seiner Sportpalastrede den „totalen Krieg": Jetzt hat auch der Letzte in Deutschland begriffen, dass die Lage ernst ist – jetzt sind alle im Krieg, ob sie wollen oder nicht.

Am Ostermontag, dem 26. April 1943, wird in der Hofburgkapelle Bruckners Messe in f-moll[250] musiziert. Die Messe wird im Deutschen Europasender für Übersee übertragen; auch das ist Propaganda. Das Bild vom guten Deutschen, von deutscher Kultur soll vermittelt werden. „Übertragung dieser Kulthandlung dient Propagandazwecken und soll die Amerikaner darüber aufklären, daß eine Beeinträchtigung der kath. Kirche in Deutschland nicht gegeben ist", schreibt Baldur von Schirach – falls jemand etwa Zweifel hätte.

Noch im Krieg erklärt der Schulleiter der Sängerknaben, Franz Josef Grobauer[251], 1943 zum 450. „Jubiläumsjahr" – er will Belege gefunden haben, dass 1493 und nicht 1498 das Jahr der Gründung sei; vielleicht will Grobauer einfach nur etwas Frohsinn verbreiten.

Am 13. August 1943 fallen die ersten Bomben auf Wiener Neustadt; jetzt muss auch mit Angriffen auf Wien gerechnet werden. Zu den Luftschutzmaßnahmen gehört, dass die Besucherzahlen in der Burgkapelle beschränkt werden müssen: Gerade im Krieg gehen viele Menschen in die Kapelle, wegen der Musik. Die Verwaltung fordert Polizeischutz an, um Handgreiflichkeiten zu verhindern, wenn Besucher abgewiesen werden müssen. Die Stadt Wien selbst wird am 17. März 1944 erstmals bombardiert, am 10. September gibt es einen ersten Großangriff auf die Innere Stadt; danach gehören die Luftangriffe zum Alltag. Bei den Sängerknaben und in der Burgkapelle muss der Personalstand reduziert werden; Grossmann behält lediglich Kapellmeister Hans Gillesberger – Romano Picutti[252] und Victor Gombocz müssen gehen. Wien wird weiter bombardiert; und Grossmann fasst den Plan, das Institut, so viele Kinder wie möglich, nach Hinterbichl zu evakuieren. Nicht alle Eltern stimmen zu; manche wollen ihre Söhne lieber bei sich behalten. Die Abreise ist für den 12. März geplant; aber an diesem Tag fliegen die Alliierten mit 747 Bombern den wahrscheinlich schwersten Angriff auf die Stadt – es ist der Jahrestag des „Anschlusses". Einen Tag später können 40 Sängerknaben mit Grossmann, Gillesberger und einigen Lehrerinnen Wien verlassen: Unter den Knaben sind die späteren Kapellmeister Gerhard Track und Xaver Meyer, der spätere Kammersänger Kurt Equiluz und Schauspieler Peter Weck. Der Zug wird immer wieder von Tieffliegern beschossen; die Fahrgäste müssen dann aussteigen und sich so gut es geht neben den Gleisen verstecken. Bis Lienz kommen sie auf diese Weise, dann geht es mit dem Lastwagen weiter. Die letzten Kilometer gehen sie zu Fuß; Hinterbichl ist in wortwörtlichem Sinn weit ab von jedem Schuss. Vor Bomben oder Kämpfen braucht man sich hier nicht zu fürchten.

In Wien ist das ganz anders: Nach einem letzten Luftangriff am 2. April beginnt die Schlacht um Wien; die Sowjets rücken immer näher. Am 6. April sind sie im Westen der Stadt angekommen, am 8. erreichen sie Teile des Rings. Die Deutschen ziehen sich zurück, und – noch bevor die letzte deutsche Einheit am 13. April 1945 Wien verlässt, beginnen die Beratungen über eine neue demokratische Verwaltung. Am 16. April ist der braune Spuk vorbei, der mühsame Aufbau kann beginnen.

In Osttirol herrscht noch Krieg, wenn man das auch in Hinterbichl nicht so richtig merkt. Die Kinder haben täglich Unterricht und Proben. Grossmann und Gillesberger proben getrennt; jeder mit einem Chor. Neben Gallus, Buxtehude und Schubert, neben Haydns *Apotheker* lernen die Jungs auch *God Save the King*, *The Star-Spangled Banner* und *My Bonnie Lies over the Ocean*[253], just in case. Am 8. Mai 1945 erreichen die Briten Lienz, wenig später treffen englische Panzer auch im entlegenen Virgental ein. Die Knaben können das Gelernte anbringen; die Soldaten freuen sich und zahlen bar, in Schokolade.

Der Bezirk Lienz gehört in der Nachkriegszeit zur britischen Zone; die Briten unterstützen die Sängerknaben mit Nahrungsmitteln, und die Sängerknaben revanchieren sich mit Gesang. Zusätzlich holen sie von den umliegenden Bauernhöfen Eier, Butter und Milch; frisches Grün wird kurzerhand gepflückt, es gibt Brennnesseln, Sauerampfer und Bärlauch.

Neustart mit Hindernissen

Längst hat Schnitt sich darauf vorbereitet, „sein" Institut wieder zu übernehmen. Schon am 17. April sucht er im Maria-Theresien-Schlössl nach den Adressen der in Wien gebliebenen Sängerknaben und den Adressen der jüngeren Kinder aus dem Vorbereitungskurs. Schnitt klappert alle persönlich ab, redet mit Kindern und Eltern, lädt zur nächsten Probe ein. Zusätzlich plakatiert er Handzettel an den Bäumen entlang der Ringstraße. Der Rektor hat ganz offensichtlich Angst, dass Grossmann, der ja noch mit 40 Kindern in Hinterbichl ist, ihm die Sängerknaben streitig machen könnte; er befürchtet einen Coup, wie bei Gruber.

Schnitt wird vorbeugend im Unterrichtsministerium vorstellig: Er teilt mit, dass er einen neuen Knabenchor aufstellt, dass man bald wieder in der Burgkapelle musizieren kann. Weil Grossmann nicht da ist und obendrein belastet, argumentiert der Rektor, muss es einen neuen künstlerischen Leiter geben. Er schlägt Josef Krips[254] vor, mit dem er sich während des Krieges angefreundet hat. Krips hatte als Sohn eines „Halbjuden" im Dritten Reich Berufsverbot; er gilt daher als unbelastet und kann unmittelbar nach dem Krieg wieder arbeiten. Er ist durchaus kein Unbekannter: Vor dem „Anschluss" ist er Hausdirigent der Wiener Staatsoper.

Zwei Kapellmeister sind noch oder wieder da, Victor Gombocz und Hans Urbanek – Letzterer gilt als Spezialist für die ganz jungen Stimmen. Ein dritter, Heinz Fleischmann, kommt auf Empfehlung von Krips. Zu den ersten Proben Ende April erscheinen etwa 20 Kinder, Gombocz und Fleischmann proben mit ihnen die *Krönungsmesse* von Mozart und die *Nelsonmesse* von Joseph Haydn. Pfingsten 1945 wird in der Burgkapelle wieder gesungen; Krips dirigiert.

QR-Code 22: Wolfgang Amadeus Mozart, Gloria aus der Krönungsmesse

Die Frage der Unterkunft der Kinder ist nach dem Zweiten Weltkrieg ein großes Problem; nicht nur in Wien. Mehr als 21 Prozent der Gebäude in der Stadt sind betroffen, Wohnraum ist Mangelware. Schnitt schafft es, den Chor wieder in seinen alten Räumen in der Hofburg unterzubringen; Tür an Tür mit sowjetischen Besatzungssoldaten ist das nicht ganz so einfach. Es ist ein Provisorium ohne fließendes Wasser und mit den alten Platzproblemen. Die Knaben haben es lustig; abends schauen sie von den Fenstern ihrer Schlafräume heimlich die Kinofilme der Soldaten mit, die meisten wohl nicht jugendfrei. Das ist nicht im Sinne des Erfinders, und der Rektor sucht nach Alternativen. Bis er eine findet, vergehen noch Jahre: Erst im Mai 1948 können die Wiener Sängerknaben ins Augartenpalais übersiedeln.

In Hinterbichl ist man ebenfalls aktiv: Im August geben die Wiener Sängerknaben zwei Konzerte bei den Salzburger Festspielen. Weil Grossmann das als ehemaliges

NSDAP-Mitglied nicht darf, dirigiert Hans Gillesberger, und die Lehrerin Henriette Berger begleitet die Knaben am Klavier.[255]

Vielleicht hört Schnitt davon, wenn ja, bestärkt es sicher seine Angst, Grossmann wolle ihm die Sängerknaben streitig machen oder gar „wegnehmen". Er interveniert bei den Behörden, behauptet, Grossmann hielte sich widerrechtlich und wertmindernd in seinem Hotel auf. Grossmann bekommt daraufhin Weisung von den britischen Behörden, mit seinem Chor nach Kärnten zu übersiedeln. Auf der Alpe bei Maiernigg am Wörthersee gibt es ein Heim, das die Stadt Wien ohnehin als Sommerlager für die Wiener Sängerknaben ins Auge gefasst hat. Während Grossmanns Chor im Auftrag der Briten in Kärnten und Steiermark höchst erfolgreich bis in den Herbst 1945 Konzerte singt, macht Schnitt in Wien Druck: Die Kinder sind Wiener, die müssen nach Wien zu ihren Eltern zurückgeführt werden. Im Oktober kommen die „Osttiroler" schließlich mit einem Transport der Kinderlandverschickung in der Hauptstadt an. Schnitt lässt alle Kinder vorsingen; die Älteren übernimmt er nicht – wahrscheinlich aus einer unbestimmten Furcht vor Grossmanns Einfluss.[256] Mit Grossmann selbst redet Schnitt kein Wort. Und Grossmann? Der kämpft nicht gegen Windmühlen; erst nach Schnitts Tod im Jahr 1955 kommt er zu den Sängerknaben zurück: als Künstlerischer Leiter. 1959 ist auch Gillesberger wieder dabei; er wird Grossmanns Nachfolger nach dessen Tod.

Exkurs: Nordamerika 1948–1949

Im Oktober 1948 fährt ein Chor in die USA: Es ist die erste Konzerttournee eines Ensembles aus Österreich in den USA nach dem Zweiten Weltkrieg. Am 3. Oktober 1948 brechen Rektor Schnitt, Kapellmeister Felix Molzer und „Schwester" Auguste Schwarz mit 22 Sängerknaben im Zug nach Paris auf; in Paris steigen die Knaben – unerhört für diese Zeit – zum ersten Mal in ein Flugzeug.

Auszüge aus dem Amerikatagebuch eines 13-jährigen Sängerknaben und den Reiseberichten von Rektor Schnitt zeigen die unterschiedlichen Gewichtungen des Erlebten. Der Knabe pflegt einen eher lakonischen Stil: Er achtet vor allem auf die Unterbringung; vermerkt sorgfältig die Namen der Hotels und nummeriert die Konzerte mit römischen Zahlen. Rektor Schnitt schreibt wesentlich ausführlicher. Sein Wichtigstes: das Essen. Aus Kostengründen reist Schnitt in den USA mit einer nahezu kompletten Kücheneinrichtung und eigenen Küchenutensilien, er kocht selbst.

Zum Frühstück gehen wir immer in ein Restaurant und wir haben jetzt ein Frühstück gefunden, das die Kinder wirklich essen: Haferflocken, in Salzwasser gekocht, kommen sehr dick und heiß auf den Tisch und jeder nimmt sich dazu so viel Obers als er will (dick oder dünn), Salz oder Zucker; daran anschließend Toast mit Butter und Milch. Die Milch ist wunderbar dick, leider vertragen die Buben meistens nur ein oder zwei Glas. Mittags oder abends (wie es eben mit dem Reisen ausgeht) kochen wir selber. Unsere Küchen- und Speisezimmergeräte, die wir bei den vorigen Tourneen angeschafft haben, sind zwar vom letzten Hotel (1938) nach einigen Jahren weggegeben worden, aber wir haben uns jetzt ganz modern und bequem eingerichtet, große elektrische Kochtöpfe, in denen man auch backen kann, Essgeschirr (unzerbrechlich) aus Plastik. Gestern (mittags) hatten wir unsere Eröffnungsmahlzeit: 6 1/2 Pfund Kalbschnitzel, 8 Pfund Reis und es ist noch zu wenig geworden. Einmal am Tage auf der Fahrt essen wir kalt, wenn das vor der Aufführung ist, dann nehmen wir nach dem Konzert in einem Restaurant noch Suppe und Milch. Obst haben wir ständig im Autobus, brauchen täglich 30 Pfund Äpfel, Zwetschken, Weintrauben weniger gut, mit den Orangen warten wir bis Kalifornien.

9. Oktober 1948: Abflug in Paris

SCHNITT:

... Sehr ruhiger Abflug. Bis sich alles bequem gemacht hat, beginnt das Abendessen. Jeder erhält ein Tablett mit Hummer mit Majonäse [sic!], kaltem Aufschnitt, Salat, Käse, Cremeschnitte, zum Trinken gibt es Mineralwasser oder eine kleine Flasche Champagner. Wir haben den Kindern ausnahmsweise erlaubt, Champagner zu trinken, leider ist es dry sect, also nicht gezuckert – ebenso großes wie wunderbares Kalbsteak mit Spinat und pommes frites. Die Kinder können kaum mehr, auch tut der Champagner seine Wirkung; darum werden schnell die Fauteuils zurückgelegt und um 8 Uhr schlafen die Kinder bereits. Um 1/2 10 Uhr Ankunft in Shonan in Irland...

SÄNGERKNABE:

... waren um 1/4 6 am Flugfeld. Dort wurden unsere Pässe geprüft und um 6 h stiegen wir in das Flugzeug ein, einfach herrlich. Wir stiegen auf plötzlich alles schlief schon heißt es alles anschnallen wir landen. Als das Flugzeug den Boden berührt schnallt man sich wieder los und bekommt einen Schein mit welchem man etwas zu essen bekommt. Wir sind in Irland.

10. Oktober 1948

SCHNITT:

Zum erstenmal amerikanisches Frühstück: Orangensaft, Haferflocken, gebratenen Speck mit Spiegelei, Kaffee oder Milch. Der erste Versuch einiger Neulinge „Bitte, ich kann das nicht essen" wird sofort im Keim erstickt und es geht wunderbar. Bei herrlichem Sonnenschein geht nun die Fahrt weiter. Um 10 Uhr nochmals ein kalter Imbis [sic!] mit Schinken, Hühner Roastbeef, Salat, Käse, Wein, Bäckerei. Nochmals wird die Uhr eine Stunde zurückgedreht, dann sind wir in New York.

SÄNGERKNABE:

Ich schlief ganz ruhig plötzlich hieß es anschnallen ... Neu Fundland. Wir bekamen wieder eine Karte und gingen in den Speisesaal. Wir bekamen: geröstetes Brot, ausgepressten Orangensaft, Eierspeise mit Speck und einen guten Kaffee. Nach 1 1/2 St. Aufenthalt stiegen wir wieder in das Flugzeug ein welches uns in 6 st. nach New York brachte.

Exkurs: Nordamerika 1948–1949

Abb. 73: Sammelpass für die USA-Tournee 1948-49: Alle Chormitglieder reisen auf einem Pass.

16. Oktober 1948: Boston

SCHNITT:

Heute haben wir einen freien Tag und sind den ganzen Tag bis Sonntag nachmittag in einem sehr vornehmen Knabeninstitut 20 Meilen außerhalb Boston eingeladen. Um 12 Uhr kamen wir an, es wurde der Krankentrakt des Institutes für uns frei gemacht, alles Einzel- und Doppelzimmer. 1/2 1 Uhr Lunch. Sehr viele Würstel, dazu aber nur braune Bohnen, Brot, Butter, nachher Ananas. Essen in einem großen Speisesaal mit Lehrern und Zöglingen. Nach Tisch über einen Fernsehapparat ein Fußballmatch, dann (nicht zu meinem Vergnügen) ein Fußballmatch zwischen dem Schulteam und unseren Buben – 0:0. Nachher Tee (besser Eiscreme mit Ginger Ale), Probe, Umziehen, kurzes Konzert für die Schule, Abendessen (Lehrer und Schüler legen Sonntags zum Abendessen dunkle Kleider und Uniformen an): Suppe, Roastbeef, Erbsen, Makkaroni gebacken, dann Torte. Nachher dann ein Film. Sonntag zum Frühstück Weintrauben, Cornflakes mit Obers, Spiegelei, Kakao.

Dann werden wir in Privatautos der deutschen Pfarrgemeinde in Boston abgeholt zur Messe. Nach der Messe, zum Segen, singen wir drei Motetten. P. Weiser, der deutsche Pfarrer, läßt sich die Adressen der Buben geben, verspricht ihnen allen zu Weihnachten je ein Paket zu senden.

Nachmittag dann das erste große Konzert auf dieser Tournee: Boston Symphoniehall [sic!], 2600 Personen, eines der bedeutendsten Musikzentren Amerikas. Das Haus ausverkauft; stürmischer Applaus von der ersten Nummer an. Bei „Herr und Madame Denis" kommen wir überhaupt nur langsam vorwärts, da nicht nur nach den einzelnen Nummern, sondern zweimal mitten in das Quartett hinein applaudiert wird. Höhepunkt natürlich, als wir mit der amerikanischen Hymne schließen. Die Garderobe wird gestürmt, der Erzbischof, der neulich so skeptisch war, kommt selber gratulieren, unendliche Photos, Unterschriften.

SÄNGERKNABE:

Fuhren von Springfield nach Boston zurück wo wir in einem Schülerheim schliefen. Kamen um 12h an aßen um 1h mittag, konnten uns dann im NBC ein Rugby-Spiel anschauen, spielten gegen eine Mannschaft Fußball 0:0, sangen dann den Schülern etwas vor und am Abend sahen wir einen spannenden Film.

3. November 1948: Chicago

SCHNITT:

Chicago. Bei unserer Mittagsrast habe ich wunderbare Kalbskoteletten gefunden, gleich eingekauft, dazu Reis und eingelegte grüne Bohnen (für Salat). Als wir deshalb bei unserer Ankunft bereits unsere Freunde auf uns warten finden, setzt sofort ein fröhliches Kochen ein. Abends Konzert im größten und elegantesten jüdischen Tempel, 5000 Personen, natürlich eigenes Programm, jedoch mit „Herr und Madame Denis". Fast alle Besucher verstehen deutsch, deshalb ungeheurer Jubel. –

SÄNGERKNABE:

3.XI.

Fuhren nach Chicago wo wir in einem Hotel schliefen und ein Konzert hatten. Gerfield Arms. XXV.

4. November 1948

SCHNITT:

Der nächste Tag für die Kinder im Tiergarten, für uns aber viel Arbeit. Kochen (mittags Enten, Kartoffelpürree, Krautsalat, Kolatschen aus einer böhmischen Bäckerei, viel Milch, abends Leberknödel mit grünem Salat, zuerst Suppe). Waschen – wieder eine neue, für uns wunderbare Einrichtung, der „Laundromat" (laundry = Wäsche-Automat). Ein großes Lokal, dort stehen eine ganze Reihe Waschmaschinen, man wirft 25 Cents hinein, eine Tür öffnet sich, man kann 11 Pfund Schmutzwäsche hineinwerfen, in 20 Minuten ist sie tadellos gewaschen – noch einmal 25 Cents und in weiteren 20 Minuten auch getrocknet. Auch ein Bügeleisen haben wir gekauft, das einzustellen ist auf Seide, Kunstseide, Baumwolle, Wolle und Leinen. Das Waschen, Kochen, Einkaufen nimmt aber doch den ganzen Tag in Anspruch, als die Kinder abends nach Oak Park fahren, bin ich todmüde; trotzdem muß ich zu einer großen Einladung gehen. Die Kinder aber haben ein sehr schönes Konzert im schönsten, vornehmsten Vorort von Chicago, 1400 Personen, seit 14 Tagen ausverkauft...

SÄNGERKNABE:

4.XI.

Gingen vormittag in den Zoo und hatten abends in Oak Park ein Konzert. XXVI.

5. November 1948: Marquette, Michigan

SCHNITT:

Gestern sind wir 500 Meilen gefahren, von 10 Uhr morgens bis 10 Uhr abends, natürlich mit einer Spielstunde zu Mittag und einer Stunde Abendessen in einem Hotel. Es regnete in Strömen, trotzdem kamen wir gut vorwärts; es sind ja keine Asphaltstraßen, die bei Regen glitschig werden, sondern Beton mit einer Auflage, die den Regen aufnimmt und rauh bleibt.

SÄNGERKNABE:

5.XI.

Fuhren bis Marquette 14h bis 10h abends, schliefen in einem Hotel. Northland.

6. November 1948

SCHNITT:

Die Kinder bleiben heute bis 10 Uhr morgens im Bett; elegantes Hotel, je zwei ein Badezimmer, deshalb alle gründlich gebadet, Frühstück, Spiel. Zum Mittagessen Kohlsuppe (eigentlichen Kohl gibt es hier nicht, aber Broccoli als Gefriergemüse, ähnlich wie Kohl, auch zwei Pakete Spargel mit hinein, etwas Kartoffelpulver, für jeden ein Paar Würstel – geschnitten – Knödel, die von vorgestern übrig geblieben waren), hat den Kindern sehr gut geschmeckt, dazu viele Kolatschen. Nachher fahren wir in das Staatsgefängnis des Staates Michigan, um den Gefangenen 1/4 Stunde zu singen. Der Gouvernör von Michigan hatte uns gebeten; die Gefangenen (800) sind sehr dankbar, applaudieren und stampfen mit den Füßen; nachher gibt es im Speisezimmer der Direktion sehr viel Kuchen, Kaffee, Milch. Auf unserem Wagen steht „Vienna Choir Boys"; als wir gestern mittags beim Spiel waren, kam die Besitzerin von einem benachbarten Restaurant, die das gelesen hatte und fragte dreimal, ob wir wirklich von drüben seien, als ich es ihr genügend eindringlich versichert hatte, hat sie die Kinder auf Eiscreme eingeladen. Das geschieht übrigens ziemlich oft.

SÄNGERKNABE:

6.XI.

Gingen vormittags in ein [sic!] Park spielen, nachmittags sangen wir in einem Gefängniss [sic!] und am Abend hatten wir ein Konzert XXVII.

13. November 1948: Chicago

SÄNGERKNABE:

Nach unserer Ankunft aßen wir etwas und dann gingen wir spazieren. Wir sahen das größte Aquarium, das größte Planettiorium [sic!], das größte Kaufhaus, die größte Anlegestelle für Schiffe, das größte Hotel und das größte YMCA der Welt. Nach dem Spaziergang gingen wir schlafen. Harison Hotel.

13. Februar 1949: South Bend, Indiana

SCHNITT:

Der Pfarrer hat aber ein Spital mit Schwestern angerufen und diese waren glücklich, uns zu haben, haben dann für die Kinder ein herrliches Frühstück arrangiert. Als Folge davon hat am Nachmittag eine Schwesternschule angerufen, 5 Meilen auswärts. Wir wurden abgeholt, nachher wieder Frühstück, diesmal besonders herrlich, es ist Valentine-Day, ein kleines Fest zwischen Liebenden; deshalb auch noch kleine Geschenke und für jeden Bub ein Dollar.

SÄNGERKNABE:

Bis jetzt haben wir den Winter noch gar nicht gespürt. Hier scheint den ganzen Tag die Sonne. Haben heute unser 94. Konzert.

Fuhren gestern über den Mississippi. Er war nicht vereist nur einige Schollen schwammen auf dem Wasser.

Haben heute vormittag bei Schwestern gesungen, und jeder bekam einen Dollar. Habe nun schon 21.51 $.

Das Ende der Tournee beschreibt der Sängerknabe so:

4.III.

Fuhren 12 h bis nach New York. Kein Konzert

5. III.

Vormittag einsingen in der Carnigie [sic!] Hall, nachmittag Eisrevue und Spaziergang.

6. III.

Vormittag Messe und Besuch des Empire State Building. Abends Konzert in Carnegie Hall. Großer Erfolg. 110.

7.III.

Vormittags Einkaufen, nachmittag eingeladen bei Frau Jerritza [sic!][257]. Sehr nett. Regenschirm.

8.III.

Vormittag fuhren wir nach Hardfort [sic!] wo wir ein Kinderkonzert hatten. 111. Nachts bei einem Ball. Sehr nett.

9.III.

Vormittag eingeladen nachmittags vorbereitungen. Abends bei Mr. Hurok. Dann gingen wir auf das Schiff. Es ist hier sehr herrlich alle weinten beim Abschied, dann gingen wir ins Bett und schliefen ein.

Zurück fahren die Knaben auf dem Ozeandampfer Queen Elizabeth; am 16. März ist die Gruppe wieder in Wien. Insgesamt haben sie 111 Konzerte gesungen, dabei etwa 50.000 Meilen zurückgelegt und – so die zeitgenössischen Medienberichte – 250.000 Zuschauer besungen. Die Tournee ist auch finanziell ein großer Erfolg; mit dem Erlös können die nicht unerheblichen Bombenschäden am Augartenpalais saniert werden.

Liebe auf den ersten Ton: Japan und die Wiener Sängerknaben

Vom 18. Dezember 1955 bis zum 10. Februar 1956 sind die Wiener Sängerknaben das erste Mal in Japan – als erstes Musikensemble aus Westeuropa überhaupt. Die achtwöchige Tournee wird von der japanischen Rundfunkgesellschaft Nippon Hōsō Kyōkai, kurz NHK, organisiert und „backstage" von den Kameras des NHK begleitet. Es ist der Beginn einer engen Freundschaft zwischen einem traditionsbewussten Land und einer alten europäischen Kulturinstitution. Nach fast 70 Jahren und 33 Tourneen ist Japan für die Sängerknaben inzwischen ein zweites Zuhause: keiner Tournee fiebern die aktiven Knaben mehr entgegen.

Im Vorfeld ist einiges zu klären, zu organisieren. Briefe und Telegramme gehen hin und her, NHK hat Fragen über Fragen an „Herren Saengerknaben", die österreichische Gesandtschaft und das Bundesministerium für Auswärtige Angelegenheiten sind involviert: Das Gastspiel ist auch diplomatisch von Bedeutung. Mitten in den Vorbereitungen stirbt Rektor Schnitt in Wien; Dr. Walter Tautschnig übernimmt als neuer Direktor, verhandelt Gagen, schickt Programme und Publicity-Fotos, kümmert sich um Flugtickets und Umbuchungen und um nur scheinbar nebensächliche logistische Details:

> ... geben wir bekannt, dass die für die Opern benötigten Kostüme und Utensilien mitgebracht werden. Für die zwei im Konzertprogramm aufscheinenden Spielopern, werden insgesamt fünf grosse Schrankkoffer mitgebracht werden, wovon einer ca. 70 kg Gewicht aufweist... Weiters möchten wir noch mitteilen, dass ausser dem Theatergepäck jeder der Knaben ein kleines Handköfferchen mitführt, mit einem Gewicht von ca. 15 kg.[258]

Die bevorstehende Tournee wird flächendeckend in allen Zeitungen und Magazinen Japans angekündigt, mit Erfolg. Am 23. November wird der Vorverkauf eröffnet; das erste Konzert ist innerhalb von 24 Stunden ausverkauft – dabei fasst die Hibiya Hall 2700 Zuschauer.

Bevor es losgeht, singt der „Japan-Chor" von Kapellmeister Gerhard Track noch Weihnachtskonzerte in Deutschland, zum Aufwärmen. Drei der Kinder sind ganz neu im Chor, sie brauchen die Übung. Die Visa müssen daher in der japanischen Botschaft in Bonn ausgestellt werden. Der Chor fliegt von Düsseldorf über Genf, Kairo, Karachi, Bangkok und Hongkong nach Tokio: 1955 ist ein Flug nach Japan eine echte Weltreise. Als die Sängerknaben am 20. Dezember kurz vor Mitternacht in Haneda landen, werden sie von einem Geschwader Fotografen und einer applaudierenden Menge erwartet – noch vor der Zollabfertigung. Einer der Knaben bemerkt sachkundig, „Gutes Publikum, sogar fürs Fliegen bekommt man hier Applaus".

Am nächsten Tag geht es mit einer Pressekonferenz und einem kurzen Auftritt im Fernsehen gleich in medias res; dann dürfen sie einen Tag ausschlafen, bevor die Konzerte beginnen.

Kapellmeister Track schreibt nach Wien:

> Wir haben nun die ersten drei Konzerte hinter uns und man ist mit uns von allen Seiten her sehr zufrieden. So sprach [sic!] uns Dr. Arima, der Leiter unserer Tournèe [sic!], Präsident Furukaki vom japanischen Rundfunk und Herr Dr. Leitner, Österreichs Gesandter nur Lob aus. ... Sämtliche Zeitungen, Fernsehwochenschauen, Radiosendungen sind mit uns und unseren Schallplatten „voll", alle Zeitungen bringen Bilder, Illustrierte bringen grosse Bildberichte und vor allem wurde niemand hier von uns enttäuscht.[259]

Die Kritiken sind überwältigend, in den *Asahi Evening News* vom 23. Dezember 1955 ist von „angel-like pure voices" und von „amazing musicality" die Rede; vielleicht beginnt hier der Topos von den Engelsstimmen der Wiener Sängerknaben in Japan.

Der *Asahi Shimbun* (Morgensonne-Zeitung) – es ist die Zeitung mit der weltweit zweithöchsten Auflage – bezeichnet die Sängerknaben als „Weihnachtsgeschenk" und attestiert jenen Kindern, „die von Wien geflogen kamen ... wunderbare Reinheit", „hohe Tradition" und „genaue Einstudierung". Die Wiener Weihnachtsgeschenke spielen im zweiten Teil ihres Programms den *Apotheker* von Joseph Haydn, da heißt es in der offiziellen deutschen Übersetzung: „Obwohl es alles Knaben waren, erfüllten sie ihre Pflicht gut. Sie waren in Kostüme gekleidet und sie sangen nicht nur, sondern spielten auch. Solche klassische Komödie war uns eine reine Freude."

Beim ersten Konzert sind gleich vier hochrangige Mitglieder des japanischen Kaiserhauses im Publikum: die 16-jährige Prinzessin Suga, jüngste Tochter des Kaisers Hirohito, Prinzessin Chichibu, eine Schwägerin des Kaisers, und Prinz Takamatsu, ein jüngerer Bruder des Kaisers, mit seiner Frau. Das Benefizkonzert am 24. Dezember zugunsten des japanischen Roten Kreuzes steht unter der Schirmherrschaft der Kaiserin Nagako selbst; das ist der Beginn der Verbindung der Wiener Sängerknaben zur kaiserlichen Familie.

Weihnachten feiern die Sängerknaben in Tokio; am Christtag sind sie bei Japans Premierminister Ichiro Hatoyama (1883–1959) eingeladen, mit entsprechendem medialen Echo. Silvester und Neujahr

Abb. 74: Beim Besuch des japanischen Kaiserpaars im Augartenpalais am 15. Juli 2002 lässt Kaiserin Michiko es sich nicht nehmen, mit den Kindern ihr Lieblingslied zu musizieren: Das „Heidenröslein" von Heinrich Werner.

werden in der österreichischen Botschaft mit der Familie des Gesandten Dr. Leitner gefeiert, mit Gesellschaftsspielen, „Auld lang syne" und dem Donauwalzer.

Wo sie hinkommen, werden „die kleinen großen Künstler" mit allem Pomp und Prunk begrüßt. Auf den Bahnhöfen warten Reporter und Kamerateams, schwenken Kindergruppen japanische und österreichische Fähnchen, kleine Mädchen in Kimonos überreichen Blumen, und nachdem einer von ihnen in einem Interview unbedacht fallen lässt, dass ihn japanische Puppen faszinieren, bekommen sie jeden Tag welche geschickt; sie nennen das Puppitis. Track schreibt, er habe schon viel erlebt, aber das hier – diese Begeisterung, dieser Überschwang – schlägt alles.

Das neue Jahr bringt Konzerte und Auftritte in Yokohama, Osaka, Kyoto, Nagoya, Hiroshima, Matsuyama, Beppo, Ube, Sendai und Sapporo; das kleine Fähnlein Sängerknaben tourt mit Bus, Bahn, Flugzeug und Schiff über Japans vier Hauptinseln Hokkaidô, Honshû, Shikoku und Kyûshû.

Zu Mozarts 200. Geburtstag stehen das Requiem und die Krönungsmesse mit dem NHK Symphony Orchestra auf dem Programm. Ein absoluter Höhepunkt ist die Sonderaudienz bei Kaiserin Nagako; Prinzessin Suga und Prinz Yoshi sind dabei, und – ganz gegen das Protokoll, werden allen Knaben die Hände geschüttelt. „Die kleinen großen Künstler sind sehr wohlfühlend", schreibt Tourneeleiter Dr. Arima Mitte Januar an Dr. Tautschnig, und so ist das auch:

Abb. 75: Konzert in der Sumo-Arena von Nagoya vor geschätzten 50.000 Zuschauern. 1959.

Abb. 76: Abschied nach einem Konzert. Fans lassen sich die Programme signieren.

Abb. 77: Zweite Japanreise 1959.

Sie tragen Kimono, trinken grünen Tee und speisen virtuos mit Stäbchen. Die kleinen großen Künstler werden von ihren japanischen Gastgebern auf Händen getragen.

Nach dem Abflug der Wiener Sängerknaben zieht Dr. Leitner Bilanz: Mit der Tournee haben die Wiener Sängerknaben Österreich einen „ganz außerordentlichen Dienst" erwiesen; ihre Konzerte seien eine „musikalische und gesellschaftliche Sensation" gewesen.[260]

Sie haben Japan erobert.

Die nächste Tournee nach Japan findet vier Jahre später statt; wieder auf Einladung von NHK. Diesmal wird so ganz nebenbei ein Spielfilm gedreht, *Itsuka kita michi*, Weg der Sehnsucht; Regie führt Koji Shima (1901–1986), und mit der Schauspielerin Fujiko Yamamoto ist ein echter Star am Set.

Weg der Sehnsucht

Der Film erzählt die Geschichte der Ikeda-Kinder Saya, Minoru und Miyo. Sie sind Waisen und leben in der Präfektur Yamanashi. Saya, die Älteste, ist schon erwachsen, sie betreibt zusammen mit ihrem Großvater eine Traubenfarm und kümmert sich um ihre jüngeren Geschwister. Der 14-jährige Minoru ist blind, aber er kann Geige spielen wie sein verstorbener Vater. Saya fertigt für ihn Partituren in Blindenschrift an; jede Woche fährt Minoru nach Tokio zum Geigenunterricht – er erzielt gute Erfolge bei Wettbewerben. Die kleine Schwester Miyo fühlt sich zurückgesetzt, weil Saya sich nur um Minoru kümmert. Sie schnappt sich die Geige des Vaters und versucht, selbst Geige spielen zu lernen. Minoru ist wütend, weil Miyo es wagt, die Geige anzufassen; aber er kann verstehen, wie die kleine Schwester sich fühlt, und die Geschwister beschließen, gemeinsam zu musizieren.

Minoru hat mit dem Wiener Sängerknaben Johann eine Brieffreundschaft begonnen; er hat den Chor während einer Japan-Tournee gehört und ist so beeindruckt, dass er Johann die Noten des Kinderliedes *Kono michi* (Dieser Weg) schickt, das er selbst arrangiert hat. Johann schreibt Minoru, dass die Sängerknaben wieder nach Japan kommen; Minoru freut sich.

Doch dann bekommt Minoru hohes Fieber. Die Diagnose ist niederschmetternd: akute Leukämie, Minoru hat nicht mehr lange zu leben. Saya setzt Himmel und Hölle in Bewegung, damit ihr Bruder die Sängerknaben noch einmal singen hört, bekniet Rundfunkanstalten und Reisebüros, den Tourneeplan des Chores umzustellen. Das geschieht, die Sängerknaben kommen nach Kofu; der Chor besucht Minoru an seinem Krankenbett und singt ihm sein Arrangement von *Kono michi* vor. Unmittelbar nach dem Besuch stirbt Minoru, und die Sängerknaben bieten Saya an, beim Konzert Minorus Arrangement mit Miyo aufzuführen.

Der Film gewinnt bei einem Filmfestival in der Sowjetunion einen Sonderpreis für seine völkerverbindende Botschaft. Der Darsteller des Minoru, Takayoshi Wanami, macht später tatsächlich Karriere als Sologeiger.

Kono michi

Text: Hakushu Kitahara (1885–1942)
Musik: Kosaku Yamada (1886–1965)

> Bin ich diesen Weg schon einmal gegangen?
> Oja, das bin ich.
> Ich erinnere mich an den Akazienbaum dort in voller Blüte.
> Habe ich diesen Hügel schon einmal gesehen?
> Oja, das habe ich.
> Sieh den weißen Uhrturm dort oben.
> Bin ich schon einmal zu diesem Weg gekommen?
> Oja, das bin ich.
> Da bin ich mit meiner Mutter in einer Pferdekutsche gefahren.
> Habe ich diese Wolke schon einmal gesehen?
> Oja, das habe ich.
> Die Zweige des Weißdorns hängen herab.

QR-Code 23: Kosaku Yamada, Kono michi (Japanisches Kinderlied)

Abb. 78 und 79: Zwei Seiten aus dem Manga von Keiko Takemiya

Nach 1959 besuchen die Sängerknaben Japan alle zwei bis drei Jahre; ab 2006 kommen sie jedes Jahr für zwei Monate, immer im Frühling, rechtzeitig zur Kirschblüte. Immer wieder gibt es besondere Ereignisse, überwältigende emotionale Momente wie etwa ein Konzert in einer Sumo-Halle in Nagoya vor 50.000 Zuschauern, Zusammenkünfte mit Fans, mit japanischen Chören oder auch Begegnungen mit Mitgliedern des japanischen Kaiserhauses. Im Juli 2002 besuchen Kaiser Akihito und Kaiserin Michiko das Augartenpalais; die Kaiserin begleitet die Wiener Sängerknaben am Klavier im Salon, dem Klavier, auf dem auch Maurice Ravel und Francis Poulenc gespielt haben. Sie spielt ihr Lieblingslied, Heinrich Werners *Heidenröslein*.

QR-Code 24: Heinrich Werner, Heidenröslein

Japan hat die Sängerknaben also adoptiert; wie fest der Chor in der japanischen Popkultur verankert ist, lässt sich an ein paar Beispielen ablesen: 1978 erscheint in der Jugendzeitschrift *La-la* ein Manga über den fiktiven Wiener Sängerknaben Richard. Zielgruppe sind 13- bis 16-jährige Mädchen, Autorin ist die Manga-Künstlerin Keiko Takemiya (*1950).[261]

Takemiya schreibt keine einfache Geschichte darüber, wie schön die Knaben singen; sie erzählt, wie Richard, der eine schöne Stimme hat und ein bewunderter Solist ist, auf einmal nicht mehr weiß, wie man, wie *er* singen soll. Was er singt, klingt zumindest in seinen eigenen Ohren komisch, ohne Gefühl, sogar falsch. Richard durchlebt eine künstlerische Krise; aus der Krise hilft ihm Erich, ein ehemaliger Sängerknabe, der inzwischen eine Ausbildung macht. Die Geschichte ist ausgedacht, aber die Emotionen sind echt, Takemiya erlaubt ihren Leser:innen, sich mit den Sängerknaben zu identifizieren.

1999 dreht Regisseur Akira Ogata seinen melancholischen Streifen *Dokuritsu shonen gasshodan* (Knabenchor), dessen Hauptfigur Yasuo am liebsten Wiener Sängerknabe wäre. 2000 nehmen die Wiener Sängerknaben den Titelsong für einen Zeichentrickfilm um Doraemon, eine blaue Roboterkatze, die Wünsche erfüllen kann, auf.

Inzwischen gibt es auch japanische Kinder in den Chören; 2004 kommt der erste; ihm folgt eine ganze Reihe begeisterter Sänger. Und Begeisterung brauchen sie, sie kommen aus einer anderen Kultur, mit einer anderen Sprache und einer anderen Schrift, und trotzdem finden sie sich bei den Wiener Sängerknaben zurecht – weil sie so gerne singen.

Jeder Sängerknabe freut sich ganz besonders auf Japan, auf das Land und die Menschen. Die Knaben träumen von Sushi und japanischen Süßigkeiten, von Parks und Tempeln, von Samurai und Robotern, von Sumoringern, von Tokio, von japanischen Stränden, vom Einkaufen in Ginza oder einem Besuch auf einem Fischmarkt, vielleicht von einer Bootspartie nach Okinawa oder den zahmen Rehen in Nara. Jeder der Chöre, jedes Kind, das in Japan war, hat eigene Erinnerungen an das Land der aufgehenden Sonne. Für viele Sängerknaben haben sich nach einer Japan-Tournee langjährige Freundschaften entwickelt – in manchen Fällen sogar Ehen.

Die Wiener Sängerknaben haben in Japan Kultstatus: Sie sind Japan-Pioniere und in den 1950er-Jahren ein Kuriosum, das staunen macht, sie sind Kinder, die gut singen, und die – zumindest 1955 und 1959 – den Damen noch die Hand küssen, sie sind im Fernsehen sehr präsent, und – sie tragen Matrosenanzug; *sērāfuku, Sailorfuku*. Umgekehrt sind die Tourneen ins Land der aufgehenden Sonne für die Wiener Sängerknaben mythisch, einfach fabelhaft.

KAPITEL 5

Der Campus Augarten: die Wiener Sängerknaben heute

Heute sind die Wiener Sängerknaben ganz offiziell eine Bildungsanstalt für darstellende Kunst mit sieben Chören: Zu den berühmten vier Knabenchören gesellen sich der gemischte Kinderchor, der Mädchenchor und der gemischte Jugendchor. Es ist ein ganzer Campus, mit einer Musikvolksschule, einer gymnasialen Unterstufe und einer Oberstufe, ein komplettes Bildungsangebot für Kinder und Jugendliche von sechs bis 18 Jahren, von der Volksschule bis zur Matura. Insgesamt besuchen fast 300 Mädchen und Jungen die Schulen der Wiener Sängerknaben im Augarten: Über 20 Nationen sind vertreten, neun Religionsgemeinschaften. Die Aufnahme ist unabhängig von Herkunft, Nationalität oder Konfession.

Die Musikvolksschule mit dem Chorus Primus

Die Musikvolksschule im „Kaiser-Joseph-Stöckl" geht auf eine Idee Ferdinand Grossmanns zurück, der schon Anfang der 1960er-Jahre von einer Künstlervolksschule für Buben und Mädchen träumte.

Etwa 100 Schülerinnen und Schüler besuchen die kleine Volksschule im Park; es gibt eine erste, eine zweite, eine dritte und zwei vierte Klassen. In der vierten Klasse kommen Sängerknaben-Anwärter aus den Bundesländern und dem Ausland dazu, für sie wird ein „Internat auf Probe" angeboten. Montag, Dienstag und Donnerstag probieren die Jungs aus, wie es ist, in einem Zimmer mit anderen Jungen zu übernachten, wie es ist, wenn man abends die Freizeit zusammen verbringt, wenn einem abends eine Erzieherin oder ein Erzieher vorlesen und Gute Nacht sagen.

Abb. 80: Chorus Primus, Bühnenprobe im MuTh.

Der Unterricht in der Volksschule beginnt um 8 Uhr morgens und endet für die erste und zweite Klasse um 14:30 Uhr, für die dritte und vierte Klasse um 16 Uhr.

In der ersten und zweiten Klasse lernen die Kinder all das, was man auch an anderen Schulen lernt – zusätzlich haben sie sechs Stunden Musik in der Woche. Für die Erstklässler wird der Unterricht auf das, was sie können, was sie mitbringen, zugeschnitten; im Repertoire sind Lieder und Kanons. Die Kinder der zweiten Klasse singen zwei- und dreistimmige Kanons, und mit Stücken wie Aaron Coplands Scherzlied *I Bought Me a Cat* wird am Klang und an den richtigen Tierstimmen gefeilt; Coplands Katze muss nämlich melodisch miauen, da bellt, grunzt, muht und wiehert ein ganzer Bauernhof nach allen Regeln der Kunst. Auch die ganz Kleinen treten auf – etwa wenn die ganze Volksschule Weihnachtslieder singt oder mit einem eigenen kurzen Singspiel.

In der dritten und vierten Schulstufe kommen vier Stunden Musik dazu, die Kinder haben nun insgesamt zehn Stunden Musikunterricht. Der Schwerpunkt liegt auf dem täglichen Chorsingen; dazu kommen Einzelstimmbildung und Gehörtraining. Die dritte Klasse singt zwei- und dreistimmige Stücke und erarbeitet ein Singspiel, das sie auch aufführt. Die beiden vierten Klassen treten als Chorus Primus der Wiener Sängerknaben auf. Mal sind sie im Rathaus zu hören, mal werden sie bei Veranstaltungen gebucht. Auch im MuTh, dem Konzertsaal der Wiener Sängerknaben, ist der Chorus Primus immer wieder zu hören; bei Stücken wie Cy Colemans *Rhythm of Life* sogar mit

Die Musikvolksschule mit dem Chorus Primus 205

Abb. 81: Der Chorus Primus – die Schülerinnen und Schüler der vierten Klassen der Musikvolksschule bei einem Auftritt im Wiener Rathaus. September 2022.

Abb. 82: Das erste Mal in Uniform, und gleich eine Tanzeinlage mit einem Lied der Navajo.

Abb. 83: Nach dem Konzert mit dem Bundespräsidenten und seiner Frau. Hofburg Wien, Dezember 2022.

Choreografie. Ein fixer Termin im Kalender ist die Weihnachtsfeier für Menschen mit Behinderungen in der Wiener Hofburg – eine Einladung des österreichischen Bundespräsidenten.

Das Realgymnasium der Wiener Sängerknaben – die Unterstufe

Die Unterstufe – die erste bis vierte Klasse Gymnasium – ist speziell auf die aktiven Wiener Sängerknaben und den Tournee- und Konzertbetrieb der vier Chöre zugeschnitten. Das Schuljahr ist in drei Trimester aufgeteilt; dabei entspricht ein Trimester bei den Wiener Sängerknaben einem Semester in einer „normalen" Schule in Österreich, das dritte Trimester gehört der Tourneetätigkeit. In einem Trimester müssen Sängerknaben also den Stoff eines Schulhalbjahres bewältigen; das geht, weil die Klassen im Augarten wesentlich kleiner sind: Selbst wenn in einem Jahrgang 25 bis 30 Schüler sind, sitzen sie nie gleichzeitig in der Klasse, weil ja immer wenigstens ein Chor unterwegs ist.

Im Herbst sind die ersten beiden Chöre unterwegs, die anderen beiden absolvieren in dieser Zeit ihr erstes Schulhalbjahr – die Zeugnisse dafür gibt es schon zu Weihnachten.

Von Januar bis Ostern fährt der dritte Chor auf Tournee oder ist mit Tourneevorbereitungen beschäftigt; dieser Chor absolviert sein zweites Schulhalbjahr nach Ostern. Das Abschlusszeugnis für diese Klasse erhalten diese Kinder Ende Juni, vor den Sommerferien. Der vierte Chor geht von Januar bis Ostern in die Schule und lernt den Stoff des zweiten Schulhalbjahres; diese Kinder bekommen ihre Zeugnisse kurz nach Ostern – anschließend reisen sie nach Japan.

Chor als Schulfach

In den Schultrimestern probt jeder der Chöre täglich zwei Stunden; die Chorproben sind in den Stundenplan eingebaut. Mit Rücksicht auf den Biorhythmus der Kinder finden die Proben Montag bis Donnerstag vormittags von 11 bis 13 Uhr statt, am Freitag nachmittags von 14 bis 16 Uhr. An drei Samstagen im Monat sind vormittags Proben; ein Samstag im Monat ist frei.

Im Zeugnis wird die Teilnahme am Chor als verbindliche Übung bestätigt, Zensuren gibt es dafür nicht. Talent kann man nicht, Einsatz und Begeisterung will man nicht benoten.

Ein normaler Schultag im Internat der Wiener Sängerknaben beginnt um 7:30 Uhr mit vier Unterrichtseinheiten à 45 Minuten und jeweils einer fünfminütigen Pause. Um 10:45 Uhr beginnt die große Pause: Zeit für eine Jause und den Wechsel in die Chorprobenzimmer. Hier treffen sich alle vier Jahrgänge eines Chores zur Probe. Zwei Stunden wird geprobt; um 12 Uhr gibt es eine zehnminütige Pause, in der sehr viele Kinder auf einen der Ballplätze gehen. Um kurz vor eins kommen die Erzieher in die Probe; sie haben die wichtigsten Informationen für den Rest des Tages für die Kinder, wer muss zum Friseur, wer zum Zahnarzt, wer muss in die Schneiderei. Um 13 Uhr essen die Sängerknaben; die meisten sind dabei sehr schnell. Es gibt Suppe, die Einlagen schaufelt man sich selbst auf den Teller. Man kann zwischen zwei Hauptspeisen wählen; wer will, bedient sich am Salatbuffet. Wesentlich wichtiger ist das Nachspeisenbuffet, da heißt es flink sein.

Bis um 14:30 Uhr die Schule wieder anfängt, hat jeder Knabe Zeit für sich, die gilt es auszunutzen. Beispielsweise für eine Runde Tischtennis, ein Manga oder ein Mickymausheft, ein Chormatch auf dem Fußballplatz, einen Einkauf im Supermarkt an der Ecke, einen Anruf bei den Eltern. Solisten oder auch Neulinge werden manchmal zu kurzen Extraproben geholt, wenn etwa bestimmte Stellen in einem Musikstück noch unklar sind.

Um 14:30 Uhr beginnt der Nachmittagsunterricht. Wieder sind es vier Unterrichtseinheiten à 45 Minuten, wieder gibt es dazwischen eine Jause. Am Nachmittag werden auch sogenannte Lernzeiten abgehalten, in denen die Schüler ihre Hausaufgaben machen können, die Lehrerinnen und Lehrer helfen dabei. Gelegentlich werden Schüler aus dem Unterricht geholt, für szenische Proben, Soloproben, manchmal für ein Interview oder einen Fototermin. Um 17:50 Uhr ist der Unterricht vorbei; es gibt Abendessen. Kalte Platte oder Augartenburger zum Selbstbelegen, Schinkenfleckerl oder Kaiserschmarrn. Danach ist wieder Freizeit; es wird gekickt, gegeigt, Karten oder Tischtennis

Der Campus Augarten: die Wiener Sängerknaben heute

gespielt. Oder Klavier. Und ja, gezockt wird natürlich auch; allerdings sind die Zeiten für Handys und Tablets geregelt. In der dunklen Jahreszeit bietet sich der Park für ausgeklügelte Räuber-und Gendarm-Varianten an – ruhigere Zeitgenossen basteln eventuell auch. Wer mag, springt zum Tagesabschluss in das Schwimmbad. Die Jüngeren gehen um 21 Uhr ins Bett, die Älteren müssen das Licht erst um 21:30 Uhr ausmachen.

Girl Power: die Wiener Chormädchen

2004 schreibt Sophie, Schülerin der Musikvolksschule, ein bisschen wütend und ein bisschen traurig an die Wiener Sängerknaben. Sie findet es unfair, dass Mädchen keine Sängerknaben werden können, dass es keinen Chor für Mädchen gibt. Sie hat ja Recht. Die Mädchen in der Volksschule haben die gleiche Ausbildung wie die Knaben, die gleiche Freude am Singen, die gleiche Leidenschaft für die Musik. Warum sollen sie also nicht auch weitersingen?

Im selben Jahr gründen die Wiener Sängerknaben einen Mädchenchor. Eine kleine Gruppe zumeist ehemaliger Volkschülerinnen trifft sich an zwei Nachmittagen in der Woche im Augartenpalais zum Proben, die Mundpropaganda bringt auch ein paar Mädchen aus anderen Schulen. Weil aber Kinder im Gymnasium volle Terminkalender haben, und zwei Proben in der Woche da eine weitere Verpflichtung sind, können nicht alle dabeibleiben: Die neue Pflanze blüht einstweilen im Verborgenen, singt Hauskonzerte im Augartenpalais. Aber auch im Verborgenen finden sich immer wieder interessante Projekte, die Dinge entwickeln sich. 2006 reisen die Mädchen als Kinder der Familie von Trapp mit einer Produktion von „Sound of Music" nach Japan. Im Jahr darauf geht es mit dem Künstlerischen Leiter der Wiener Sängerknaben, Gerald Wirth, nach Indien – auf Einladung des Sitarvirtuosen Ravi Shankar (1920–2012); die zwölf Mädchen geben mit dem Mozart Choir of India Konzerte in Delhi, Agra und Jaipur. Im Juli 2013 sind sie im Rahmen der Salzburger Festspiele beim großen superar Chorfest im Hangar 7 dabei – mit Chören aus der Türkei, aus Bosnien, aus Venezuela, wieder unter Gerald Wirth. 2015 singen sie – mit den Sängerknaben – im großen Kinderchor bei der Eröffnung des Eurovision Song Contests in der Wiener Stadthalle, mit Conchita Wurst. Das gibt mindestens *douze points*. Sie haben Auftritte bei Aufführungen von Bachs *Matthäuspassion* und von Mahlers 3. *Symphonie*, bei Hollywood in Vienna, bei der Eröffnung der Wiener Festwochen. 2018 musizieren sie mit Sängerknaben, superar und dem Bochabela[262] Orchestra – einem Jugendorchester aus den Townships von Bloemfontein – afrikanische Lieder. Wieder mit den Sängerknaben eröffnen sie 2018 den *Austrian World Summit* in der Wiener Hofburg, dabei treffen sie auf Dr. Jane Goodall und Arnold Schwarzenegger. 2019 und 2022 werden sie in Gerald Wirths Kinderoper „Der kleine Prinz" zu Rosen.

Inzwischen sind es 25 junge Damen, die ihre eigenen Konzerte singen. Im Sommer verbringen sie eine Woche im Feriencamp der Sängerknaben am Wörthersee – sie sind

Abb. 84: Die Wiener Chormädchen verbreiten „Good Vibrations" im MuTh. April 2023.

jetzt ein richtiger Chor, ein Mädchenchor als Pendant zu den Knabenchören. Kicken können sie auch. Mit Matsch werfen. Oder sich den Hang herunterrollen lassen. Blödeln wie die Weltmeister. Beim Bunten Abend zeigen sie bestes Kabarett, die Knaben dürfen auch mitmachen. Und jetzt ist klar, sie können nicht mehr nur „Mädchenchor der Wiener Sängerknaben" heißen, das ist viel zu lang. Sie brauchen einen eigenen Namen, der besagt, was sie sind: ein eigenständiger Chor, der aber unmissverständlich zum Campus der Wiener Sängerknaben gehört. Und so wird aus der etwas umständlichen Beschreibung ein Name; so werden aus ihnen im Mai 2022 die *Wiener Chormädchen*. Ihren ersten Auftritt mit dem neuen, richtigen Namen haben sie bei der Langen Nacht der Kirchen in der Wiener Hofburgkapelle, da, wo die Geschichte der Wiener Sängerknaben überhaupt begonnen hat. Dabei ist auch die junge Dame, die 2004 diesen Brief schrieb: Sie hat jetzt die pädagogische Leitung der Chormädchen inne.

2022 musizieren sie mit Studierenden der Musik und Kunst Privatuniversität der Stadt Wien bei der Uraufführung der Orchesterfassung von Joe Zawinuls „Mauthausen – vom großen Sterben hören" im MuTh. Die Chormädchen kommen im letzten Teil des Stückes auf die Bühne; sie sind die Stimmen der Kinder, der hoffentlich besseren Zukunft. Sie singen Cluster, skandieren „No more"-Rufe, klatschen dazu rhythmisch. Es ist kein leichtes Stück, und natürlich haben sie in den Proben darüber gesprochen. Jetzt, auf der Bühne, sind sie alle doch nervös. Beim ersten Ton weicht die Nervosität der Konzentration; Fehler machen sie nicht. Sie sind eine eingeschworene Chorgemeinschaft.

Abb. 85: Nach dem Neujahrskonzert der Wiener Philharmoniker. Hotel Sacher, 1. Januar 2023.

Das Stück endet in einer langen Kantilene, schwebend. Das Bühnenlicht wird langsam schwächer, sie stehen fast im Dunkeln. Dann Stille, auch im Saal, minutenlang. Ob es dem Publikum nicht gefallen hat? Alles hält den Atem an; da endlich, entlädt sich alles in einem langen Klatschen und Bravorufen. Sänger und Musiker stehen auf der Bühne, und die Chormädchen wissen jetzt, sie haben es gut gemacht.

Noch etwas brauchen die Chormädchen, eine eigene Uniform. Bislang haben sie in weißen Blusen und schwarzen Röcken oder in bunten Polos mit blauen Röcken gesungen. Parallel zu den zwei Uniformen der Sängerknaben soll es auch für die Mädchen zwei Varianten geben, eine blaue und eine weiße. Und eine Kappe brauchen sie. Im Herbst 2022 zeichnet eine junge österreichische Designerin die Entwürfe; eine feminine Interpretation des Matrosenlooks, siehe den Exkurs: Kleider machen Leute. Und plötzlich überschlagen sich die Ereignisse: Die Wiener Philharmoniker laden die Wiener Sängerknaben *und* die Wiener Chormädchen ein, beim Neujahrskonzert am 1. Januar 2023 mitzusingen. Eine Polka von Josef Strauß steht auf dem Programm, dem jüngeren Bruder des Walzerkönigs: *Heiterer Muth*, Muth mit *-th,* eine von Strauß' letzten Kom-

Abb. 86: Die Chormädchen bei Tonaufnahmen in der Hofburgkapelle. November 2022.

positionen. Vielleicht wollte sich der kränkelnde Komponist damit selbst Mut machen, zu Gelassenheit ermahnen. Dirigent ist Pultstar Franz Welser-Möst. Für die Buben ist es ihr siebtes Neujahrskonzert, dabei singen sie traditionell in Weiß, die Mädchen also auch. Den Schneiderinnen bleibt kaum Zeit, die Uniformen für die zehn Chormädchen, die für das Konzert eingeteilt sind, fertigzustellen.

Eine Abordnung von drei Sängerinnen – eine davon ist längst schon in der Oberstufe der Wiener Sängerknaben – darf vorab ins Atelier, die Skizzen inspizieren und einen Prototyp anprobieren. Apropos Anprobe, proben muss man ja auch, und sie üben die Polka, bis sie sie im Schlaf weitersingen können. Zwischendurch haben sie alle noch Tonaufnahmen und ein Adventskonzert im Ballsaal eines Hotels; sie singen Purcell und Britten und Dowland und jede Menge Weihnachtslieder und natürlich auch die Polka vom heiteren Muth.

Schließlich gibt es noch Proben mit den Kollegen Sängerknaben; Gerald Wirth probt mit allen im Salon, da ist viel Platz, es klingt wie in einer Kirche, laut und irgendwie feierlich. Ein Team der ARD kommt und filmt, der ORF schaut vorbei, der japanische Sender NHK und auch ein Team von PBS aus den USA. Das Neujahrskonzert – falls man es noch nicht wusste – ist etwas Großes.

Sie werden fotografiert, gefilmt und interviewt; sie werden nach ihren Hobbys gefragt, wie sie mit dem Singen begonnen haben, ob sie ein Instrument spielen. Was das

Singen für sie bedeutet. Wie es so ist im Chor. Ob sie sich streiten? Natürlich nicht! Wie sie den Chor mit einem Wort beschreiben würden? „Suuuper", sagt die eine. „Toll", weiß die andere. Und die Dritte sagt aus tiefster Seele: „Einfach – wow." Wow.

 QR-Code 25: Josef Strauss, Matrosenpolka

Nach Weihnachten probt Franz Welser-Möst mit ihnen, mit zehn Chormädchen und 30 Sängerknaben im Musikverein den *heiteren Muth*; es gibt eine Klavierprobe im Brahms-saal und eine Probe mit dem Orchester im Goldenen Saal, danach die Voraufführung und das Silvesterkonzert, damit an Neujahr auch alles klappt. Bei der Voraufführung stehen sie dicht gedrängt auf dem Orgelbalkon; sie haben freie Sicht auf alles, ein erhebendes Gefühl. Beim Silvesterkonzert wachsen ihnen plötzlich Blumen ins Gesicht: Die waren am Vortag nicht da und die Mädchen haben große Schwierigkeiten, den Dirigen-

Abb. 87: Beck-stage in der Garderobe. Ordnung muss sein.

ten zwischen den Blättern zu sehen. Zu Neujahr geht dafür alles gut, bei 90 TV-Sendern und Millionen Zuschauern in aller Welt kann einem schon eine leichte Röte ins Gesicht steigen. Wer von den Sängerinnen und Sängern nicht eingeteilt ist, fiebert zu Hause vor dem Fernseher mit. Im Musikverein hüpfen währenddessen Sängerknaben und Chormädchen in ihre Garderoben; dort wartet eine Jause. Die Knaben ziehen sich um und verlassen eilig den Ort. Die Mädchen, in der neuen Uniform, haben danach noch einen Fototermin im Hotel Sacher. Auf dem Weg dahin werden sie als Chormädchen erkannt; sie sind glücklich und auch ein bisschen stolz. Sie sind jetzt wirklich keine Unbekannten mehr; sie sind die Wiener Chormädchen.

Auch Mädchen haben einen Stimmbruch

Die Hormone sind schuld: Mit der Pubertät verändert sich alles, auch die Stimme. Mädchen sind den Knaben durchschnittlich 2,8 Jahre voraus. Die Stimmbänder wachsen, der Kehlkopf verändert sich; bei Mädchen weniger dramatisch als bei Jungen, aber doch. Übergangsweise schließen die Stimmlippen nicht ganz: Die Stimme klingt hauchig, es ist schwierig, sie kontrolliert zu führen. Jetzt klingen Mädchen anders als Knaben, sie brauchen andere Übungen und ein eigenes Repertoire. Es ist also wichtig, dass es beides gibt: Mädchenchor und Knabenchor.

Vier Knabenchöre

Es ist wie in Harry Potters Hogwarts. Dort gibt es vier Häuser, hier vier Knabenchöre, die nach Komponisten benannt sind, die mit der Geschichte der Sängerknaben eng verbunden sind: Bruckner, Haydn, Mozart und Schubert. Jeder Chor hat sein eigenes Betreuerteam, seinen eigenen Kapellmeister, seine eigene Erzieherin, seinen eigenen Erzieher. Dieses Team betreut den Chor in Wien und geht auch mit ihm auf Reisen. Konkurrenz zwischen den Chören gibt es auf dem Fußballplatz, in der hart umkämpften Chorliga. Musikalisch sind die Chöre gleichrangig; jeder hat seinen eigenen Stil, seinen eigenen Charme – und doch sind alle Wiener Sängerknaben, am typischen Klang eindeutig zu erkennen.

Das Oberstufenrealgymnasium

2010 wird ein lang gehegter Traum von ehemaligen Sängerknaben Wirklichkeit. Seit September 2010 können Mädchen und Jungen das *Oberstufenrealgymnasium der Wie-*

ner Sängerknaben mit Schwerpunkt Vokalmusik besuchen. Es ist ein zumindest in Österreich einzigartiges Schulkonzept: Der in Zusammenarbeit mit dem Salzburger Mozarteum und der Wiener Musikuniversität eigens entwickelte Lehrplan sieht Unterricht in Chorsingen, Tonsatz, Aufführungspraxis, Stilkunde und Gehörbildung vor; er gilt als ideale Grundlage für ein Musikstudium. Auch in der Oberstufe ist Chor Pflicht, alle 100 Schülerinnen und Schüler singen im Chorus Juventus, der dreimal in der Woche probt; zusätzlich gibt es einen Kammerchor und natürlich Einzelstimmbildung. Zwei Kapellmeister, vier Stimmbildnerinnen und drei Stimmbildner kümmern sich um die jungen Stimmen; zwei Einzeleinheiten pro Woche stehen für jede und jeden auf dem Stundenplan. Dabei ist Stimmbildung etwas sehr Individuelles: Es ist essenziell, dass eine Schülerin, ein Schüler ihrer Lehrerin oder ihrem Lehrer vertrauen. Wenn eine Schülerin oder ein Schüler sich nicht wohlfühlen, wird gewechselt.

Chorus Juventus

Der Chorus Juventus ist der Chor aller Schülerinnen und Schüler des Oberstufengymnasiums der Wiener Sängerknaben. Dreimal pro Woche wird geprobt, montags, dienstags und donnerstags. Weil es doch fast 100 Sängerinnen und Sänger sind, proben die beiden

Abb. 88: Szene aus der Oper „Dido and Aneas" von Henry Purcell im MuTh (Regie: Barbara Palmetzhofer, MuTh, März 2023).

Abb. 89: Der Chorus Juventus im MuTh. Daniel Erazo-Muñoz dirigiert.

Kapellmeister getrennt; manchmal wird nach Stimmgruppen geteilt, bei doppelchörigen Stücken proben erster und zweiter Chor erst einmal für sich.

Das Repertoire wählen die Kapellmeister aus; ab und zu gibt es Wünsche und Vorschläge von den Jugendlichen. Schwerpunkte sind Motetten von Mendelssohn, Brahms, Bruckner oder Reger, die Werke zeitgenössischer Komponisten, Spirituals und Pop. Manchmal stehen größere Chorwerke auf dem Programm, Mozarts *Requiem* oder *König David* von Arthur Honegger. Dazu kommen szenische Produktionen, die mit viel Einsatz geprobt und im eigenen Konzertsaal aufgeführt werden: Giancarlo Menottis *Amahl*, Cesar Cuis *Gestiefelter Kater*, Henry Purcells *Dido und Aeneas*. Die allererste Produktion ist ein selbst geschriebenes Musical über ein totalitäres System, das den Menschen das Singen verbieten will. Das geht natürlich gar nicht; dieses Regime ist zum Scheitern verurteilt. Im Dezember sind die „Guten Hirten"-Weihnachtskonzerte mit den aktiven Sängerknaben im MuTh längst Tradition.

Inzwischen ist der Chorus Juventus so etwas wie ein Geheimtipp – und wird engagiert. Innerhalb Österreichs waren die Jugendlichen schon auf Tour, gelegentlich eröffnen sie Kongresse, singen in Seniorenheimen oder Krankenhäusern. 2018 und 2019 besingen sie den Beginn der Weihnachtsbeleuchtung in der Wiener Innenstadt. Nach einer Zwangspause durch die Coronapandemie sind die jungen Frauenstimmen 2022 bei der Uraufführung von Gerd Hermann Ortlers *Urknall. The birth of the Universe* im Wiener Konzerthaus dabei; im gleichen Jahr singt der ganze Chor auf Einladung der

Delegation der Europäischen Union bei den Internationalen Organisationen in Wien bei einem Ukraine-Benefizkonzert mit. Die EU-Grundrechteagentur lädt den Chorus Juventus ein, beim Europatag zu singen, und die Sängerinnen und Sänger feiern mit den acht Musikern der Philharmonix im Wiener Konzerthaus Silvester.

So kommen die Schülerinnen und Schüler der Oberstufe auf 17 bis 20 Aufführungen pro Jahr. Ganz subjektiv, sagen die ehemaligen Sängerknaben unter ihnen, ist die Stimmung vor einem Chorus-Juventus-Konzert „viel aufgeregter" als bei den aktiven Sängerknaben. Und ganz besonders freuen sich die Jugendlichen auf ihre ersten Auslandsreisen. Die kommen bestimmt.

Palais und Park

Augartenpalais und Josephstöckl

Im 17. Jahrhundert ist der Augarten ein Treffpunkt für *le beau monde de Vienne*; auch Kaiser Ferdinand III. fühlt sich hier wohl und lässt seine neue Favorita erbauen. 1683 wird sein Tusculum allerdings bei der Belagerung Wiens zerstört; Ferdinand verzichtet auf einen Wiederaufbau.

Zacharias Leeb, Äußerer Rat und Ratsherr und äußerst wohlhabend, kauft im November 1688 ein Areal im Augarten; er plant ein Lustschloss samt Garten für sich und seine Familie, für den Sommer. 1692 ist das kleine Schloss fertig, ein ovaler Saalbau, flankiert von zwei ebenfalls ovalen Treppentürmchen, entworfen wohl von Johann Bernhard Fischer von Erlach (1656–1723). Der Augsburger Freskenmaler Jonas Drentwett (1656–1736), häufig für Prinz Eugen tätig, malt für Leeb eine Allegorie des Welthandels an die Decke des Salons, der Ursprung von Leebs Wohlstand. Europa und Asien, Afrika und ein sehr exotisches Amerika stehen einander gegenüber. Europa, eine ansehnliche Dame in blauem Kleid, weist auf eine Darstellung des Palais, darunter ein Füllhorn. Leeb hat nicht viel Zeit, sein Schlösschen zu genießen; er stirbt im Dezember 1695.

1736 kommt das Palais über Leebs jüngsten Sohn Robert, Abt des Stiftes Heiligenkreuz, in den Besitz des Stiftes; Abt Robert lässt in großem Stil umbauen, der Saaltrakt wird ummantelt, das Gebäude aufgestockt. Im Salon wird der Mittelteil der Decke von Ernst Friedrich Angst (1700–1760) neu bemalt, diesmal mit christlichen Themen. Als der Abt 1755 stirbt, hinterlässt er auch Schulden; das Palais wird verkauft – wie es heißt, mit beträchtlichem Gewinn.

1780 findet sich ein neuer Eigentümer: Joseph II. Er lässt sich auf dem Gelände einen kleineren, schlichten Pavillon bauen, das Kaiser-Joseph-Stöckl wird sein persönlicher Rückzugsort. Das „Altgebäude" wird saniert und um zwei Orangerien mit Eckpavillons erweitert. Der Kaiser nutzt den Salon des Palais für private Empfänge. Nach Josephs Tod werden die Gebäude von Familienmitgliedern, hochrangigen Hofbeamten oder Diplo-

Abb. 90: Das Augartenpalais: 1692 fertiggestellt.

maten bewohnt; mehrmals dient es als Militärspital.[263] 1790 sind es Erzherzogin Christine und Albert von Sachsen-Teschen; 1853 ist es Marie Henriette von Österreich, zwischen 1860 und 1863 Erzherzog Karl Ludwig, der Bruder von Kaiser Franz Joseph I. 1867 zieht der Erste Obersthofmeister Constantin Fürst Hohenlohe-Schillingsfürst ein; mit ihm seine legendären Soireen. Unter Hohenlohes Gästen im Augartenpalais sind Franz Liszt, sein Schwiegersohn Richard Wagner sowie der Maler Hans Makart. Johann Strauß Sohn widmet den Hohenlohes seinen Walzer opus 325, „Geschichten aus dem Wienerwald"; sehr wahrscheinlich wird der im privaten Kreis im Augartenpalais uraufgeführt.[264]

 QR-Code 26: Johann Strauss, Geschichten aus dem Wienerwald

Noch im gleichen Jahr beziehen Erzherzog Otto und seine Familie das Palais. In den folgenden Jahren wird es wieder massiv nach dem Geschmack der Zeit umgebaut; die Orangerien weichen dreigeschossigen Seitenflügeln, der Mittelteil – das Herzstück –

Abb. 91: Der Salon – das Wohnzimmer: Hier findet alles statt: Proben, Konzerte, Feiern, Empfänge.

wird aufgestockt und bekommt eine neobarocke Feststiege. Im Erdgeschoss hält der Jugendstil mit dunklen Täfelungen und Zierdecken Einzug. Das sogenannte Blumenzimmer erhält eine spektakuläre Decke aus bemaltem Leder. 2001 verwandelt der australische Filmregisseur Bruce Beresford den Raum in das Büro von Otto Gropius für seinen Film über Alma Mahler, *Bride of the Wind*.

Erzherzog Otto bewohnt die Zimmerflucht im Erdgeschoss links des Salons, Erzherzogin Maria Josepha und die Kinder die Räumlichkeiten darüber: das heutige „Weihnachtszimmer", in dem die Sängerknaben heute, wie der Name vermuten lässt, Weihnachten feiern.

Ende 1918 geht das Gebäude in den Besitz der Republik über. Pläne, das Augartenpalais als Präsidentschaftskanzlei zu adaptieren, zerschlagen sich. In den folgenden Jahren bekommen verschiedene Regierungsmitglieder Dienstwohnungen im Augartenpalais zugewiesen; 1931 wohnt Bundeskanzler Dr. Otto Ender im Palais, von 1934 bis 1936 Dr. Kurt Schuschnigg.

In den letzten Monaten des Zweiten Weltkrieges wird das Palais von einer Bombe getroffen; Dach, Stiegenhaus und Prunkräume sind schwer beschädigt. Nach dem Krieg beschlagnahmt die Rote Armee das teilweise zerstörte Gebäude vorübergehend; aber

Abb. 92: Die Feststiege im Augartenpalais.

die Kosten für den Wiederaufbau sind zu hoch. Noch 1946 bietet die Staatsgebäudeverwaltung das Palais den Wiener Sängerknaben an, die 1947 den Mietvertrag unterzeichneten. Im folgenden Jahr wird zuerst der nur leicht beschädigte Osttrakt saniert; die Prunkräume werden restauriert. Der Westtrakt bleibt bis 1948 Großbaustelle; Dach und Stiegenhaus müssen neu gebaut werden. Im Frühjahr 1948 übersiedeln die Knaben zu Fuß von der Hofburg in den Augarten; die offizielle Eröffnung des Palais als neue Heimstätte der Wiener Sängerknaben kann Anfang Juli gefeiert werden.

Seither bevölkern die Chöre der Wiener Sängerknaben das Palais. In den 1960er-Jahren wird ein Neubau errichtet, in dem Computersaal, Turnsaal, Schwimmbad, Speisesaal und die Zimmer der Internatskinder untergebracht sind. Mit dem Wachsen der Institution werden die Räumlichkeiten immer wieder adaptiert; Klassenräume und Übezimmer werden geschaffen, die alten Schlafsäle zu einem großen Proberaum für szenische Produktionen zusammengelegt. Heute ist das Augartenpalais ein Haus, das musiziert, das lacht, das immer wieder Gäste hat. Hier treffen sich Kinder, Erwachsene, Musiker, Menschen, *le plus beau monde*. Es ist ein großzügiges Haus, das lebt. Und singt.

Das MuTh: der Konzertsaal der Wiener Sängerknaben

Im Dezember 2012 wird am Augartenspitz der eigene Konzertsaal eröffnet; finanziert von der Pühringer Privatstiftung. Im MuTh – der Name steht für Musik und Theater – wird experimentiert, ausprobiert, entstehen neben den traditionellen Konzerten neue Formate. Alles ist hier möglich – Ausstellung, Workshop, Film, Tanz, Theater, Kinderoper.

Sekirn

Im Sommer verbringt jeder Chor vier Wochen in einem Ferienheim in Sekirn am Wörthersee. Hier können Sängerknaben und Chormädchen sich ungestört erholen. Sie haben eine riesige Fußballwiese, einen Minigolfplatz, ein Waldstück und einen eigenen Badeplatz zur Verfügung. Hier wird gesungen, gespielt, gefischt, gesungen, gegessen, geschlafen, geschwommen, gesungen, gewandert, gegrillt, gefaulenzt und wieder gesungen. Im Wald hinter dem Heim entstehen jedes Jahr neue Hütten, Bäche werden mit kunstvollen Dämmen aufgestaut. Berühmt sind die Wasserschlachten am Seeufer. In Sekirn lernen Neulinge und alte Hasen einander kennen, werden zu einem Chor.

Abb. 93: Sommer am Wörthersee.

Exkurs: Der Mythos Wiener Sängerknaben

Es ist ein Phänomen: Wo sie hinkommen, berühren die Sängerknaben ihr Publikum; wer sie live erlebt, spürt das. Das hat zunächst mit dem Gesang an sich zu tun: Singen macht froh und verbreitet gleichzeitig Freude. Wenn die Sänger Kinder sind, rührt es zusätzlich. Wenn Kinder professionell singen, nicht nur sauber intonieren, sondern *musizieren*, kommt Bewunderung dazu, umso mehr, wenn es sich dann noch um Knaben handelt, die man sonst eher „wild und gefährlich" auf einem Fußballplatz vermutet.

Bei Knaben kommt eine physiologische Tatsache hinzu: Mit dem Stimmwechsel wachsen die Resonanzräume, bei Knaben mehr als bei Mädchen, und in dieser meist kurzen Phase klingen Knabenstimmen geradezu unwirklich, überirdisch. Vielleicht spielt auch das Wissen eine Rolle, dass dieser Zustand nur kurz anhält. Auch wichtig: Sänger sind verletzlich; die Stimme ist das Instrument, das jeder immer mit sich trägt, und sie ist der genaue Ausdruck einer Person. Wer singt, gibt sich also preis – und das schafft eine direkte, emotionale Verbindung zwischen Sängern und Zuhörenden.

Die Wiener Sängerknaben sind der Rolls Royce unter den Knabenchören, sie sind Trendsetter, Inbegriff, Sehnsuchtsort – der Knabenchor schlechthin. Es gibt feststehende offizielle Übersetzungen in verschiedenen Sprachen, „Vienna Boys Choir", „Les petits chanteurs de Vienne", „Los niños cantores de Viena", „Piccoli cantori di Vienna", „Wien pojkekör", „Wienin poikakuoro"; „wien shonen-gasshoudan"

ist in Japan sogar markenrechtlich geschützt. Die Wiener Sängerknaben sind in der internationalen Populärkultur fest verankert, und das schon eine ganze Zeit. Sie singen 1955 in der Perry Como Show, vertilgen 1998 bei David Letterman in der „Late Show" selbstironisch Wiener Würstchen, sind zu Gast in Fernsehshows etwa bei Rudi Carrell[265], Heinz Conrads, Joachim Fuchsberger[266], Thomas Gottschalk[267], Hans-Joachim Kulenkampff[268], Hans Rosenthal[269] und Peter Alexander – dort mit einem spektakulären Friedensduett („One Voice") des US-amerikanischen Popsängers Barry Manilow und der russischen Estrada-Sängerin Alla Pugatschowa.[270] Sie treten 1967 und 2015 beim Eurovisions-Songcontest auf. 1999 kampiert das ARD-Morgenmagazin eine ganze Woche mit mehreren Ü-Wagen im Augarten, um täglich über den Alltag der Chorknaben zu berichten, und von 2008 bis 2018 dreht der österreichisch-amerikanische Regisseur Curt Faudon (1949–2019) vier Filme über die Sängerknaben und ihre Musik.[271]

Sie werden gecovert und zitiert: 2013 ist eine als „Vienna Boys Choir" angekündigte Chorgruppe in einem Sketch mit Will Ferrell wieder bei Letterman zu sehen, in François Girards US-Spielfilm „Boychoir"[272] aus dem Jahr 2014 werden sie als Chor, dessen künstlerisches Niveau es zu erreichen gilt, gehandelt, selbst im Springfield der „Simpsons" sind sie amtsbekannt. In der amerikanischen Quizsendung „Jeopardy"[273] müssen die Kandidaten sie erraten, und mehr als ein-

Abb. 94: Mit Blockflötistin Dorothee Oberlinger am Set von Curt Faudons „Good Shepherds" in historischen Kostümen. Schlosstheater Schönbrunn, Juni 2015.

mal sind die Sängerknaben die gesuchte Lösung im Kreuzworträtsel der New York Times.[274] Weihnachten 1975 gibt die Republik Nicaragua eine Sängerknaben-Briefmarke heraus (Wert: vier Córdobas). Auf einer amerikanischen Grußkarte aus den 1990ern stürmt eine Horde Sängerknaben im Matrosenanzug auf den Betrachter zu „For your birthday, I have hired the Vienna Boys Choir ..."; klappt man die Karte auf, steht da, „ ... not to sing, but to blow the candles out". Anfang der 2000er-Jahre bietet Lauda Air ihren jungen Passagieren ein abwaschbares Sängerknaben-Tattoo an, in einer Serie mit Queen Elizabeth II. und Napoleon Bonaparte. Der gemeinsame Nenner? Alle drei sind Ikonen.

Die Wiener Sängerknaben sind schon Anfang der 1930er-Jahre eine globale Marke: Als Berufsnomaden sind sie international sichtbar, in Konzerten, Ankündigungen, Zeitungsberichten und -kritiken, im Rundfunk und in Wochenschauen. 1933 wirken sie in ihrem ersten Spielfilm mit, einem Biopic über den ehemaligen Sängerknaben Franz Schubert[275], und 1936 drehen sie den ersten Streifen, in dem sie auch Handlungsträger sind: „Singende Jugend" kommt unter dem Titel „An Orphan Boy of Vienna" auch in den USA in die Kinos. 1937 folgt „Der Pfarrer von Kirchfeld"[276], 1938 der Feelgood-Streifen „Konzert in Tirol"[277].

Max Neufelds Film „Singende Jugend"[278]

Die Hauptfigur des Films ist Toni, ein Waisenjunge aus Wien. Sein Ziehvater prügelt ihn – vor allem, wenn Toni singt – singen ist unmännlich. Toni schließt sich dem Straßenmusikanten Blüml an, der in einer Bretterbude „hinter dem Misthaufen bei der Reichsbrücke" lebt. Blüml weiß Tonis Talent zu schätzen, wenn sie gemeinsam musizieren, verdienen sie deutlich mehr als Blüml allein: Die Kinderstimme verfehlt ihre Wirkung nicht. Eines Tages flüchten die beiden, von einem Polizisten verfolgt, in eine Kirche, in der die Wiener Sängerknaben Mozarts Krönungsmesse singen. Toni strahlt, er weiß, dass das große Musik ist. Blüml bringt Toni daraufhin zum Vorsingen zu den Sängerknaben. Als der Wachmann die beiden nicht auf das Gelände lassen will, sagt der Straßenmusikant, er habe eine Empfehlung „vom Komponisten Blüml". Das öffnet selbst Gittertore, und so kommt Toni schließlich zu den Wiener Sängerknaben. Auch Blüml findet eine Anstellung als „Mädchen für alles" beim Chor.

Zu Schwester Maria, gespielt von Burgschauspielerin Julia Janssen, entwickelt Toni eine besondere Beziehung; für ihn ist sie Mutter. Als die Sängerknaben samt Toni in ihr Feriendomizil in Hinterbichl aufbrechen, sind Maria, der Kapellmeister, der Präfekt – von Blüml abwechselnd Respekt und Defekt genannt – mit seinen pädagogisch wertvollen Leitsätzen, der Direktor und natürlich Blüml mit von der Partie. Als in Hinterbichl eine Tausend-Schilling-Note verschwindet, wird Toni verdächtigt, Toni seinerseits glaubt, dass Maria vielleicht irgendwie schuld sein könnte und gesteht den Diebstahl, den er nicht begangen hat. Als vermeintlicher Dieb soll er die Sängerknaben verlassen und reißt aus; Blüml, der Toni für unschuldig hält, rennt hinter ihm her, sieht, wie Toni in einen Wildbach stürzt. Blüml kann den bewusstlosen Jungen retten und bringt ihn in das Hotel zurück. Inzwischen ist der Geldschein wieder aufgetaucht; als Toni zu sich kommt, ist er kein Außenseiter mehr.

Regisseur Neufeld zeigt die reale Lebenswelt der Sängerknaben zu dieser Zeit; die Räume im Schloss Wilhelminenberg, den Speisesaal, in dem die Knaben mit Tellern klappern und hungrig nach Schwester Maria schreien, die buchstäblich für alles sorgt, den Freizeitraum, in dem Tischtennis und Schach gespielt wird, das „Hotel Wiener Sängerknaben" in Hinterbichl. „Neben sicheren Darstellern geben sich die Jungen frei und natürlich", heißt es in einer zeitgenössischen Kritik; in der Tat sind die Sängerknaben bei Neufeld abseits ihrer Auftritte eine ziemlich wilde, muntere, ausgelassene Horde.

Neufeld dreht an Originalschauplätzen; die Musik im Film stammt von Sängerknaben-Kapellmeister Georg Gruber. Das Lied „Mit Musik durchs Leben" schreibt er für den Film; der Text stammt von Rudolf Bertram.[279]

Mit Musik durchs Leben
kann's was Schön'res geben?
Morgens mit Musik hinaus
und abends mit Musik nach Haus.
Mit Musik durchs Leben,
ja, das ist es eben,
schlägt das Herz im Takt, eins, zwei, drei,
dann ist Musik dabei.
Mit Musik sagt man doppelt gut willkommen,
sagt man leichter Lebewohl. (...)

QR-Code 27: Georg Gruber, Mit Musik durchs Leben

1938 muss Neufeld wegen seiner jüdischen Herkunft fliehen; 1948 kehrt er nach Wien zurück. 1957 – mit 70 – dreht er ein Remake seines Sängerknaben-Films unter dem Titel „Der schönste Tag meines Lebens", diesmal in Farbe, mit Michael Ande als Toni und Paul Hörbiger in der Rolle des Sängerknaben-Direktors. Aus Blüml wird hochdeutsch Blümel, und der Straßenmusikant wird zum musikliebenden Donaukapitän befördert. Der Stoff ist Neufeld offenbar ein Anliegen; es ist sein letzter Film.

Kinderstar Michael Ande, der schon 1956 in einem Heimatfilm einen virtuos jodelnden Hirtenknaben gegeben hat, ist damit endgültig auf die Rolle des Wiener Sängerknaben abonniert. In Eduard von Borsodys „Wenn die Glocken hell erklingen" spielt Ande den Knaben Michael alias Mecki, einen alpinen kleinen Lord Fauntleroy, der so nebenbei das Herz des grantigen, adligen Gutsbesitzers erweicht und schließlich erobert; dabei ahnen beide nicht, dass sie Enkel und Großvater sind. Der routiniert inszenierte Heimatfilm, mit Willy Birgel, Ellen Schwiers und Loni von Friedl prominent besetzt, wird noch regelmäßig im österreichischen und deutschen Fernsehen gezeigt. Der Kapellmeister ist mit Schlagerstar Teddy Reno[280] charmant, wenn auch eher ungewöhnlich besetzt; die Kombination von Reno und Sängerknaben gibt immerhin Gelegenheit zu launigen Crossover-Einlagen und zeigt, dass vonseiten der Sängerknaben keine Berührungsängste bestehen. Grubers „Mit Musik durchs Leben" wird auch bei von Borsody gesungen.

Die Wiener Sängerknaben im Kinderbuch

1955, zehn Jahre nach Kriegsende, erscheint Hans-Georg Noacks Roman *Jürg. Die Geschichte eines Sängerknaben*. Noack, später ein preisgekrönter Jugendbuchautor[281], erzählt in seinem Erstling die Geschichte vom musikbegabten Jürg, dessen Mutter an einer Krankheit stirbt und dessen Vater, ein Komponist, als Wehrmachtssoldat verschollen ist. In den Wirren des Kriegsendes wird Jürg bei der Flucht in den Westen von seiner Pflegefamilie getrennt. Er schlägt sich alleine als „Wanderer" samt Geige bis in eine ungenannte österreichische Großstadt durch; dort bewundert er durch einen Gitterzaun wochenlang eine Horde singender Buben. Im Herbst holt er sich auf seinem Beobachterposten eine Lungenentzündung und kollabiert; die Sängerknaben tragen ihn in ihr Heim, wo Schwester Maria ihn aufopfernd gesund pflegt. Die übrigen Erwachsenen – ein Kapellmeister und der über allem schwebende Rektor – sehen Jürgs Ankunft kritisch; die Knaben indessen bringen Jürg heimlich das richtige Singen bei und organisieren ein Hauskonzert, bei dem sie Jürg als Sängerknaben präsentieren und die Erwachsenen mehr oder minder vor vollendete Tatsachen stellen. Jürg wird also aufgenommen und reist mit dem Chor nach Belgien; als Solist hat er den Kapellmeister gebeten, ein von seinem Vater komponiertes Lied zu arrangieren. Natürlich ist der Vater inzwischen in Belgien gelandet, natürlich hört der Vater das Lied im Konzert. Allerdings erkennt er den Jungen nicht als seinen Sohn; den Schlüssel dazu liefert erst der Kapellmeister.

Noack, 1944 als gerade 18-Jähriger in Belgien in Kriegsgefangenschaft geraten, setzt sich nach dem Krieg für Völkerverständigung ein; nach 1947 betreibt er eine Weile eine kleine Konzertagentur, und betreut die Pianistin Elly Ney als Privatsekretär. Seine Beschreibung der Sängerknaben kommt ziemlich nahe an die Realität heran, und Noack scheut sich nicht, auch Probleme zu thematisieren: Stimmbruch, merkwürdige Pflegeeltern auf Konzertreisen, Eifersucht eines Kapellmeisters auf Jürgs Begabung. Die Kinder halten bei Noack in der Regel zusammen. Der Sprachstil ist für heutige Verhältnisse altmodisch, aber er trifft emotional die richtigen Töne. Eine sehr ähnliche Geschichte erzählt Wolfgang Murnberger in seinem Spielfilm „Kleine große Stimme" aus dem Jahr 2015. Dort ist es der uneheliche Sohn einer Österreicherin und eines amerikanischen Besatzungssoldaten, der Sängerknabe werden will, um seinen Vater zu finden. Bei Noack sind die Sängerknaben das Ziel, das Finden des Vaters ist ein Nebeneffekt, der Jürgs Leben auch verkompliziert; bei Murnberger sind die Sängerknaben das Mittel zum Zweck. In beiden Geschichten wird der Vater bei einem Konzert gefunden, weil die Kinder ein Lied singen, das der jeweilige Vater komponiert hat.

Erika Manns Zugvögel

Die Kabarettistin und Schriftstellerin Erika Mann, Thomas Manns rebellische Tochter, die „pazifistische Friedenshyäne"[282], schreibt 1934 im amerikanischen Exil einen Bestseller[283], in dem sie die fatalen Erziehungsmethoden der Nazis anprangert. Ausgerechnet diese Erika Mann schreibt zwischen 1952 und 1956 eine vierteilige Kinderbuchserie über die „Zugvögel"[284], einen fiktiven Knabenchor, in dem es wild, herrlich abenteuerlich und herrlich musikalisch zugeht. Held Till, der sich gewissermaßen in das Internat der Zugvögel träumt,

Abb. 95: Ständchen für Filmkomponist Alan Menken in der Synchron Stage, Wien. September 2022.

von außen dazustößt und mit der Zeit zum Solisten aufsteigt, spiegelt die Sehnsüchte und Begeisterung seiner Autorin. Dass Till – wie Erika Mann selbst – gerne Wörter erfindet, ist ein Indiz dafür. Das gemeinsame Singen, die Abenteuer- und Reiselust und nicht zuletzt die eingeschworene Gemeinschaft der Sängerknaben geraten bei Mann zu einem idealen Gegenentwurf zur Erziehung im Dritten Reich.

Thomas Mann zeigt sich beeindruckt; er schreibt seiner Tochter: „… wie Liebes, Anmutiges, Gewinnendes Du … mit Deinen Zugvögel-Erzählungen hervorbringen konntest."[285] Und die *Neue Zürcher Zeitung* jubelt: „Ein köstliches Buch, ein prächtiges Buch! Musik auf jeder Seite, daneben Bubenlärm, Bubenstreit und – Freundschaft."[286]

Walt Disneys singende Engel

Der Film, der wohl am nachhaltigsten zur Faszination der Wiener Sängerknaben beigetragen hat, ist Walt Disneys *Almost Angels* aus dem Jahr 1962, deutscher Titel: *Ein Gruß aus Wien*[287]. Lokführersohn Toni will unbedingt Sängerknabe werden; sein Vater ist dagegen. Trotzdem nimmt ihn seine Mutter mit zum Vorsingen, und Toni wird probehalber aufgenommen.

Toni ist in der Schule schwach, dafür hat er eine so gute Stimme, dass ihm der Kapellmeister Max Heller, gespielt vom ehemaligen Sängerknaben Peter Weck, auch Solopartien überträgt, die bisher Peter singen durfte. Bei dem kündigt sich langsam der Stimmbruch an; Peter ist eifersüchtig auf Toni und behindert ihn nach Kräften. Toni ist schon überzeugt, aus dem Internat geworfen zu werden, da teilt ihm der Direktor mit, dass er die Probezeit bestanden hat. Peter gewöhnt sich allmählich an Toni und beginnt, ihm zu helfen, und entdeckt dabei, dass es ein Leben nach dem Stimmbruch gibt; er beginnt zu komponieren und zu dirigieren. *Almost Angels* ist durchaus nicht nur rührselig; Handlung und Musik sind flott, die Themen Stimmbruch und Rivalität werden ernsthaft abgehandelt.[288] Der charmante Film hat seine eigene eingefleischte Fangemeinde samt Webseite. 2002 sorgt eine „beispiellose Petitionsaktion"[289] dieser Fans dafür, dass Disney den Film auf DVD herausbringt.

QR-Code 28: Begegnung mit Alan Menken

Der Mythos Wiener Sängerknaben ist nicht auf die 1950er- oder 1960er-Jahre beschränkt; er bleibt ein Dauerbrenner. 2013 baut der amerikanische Sender CBS die Knaben in ihre preisgekrönte Spielshow *The Amazing Race* ein; 2020 tauchen sie in der Amazon-Serie *The Pack* auf. Die Marke ist immer populär, die richtige Mischung aus nahbar und doch irgendwie auf einer anderen Ebene. Inzwischen ist Singen im Chor auf einmal wieder cool: Chorsingen verbindet. Happiness is singing in the choir.

Da capo in Jordanien

7. Mai 2022: Amman

Der Tag beginnt mit der Erkundung der Zitadelle von Amman, diesmal sind wir in Räuberzivil, so ist man beweglicher. Awni probiert heute sein Deutsch aus, und er macht das gut. Wir lernen, dass Amman schon seit der Steinzeit besiedelt ist; wir hören von Ammonitern, Nabatäern und Römern. Die Zitadelle schwebt über der Stadt; Amman ist um sie herum gewachsen, die Häuserwürfel schwärmen über die Hügel wie ein wogendes Meer. Wir schwärmen unsererseits über die Zitadelle, den Herkulestempel, besiedeln Mauern und Säulen und machen eine Menge Gruppenfotos. Im kleinen Museum bestaunen wir die doppelköpfigen Gipsstatuen aus Ain Ghazal; sie sind 9000 Jahre alt. In der Vitrine daneben liegen drei Schädel aus Jericho; einer zeigt Spuren einer Trepanation, mit gleich drei Löchern.

Wieder draußen begegnen wir zwei Römern, Legionäre in Armeeausstattung. Sie wollen sich eigentlich nur fotografieren lassen, wenn wir singen. Aber wir sind in Zivil; wie kommen sie darauf, dass wir singen können? Egal, wir behaupten mit treuherzigem Augenaufschlag, dass – leider, leider – kein Kapellmeister vorhanden ist, wir also nicht singen können. Schließlich bekommen wir doch ein Foto: Noch ein Gruppenfoto für den Chorsaal. Mit Römern!

Nach der Zitadelle gibt es Lunch und ein kurzes Ausruhen; dann reisen wir – in blauer Uniform – zum Our Lady of Peace Center. Die Tagesschule für behinderte Kinder liegt in einer grünen Senke

Abb. 96: Schwärmen auf der Zitadelle in Amman. Mai 2022.

etwas außerhalb des Stadtzentrums; sie gehört zum Lateinischen Patriarchat von Jerusalem. Auf dem Gelände steht die Kirche Zum Guten Hirten. Es ist ein neues Gebäude, keine 20 Jahre alt. Innen ist die einschiffige Kirche hell und freundlich, und der Altarraum, in dem wir Aufstellung nehmen, ist komplett und in Erdfarben mit Szenen aus der Bibel bemalt. Ein halbes Jahr sollen die Schwestern von Bethlehem dafür gebraucht haben. Direkt hinter uns steht ein riesiger Jesus mit dem verlorenen Schaf auf der Schulter. Ein ganzer Wald von Mikrofonen ist vor uns aufgebaut – aber in diesem Raum brauchen wir keine Verstärkung, und Professor Wirth sorgt dafür, dass die Mikrofone verschwinden.

Das Konzert ist gleichzeitig eine Einladung des österreichischen Botschafters, Dr. Wüstinger; am Abend kommen daher viele Diplomaten. Auch ein Bischof ist dabei, Jamal Khader. Nach dem Konzert gibt es noch einen Empfang unter der Kirche. Wir werden vor allem von Damen mit Fragen bestürmt, die wir zwischen Kibbeh, Manakish und Limonana souverän beantworten.

8. Mai 2022: Amman
Der Morgen gehört uns; wir nutzen ihn für eine Stippvisite im antiken römischen Theater von Amman. Das wäre ein Auftrittsort! 6000 bis 11.000 Menschen haben hier Platz. Wir testen die Akustik – sie funktioniert tadellos. Flüstern lässt sich bis in den letzten Rang hören. Und wir stellen fest, dass man es von oben nach unten in weniger als 20 Sekunden schafft.

Abb. 97: Säulenheilige. Amman, Mai 2022.

Den Nachmittag verbringen wir im Al Hussein Kulturzentrum, nur einen Steinwurf vom römischen Amphitheater entfernt. Das Theater im Kulturzentrum ist fast das Gegenteil; akustisch und optisch: plüschige rote Sitze, schwere dunkle Vorhänge, die Akustik staubtrocken. Durch einen Vorhangspalt erspähen wir Dutzende Mikrofone; anders lässt es sich hier nicht singen, der Schall würde geschluckt. Im Gängegewirr hinter der Bühne sind die Künstlergarderoben, kleine Zimmer, in denen wir gut Platz haben (und Alte von Sopranen trennen können). Dutzende Glühbirnen umrahmen die Schminkspiegel, die wir ja dringend brauchen. Immerhin kann man so einen Kamm durch seine Mähne ziehen. Auf dem Gang haben sich die Mädchen vom Music for Hope-Chor eingefunden; 12 junge Damen zwischen 12 und 15 aus Jordanien und Syrien mit ihrem Chorleiter und einer Betreuerin. Die Mädchen folgen uns zur Bühne; das ist nicht leicht, überall liegen Kabel. Für uns sind lange Podeste vorbereitet, rechts und links vom Flügel. Davor sitzen Musiker, ein Geiger, eine Zitherspielerin, ein Cellist und ein blinder Trommler, der aus einem Tamburin unfassbare Rhythmen zaubert. Auch die Instrumente sind verstärkt. Wir singen uns ein, unsererseits um zwölf Mädchen verstärkt. Es klingt gar nicht schlecht, wenn man sich an die Akustik gewöhnt hat.

Das Konzert beginnt mit der jordanischen Nationalhymne; dann sind wir an der Reihe. Mendelssohn, Purcell, etwas Strauss und das frankokanadische Lied von der mahlenden Mühle, *J'entends le moulin, tique-taque, tique-taque*. Das hat jede Menge Schwung, Rhythmus und Voice percussion. Als wir zum Schluss die Arme hochreißen, johlt das Publikum. Tique, taque!

Abb. 98   Künstlergarderoben im Al Hussein Kulturzentrum, Amman.

Für den letzten Teil des Konzerts kommen die Mädchen dazu; sie nehmen uns in die Mitte. Wir singen *Coming Together to Sing* von Gerald Wirth, die Hymne (oder doch der Schlachtgesang) von Music for Hope, dann *Viva la musica*, schließlich den *Glockenjodler*. Der Höhepunkt sind die arabischen Lieder, *Lama bada* und *Zouruni*; bei Letzterem singt das Publikum mit, erst leise, dann gar nicht so leise. Zouruni ist ein Hit; jeder hier kennt es. Es handelt von Liebe, vom Erinnern, vom Nicht-vergessen-Werden.

Unser allerletztes Lied ist Beethovens *Ode an die Freude*. Weil die Mädchen mitsingen, klingt unser Arabisch richtig gut. Das Publikum steht auf; will gar nicht aufhören zu klatschen. Und dann – und dann – verabschiedet sich die Verstärkungsanlage mit einem lauten Knall. TAQUE.

 QR-Code 29: Anonym, J'entends le moulin (Volkslied aus Frankreich und Kanada)

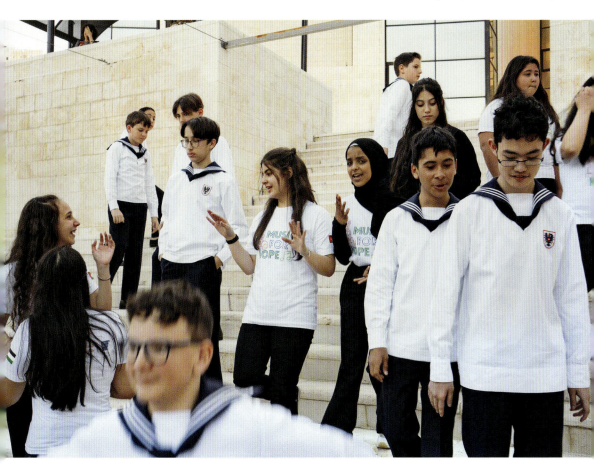

Abb. 99: Nach dem Konzert. Music for Hope-Chor, Sängerknaben. Amman, Jordanien, Mai 2022.

Abb. 100: Standing Ovations für Chormädchen, Sängerknaben und ein Ensemble der Wiener Philharmoniker bei der Wiedereröffnung des renovierten Parlamentsgebäudes; Dirigent: Erasmus Baumgartner. 12. Januar 2023.

 QR-Code 30: Anonym, Wellerman (Shanty aus Neuseeland)

Coda

Richtiger Wiener Sängerknabe, richtiges Chormädchen wird man erst durch die offizielle Übergabe der Uniform. Es ist ein neuzeitliches Ritual. Die Zeremonie findet jedes Jahr im Mai oder Juni statt, für etwa 30 Neue. Die meisten kommen aus der eigenen Musikvolksschule, aus dem Chorus Primus, und haben auf diesen Tag regelrecht hingelebt.

Im Coronajahr 2022 sind erstmals drei Chormädchen bei der Uniformübergabe dabei; die Übergabe findet im MuTh statt. Die Chöre haben sich im Raum verteilt; Schubert und Bruckner haben hinten im Saal Position bezogen, Mozart und Haydn vor der Bühne. Der Chorus Primus singt, Gerald Wirth hält eine Rede über das, was Sängerknaben und Chormädchen in den nächsten vier Jahren so erwartet; dann endlich ruft er jeden Namen einzeln auf, dazu den entsprechenden Chor. Wer aufgerufen wird, bekommt die Kappe aufgesetzt und die Uniform auf einem Bügel feierlich überreicht; dann wird er unter großem Gejohle von einem der Abgänger aus seinem Chor „abgeholt" und gewissermaßen als dessen Nachfolger zu den Großen gebracht, eine Art Fackelübergabe an die nächste Generation.

Sobald einer der Chöre genannt wird, brandet Jubel auf, und der jeweilige Chor skandiert, „Bruck-Ner, Bruck-Ner", „Schu-Bert, Schu-Bert", „Mo-Zart, Mo-Zart" oder „Hay-Dn, Hay-Dn"; der Haydnchor macht aus -Dn eine betonte Silbe. Der Schubertchor verfällt in eine Art Schlachtgesang, der durchaus auch für ein Fußballstadion geeignet wäre. Aber die Mädchen sind nur zu dritt; und der Schubertchor begreift, dass hier niemand brüllen wird: Das geht nicht, finden sie. Einer beginnt, laut und kräftig, und sofort brüllen alle mit, auch die Jungs der anderen drei Chöre, „Mädchen-Chor, Mädchen-Chor!" Als alle Uniformen verteilt sind, stehen die Neulinge, Buben und Mädchen, mit der Uniform in der Hand zwischen ihren neuen Kollegen. Alle singen gemeinsam, *Freude schöner Götterfunken*, und die Eltern, Großeltern und Geschwister singen mit. Dabei erbebt der Saal, und die Kleinen sind jetzt nicht mehr klein, sie sind stolze Sängerknaben und Chormädchen, Teil der Tradition.

Über 525 Jahre Geschichte und Geschichten: Ausbildung und Chortradition der Wiener Sängerknaben gehören seit 2017 zum UNESCO-Kulturerbe. Bei den Wiener Sängerknaben, auf dem Campus Augarten ist die Musik die Konstante, das gemeinsame Singen, die gemeinsamen Erlebnisse. *Das* ist die Tradition: Sie wird von den Menschen – Knaben und Mädchen, Frauen und Männern – gemacht, den Kindern und Jugendlichen, den Eltern, den Musiker*innen, den Lehrer*innen, den Mitarbeiter*innen vor und hinter den Kulissen und den Ehemaligen. Sie alle füllen diese Tradition, sie leben und verändern sie, tragen sie weiter. Im Fall der Institution Wiener Sängerknaben sind die wichtigsten Protagonisten Kinder und Jugendliche, Burschen und Mädchen. Und diese Tradition ist höchst lebendig.

Anmerkungen

1   In seiner *Doctrina pro pueris ecclesiae Parisiensis* heißt es: „Porro magister cantus statutis horis doceat pueros plenum cantum principaliter et contrapunctum, et aliquos discantus [sic] honestos, non cantilenas dissolutas impudicasque." Zitiert nach Schwindt 2013, S. 12–13.

2   „ferst to enforme a. childe i his countpoyt. he most ymagyne his vnison the 8.e note fro the playnsong benethe. his .3de. the 6te note benethe his 5te". British Library, Lansdowne MS 763, folio 105 verso; Digitalisat: https://www.bl.uk/manuscripts/Viewer.aspx?ref=lansdowne_ms_763_f105v, Zugriff: 2.5.2023. Siehe auch Schwindt 2013, S. 13.

3   Siehe Pietzsch 1966, S. 129f.

4   „... und gingen des konges sengere in kostlichem ornamenten und heiltum (= tragbare Heiligtümer), das alles des konges war und her bracht hatte, nach der andern paffheid zunehst vor dem sacramente die gar hoffelichen gesang sungen ... und da man wider in die kirchen qwam, do sang der vorgenant bischof von Mencze (= Mainz) selbs die messe, und der dechant von Mentze laß das ewangelium und her Richard von Cleen das epistel, und des konges sengere songen die messe mit grosser schonheid." Vgl. Pangerl 2012, S. 150.

5   Eine Motette ist ein mehrstimmiges geistliches Musikstück; der Begriff wird im 13. Jahrhundert erstmals verwendet. Es gibt zwei verschiedene Etymologien, die beide etwas für sich haben: Die ältere leitet Motette von lateinisch *motus*, „Bewegung" ab, die jüngere – vielleicht volksetymologisch – spielt mit franzöisch *mot*, Wort, und dem Begriff Motto.

6   Siehe Pietzsch 1966, S. 60.

7   *De liberorum educatione* (Über die Erziehung von Kindern, 1450). Das Traktat ist ein Erziehungsleitfaden für Ladislaus Postumus (1440–1457), den Sohn Albrechts II., der schon als Baby zum ungarischen König gekrönt wird und der nach dem Tod seiner Eltern am Hof seines Onkels Friedrich III. erzogen wird. Enea Silvio Piccolomini (1405–1464) hält sich ab etwa 1442 als Berater am Hof Friedrichs III. auf; von 1458 bis zu seinem Tod ist er als Pius II. Papst.

8   Bei Piccolomini heißt es: „plurimum namque spiritus reficit et ad tolerantiam laboris exhilarat mentes non immodicus neque lascivus musicorum concentus", „Denn der Geist der Meisten erhebt sich und erheitert das Gemüt, so dass Mühen erträglich werden, wenn der Einklang der Musik weder maßlos noch zügellos ist." – Die Beobachtung geht auf Aristoteles' Politik, Buch VIII, zurück.

9   Der Prinzenhof in Gent ist im 15. Jahrhundert Sitz der Grafen von Flandern. Die Luxusresidenz kann unter anderem mit einem Löwengehege aufwarten. Hier wird 1500 der spätere Kaiser Karl V. geboren.

10   Anonyme Chronik des Frankfurter Reichstags 1486. Vgl. Kelber 2018, S. 12.

11   Te Deum laudamus: te Dominum confitemur / Te aeternum Patrem omnis terra veneratur. / Tibi omnes angeli, tibi coeli et universae potestates. / Tibi Cherubim et Seraphim incessabili voce proclamant: / Sanctus, sanctus, sanctus Dominus Deus Sabaoth, / Pleni sunt coeli et terrae maiestatis gloriae tuae.

12   Te gloriosus Apostolorum chorus: / Te Prophetarum laudabilis numerus / Te Martyrum candidatus laudat exercitus. / Te per orbem terrarum sancta confitetur Ecclesia. / Patrem immensae maiestatis: /Venerandum tuum verum et unicum filium; / Sanctum quoque Paraclitum Spiritum.

Anmerkungen

13   Tu Rex gloriae, Christe: / Tu Patris sempiternus es filius / Tu ad liberandum suscepturus hominem, non horruisti Virginis uterum. / Tu, devicto mortis aculeo, aperuisti credentibus regna caelorum. / Tu ad dexteram Dei sedes, in gloria Patris. / Judex crederis esse venturus. / Tu ergo quaesumus, tuis famulis subveni, quos pretioso sanguine redemisti. / Aeterna fac cum sanctis tuis in gloria numerari.

14   Salvum fac populum tuum Domine, et benedic haereditati tuae. / Et rege eos, et extolle illos usque in aeternum. / Per singulos dies, benedicimus te. / Et laudamus nomen tuum in saeculum, et in saeculum saeculi. / Dignare Domine, die isto sine peccato nos custodire. / Miserere nostri, Domine, miserere nostri. / Fiat misericordia tua Domine, super nos, quemadmodum speravimus in te. / In te, Domine, speravi: non confundar in aeternum.

15   Martin Luther, Weimarer Ausgabe 50, S. 263.

16   Das sogenannte „Te-Deum-Geläut" entspricht den Anfangstönen der gregorianischen Melodie: E, G und A.

17   Wahrscheinlich Écu (au) soleil („Sonnenschild"), eine von Ludwig XI. in Frankreich eingeführte Goldmünze.

18   Matthias Corvinus stirbt am 6. April 1490 an einem Schlaganfall; praktischerweise ohne Nachkommen.

19   RI XIV, 2 n. 7712 (4. Dezember 1496).

20   Siehe Gasch 2015, S. 368ff.

21   In der frühen Neuzeit gehört Wien zu Niederösterreich.

22   RI XIV, 2 n. 6370.

23   Der Hubmeister war ein hoher Finanzbeamter, der die Erträge der zum Herzogtum Österreich gehörenden Landgüter, die „Hüben", verwaltete. Im Lauf der Zeit wird er Leiter des gesamten Finanzwesens in Österreich unter und ob der Enns. Hubmeister waren meistens Wiener Bürger; die dazugehörige Behörde befand sich am Petersplatz in Wien. Das Amt wird 1498 abgeschafft und durch das Vizedomamt abgelöst.

24   N. steht für nomen oder Name; die Abkürzung wird gebraucht, wenn der Schreiber oder Künstler den genauen Namen einer Person nicht weiß; Hasenschütz' Vorname ist nicht bekannt.

25   RI XIV, 2 n. 6370.

26   Der slowenische Nachname bedeutet „Goldpferd". In den zeitgenössischen Humanistenkreisen wird Slatkonia auch Chrysippos genannt, wohl in Anlehnung an den antiken Stoiker.

27   Ohne Angabe eines zweiten Namens; Oswalt könnte Vor- oder Nachname sein. Ob Bernhart Meder mit dem Bassisten aus Innsbruck identisch ist, bleibt Spekulation.

28   Es sind sieben Namen. Im Dokument steht allerdings „sechs mutanten knaben", und die Ausgaben sind auch nur für sechs berechnet. Entweder hat sich der Schreiber verzählt, oder es ist ein Name zu viel – vielleicht ist „Simon von Krems" ein Fehler beim Abschreiben.

29   Entweder Mons im Hennegau oder Bergen op Zoom in Nord-Brabant.

30   Siehe oben: N steht für „Name" oder „nomen"; in diesem Fall ist dem Schreiber der Nachname nicht bekannt.

31   RI XIV, 2 n. 6446a.

32   Ensisheim ist eine habsburgische Enklave.

33   Johanna die „Wahnsinnige" (1479–1555).

34   Senn 1969, S. 77 und 79.

35   KM= Königliche Majestät.

Anmerkungen 237

36 Welsch=italienisch.

37 RI XIV, 4, 1 n. 18239, in: Regesta Imperii Online, URL: http://www.regesta-imperii.de/id/1504-02-17_1_0_14_4_0_2515_18239, Zugriff: 2.5.2023.

38 Brief an den Stadtrat von Straßburg, siehe Schwindt 2018, S. 66.

39 Zu Pfingsten wird der Heilige Geist ausgegossen, der dafür sorgt, dass Fremde einander plötzlich verstehen; in diesem Fall wird der Heilige Geist angerufen, um die Reichstagsteilnehmer zu einen.

40 Julius II. ist der siebte(!) Papst, den Maximilian erlebt.

41 Sancti spiritus assit nobis gratia ignis amorque, deus spiritum anima replens / respice concilio eum constantino felix qui tenet imperii rebus / pie consule rector, ut coelo pacem dictas / auspice te Caesar componat Maximilianus.

42 Imperii proceres, Romani gloria regni / vos electores, vos archiepiscopi et omnes pontifices, totus simulu ecclesiasticus ordo / armorumque duces, vos landgravique potentes, marchie quisquis ades, / comes et baro, nobiles urbis rector seu populi imperii quem foedera iungunt: / consulite in medium, in rebus succurite fessis, ecclesiam fulcite sacram / concordia sancto vos stringat vinculo, propriis et rebus adeste. / Auscultate pio pro vobis Maximiliano solicito. / Accendas favorem, optime Iuli, qui pater es patrum, / populos frenare superbos: da, Deus, da Deus, / imperii iustis cadat aemulus armis! / Hinc tibi devotas reddamus carmine grates / atque tuas laudes celebret, Germania, virtus. / Amen.

43 Schwindt 2018, S. 116.

44 Online: https://reichstagsakten.de/index.php?vol=rta1507&doc=dok713, Zugriff: 2.5.2023.

45 https://reichstagsakten.de/index.php?vol=rta1507&doc=dok713#fndok713fn4, Zugriff: 2.5.2023.

46 Und so ganz am Rande: Isaac, der für Maximilian auch als Informant tätig ist, trifft im November in Konstanz Niccolò Machiavelli.

47 Senn 1969, S. 79 und Kelber 2018, S. 37.

48 Die Zeitrechnung folgt natürlich dem julianischen Kalender.

49 Kelber 2018, S. 37 liest „Garentin".

50 Vierzig Jahre zuvor ist die Besetzung noch kleiner: In der burgundischen Ordonnanz von 1469 sind zwölf Sänger gefordert, sechs Knaben und je zwei Sänger in den Unterstimmen.

51 Ulrich von Württemberg (1487–1550), fast 30 Jahre jünger als Maximilian, ist ein besonderer Günstling des Kaisers. Ulrich scheint sich Maximilians Hofhaltung zum Vorbild zu nehmen und lebt damit weit über seine Verhältnisse.

52 Zur Nedden 1932/33, S. 31.

53 Schwindt 2018, S. 55.

54 Grobauer 1958, S. 17.

55 Srbik 1961, S. 45 und 273.

56 Costanzo Festa (1480–1545) ist zu dieser Zeit ein *musico celebrato*. Seit 1517 ist er Mitglied der päpstlichen Kapelle. Quis dabit oculis entsteht ursprünglich zum Tod von Anne de Bretagne (1477–1514); zu demselben Anlass gibt es eine ähnliche Komposition von Jean Mouton.

57 Einige Stimmen singen *milites* „Soldaten", die anderen *nobiles* „Adlige"; beides ist sinnvoll, beide gehören ja zum Hofstaat.

58 Quis dabit oculis fontem lacrimarum et plorabimus coram Domino? / Germania, quid ploras, Musica, cur siles? / Austria, cur induta veste reproba moerore consumeris? / Heu nobis, Domine, defecit nobis Maximilianus. / Gaudium cordis nostri cconversum est in luctum. / Ceci-

dit corona capitis nostri. / Ergo ululate, pueri, plorate, sacerdotes, lugite, cantores, plangite, milites (nobiles), et dicite: / Maximilianus requiescat in pace.

59 „lesquelz ont esté presens accompaigné mon dit Sr. Et Ma dicte dame durant l'obseque et service qui a esté fait et celebré le penultisme et derrain jour de fevrier XVc XVIII (= 1519) en l'eglise St.-Pierre à Malines pour le salut de l'âme de feu l'Empereur Maximilien, que Dieu absoille". Georges Doutrepont (Hg.), Chroniques de Jean Molinet. Brüssel 1934.

60 Das Gesangbuch aus der Werkstatt von Petrus Alamire (um 1470–1536) befindet sich in der königlichen Bibliothek in Brüssel, B-Br-ms-228, fol. 33v–35. Digitalisat online: https://idemdatabase.org/items/show/79, Zugriff: 2.5.2023. Alamire, eigentlich Peter Imhoff (um 1470–1536), stammte aus Nürnberg. Er unterhielt in Antwerpen eine Schreib- und Kopierwerkstatt, deren Notenausgaben als überaus kostbar galten. Alamire war nebenher in politischer Mission tätig, als Spion und Lobbyist; ab 1518 auch im Auftrag des habsburgisch-burgundischen Hofes.

61 Josquin ist der Superstar unter den Renaissance-Komponisten; unter seinen Fans findet sich neben Kaiser Maximilian auch Martin Luther. 1520 schreibt der Komponist neue Chansons für Margarete; es gibt also regen Austausch.

62 Die meisten geistlichen Stücke in der Renaissance verwenden einen Dreiertakt; das *tempus perfectum* entspricht der Dreieinigkeit.

63 Genesis 50:10; Judit 16:24.

64 Proch dolor! / Amissum terris Germanica turba magnanimum regem defleat! / Ille iacet atque ruit subito praeclarum Caesaris astrum: / Vulnere non maior nunc dolor esse potest. / Fortia stelliferi pandantur limina caeli: / excipiat magnum caelica turba virum. / Pie Jesu Domine dona ei requiem.

65 HHStA, OMeA SR 181/3, siehe auch Koczirz 1930/31, S. 532. Digitalisat online: https://www.archivinformationssystem.at/bild.aspx?VEID=4016010&DEID=10&SQNZNR=11, Zugriff: 2.5.2023.
Das Dokument hat zwölf Doppelseiten, die Mitglieder der Kapelle finden sich auf der zehnten Doppelseite; auf der neunten ist eine Überschrift „Personen, so in Innßprugg sein.", die sich auch auf die Kapelle beziehen dürfte. Vor der Kapelle erscheinen in diesem Abschnitt Edelknaben, Stallknechte, Edelknechte und Wagenknechte. Die geistlichen Kaplane, die wohl zur Kapelle gehören, finden sich weiter vorne, auf der vierten Doppelseite.

66 Teschinger ist der Sohn des Tenoristen Michel Teschinger (auch Taschinger).

67 Anonym, Nau getzeiten von Jtzt gehaltem keiserlichem Reichstag zu Augspurg. Leipzig 1518, fol. A1 verso; zitiert in Kelber 2018, S. 56.

68 Adam Rener (um 1482–1520) ist einer der sieben „Mutanten Knaben", die 1498 nach Wien beordert werden. Um 1500 geht Rener nach Flandern zurück, um dort zu studieren oder sich musikalisch weiterzubilden. 1503 ist er als inzwischen erwachsener Sänger wieder in der kaiserlichen Kapelle zu finden, bevor er 1507 nach Sachsen geht.

69 Heinrich Theodor Musper (Hg.), Kaiser Maximilian I. Weißkunig I. Stuttgart 1956, S. 225f.

70 Der *Weißkunig* bleibt unvollendet; Marx Treitzsauerwein bezeichnet seine eigenen Bemühungen um eine Edition nach Maximilians Tod als „unvolkumenlich". Das Manuskript landet in seinem Nachlass. Als im 18. Jahrhundert die Stöcke der Holzschnitte gefunden wurden, konnte eine Ausgabe gemacht werden. Treitzsauerweins Handschriften befinden sich heute in der Österreichischen Nationalbibliothek (Codices 3032 und 3034).

71 Zitiert nach Heinrich Theodor Musper (Hg.), Kaiser Maximilians I. Weißkunig 1. Stuttgart 1956, S. 229.

72 Zitiert mit Schwindt 2018, S. 69. A-Wn, Cod. 2892, fol. 15 r–v.

73 Ergötzung bedeutet Erholung, Genesung, Freude; auch Belohnung; gehört etymologisch zu mittelhochdeutsch ergetzen = vergessen machen: Im Vergessen liegt (manchmal) Heil.

74 Die Zahl derjenigen, die Anspruch auf Unterhalt und Kleidung hatten, schwankt stark; in finanziell günstigeren Zeiten ist auch schon von bis zu 2000 Personen die Rede.

75 Das ist ein Zitat aus Vergils Aeneis I:204, dort heißt es: „per varios casus, per tot discrimina rerum", durch verschiedenes Ungemach, durch so viel der schlimmsten Gefahren.

76 Die Geschichte wird in einer Regensburger Chronik erzählt, die in dieser Form allerdings erst 1821 zusammengestellt wurde; Jahresangaben müssen also nicht stimmen. – Liedforscher Rochus von Liliencron (1820–1912) beschreibt die Episode als bewusste Provokation Maximilians. Das Lied ist Zeitgenossen auf jeden Fall bekannt, vgl. Schwindt 2018, S. 56.

77 In einem Brief an Kanzleischreiber Zyprian von Serntein; zitiert mit Schwindt 2018, S. 59.

78 Eigentlich Joachim von Watt (um 1483–1551), Schweizer Humanist und Mediziner; Universalgelehrter.

79 Siehe Schwindt 2018, S. 59.

80 Schwindt 2018, S. 92. RI XIV, 4, 1 n 19505.

81 Schwindt 2018, S. 91. RI XIV, 5, 1 n 22115 und 22117.

82 Zu lateinisch *praecipere* „lehren, unterrichten", auch „befehlen, verordnen". Praeceptor wurde seit dem Mittelalter auch im allgemeinen Sprachgebrauch als Ehrentitel für Lehrer verwendet.

83 Pieter Maessins ist 1529 als Söldner unter den Verteidigern der Stadt Wien.

84 Verordnung Ferdinands I., HHStA, Archiv des Obersthofmeisteramtes, Sonderreihe 181, Nr. 7, vgl. Pass 1980, S. 339.

85 Auch Wilhaimb; er verlässt die Kapelle im Jahr darauf.

86 Johann Persin geht 1546 ab.

87 Nach seinem Sieg über den Schmalkaldischen Bund will Kaiser Karl V. den Reichstag dazu benutzen, die Protestanten mit Gewalt zu „bekehren"; Augsburg ist von Truppen besetzt, und der Kaiser tritt selbst im Harnisch vor die Stände – daher die Bezeichnung.

88 Litomyšl (Leitomischl) war ein Zentrum der Böhmischen Brüder; der adlige Besitzer Bohuslaw Kostka von Postupitz († 1557) hatte 1547 den Aufstand gegen Ferdinand unterstützt und danach seine Besitzungen verloren. Das erklärt den Namen „Pikharden-Haus": „Pik(h)arden" war eine abfällige Bezeichnung für Religionsflüchtlinge – die ersten stammten aus der Picardie.

89 „Quod canendi genus antea in aula nostra ignotum erat, quod vocant contrapunctum", siehe Grassl 2012, S. 38 mit Fußnote 88. Was man hier unter Kontrapunkt versteht, ist nicht klar.

90 „Sonst hatt sich dies rais gott sey lob mitt Irer Mt. Vnd dem gantzen hofgesind vnangesehen der schwaeren winterzeitt, vnnd des boesen wegs gantz wol zugetragen. Allein das sich ain vnfall mitt Irer Mt. Capellmaister begeben. Also nachdem Ir Mt. Sambstags den 10 diss zu Strasspurg ausgezogen, vnd 3 meil wegs daruon In ainem staettlen Benfeld genannt über nacht ligen wellen, vnd aber Irer Mt. Hernach angezaigt worden, das daselbs gar übel vnderzukomen, ist Ir Mt. gar bis gen Schletstatt vnd also 6 meil gezogen, vnd die mainung gewesen, das der Capellmaister mitt den singern volgen, vnd den nachgeenden Sonntag das ampt daselbs singen solllen. Nun hatt sich der gutt man zu Strasspurg etwas gesaumet, also das er erst vmb 3 vr nachmittag daselbs mitt seiner hausfrawen ausgefarn, vnd dannocht den dienst nitt versaumen, sonder er die nacht daran spannen wellen. Als er nun für das staettle Benfeld

240 Anmerkungen

kommen, hatt der furman welcher vielleicht schlaefferig, vnd zum tail auch bezecht gewesen sein mag, vmbgeworfen, daraus eruolgt das er Capellmaister weder och noch wee gesprochen, sonder gleich auf der statt gepliben. Dann ee man Ime In solcher finster, vnd gaehlingen zufall, zu hilff kommen moegen, auch sein hausfraw Ir selbs In solcher nott nitt helffen künden, ist er vnder den küssinen, vnd poelstern, so er bey diser kalten zeitt mitt Ime In dem wagen gefuuert, erstickt gewesen. Der allmechtig gott well der seel gnedig vnd barmhertzig sein." Siehe Leuchtmann 1969, S. 239f. Seld stirbt später selbst bei einem Unfall mit einer Kutsche.

91 Jean Guyot (um 1512–1588), eigentlich Jean Guyot de Châtelet, erscheint als Johann Castileti in den Hofakten, „Castileti" ist der latinisierte Name seines Herkunftsortes.

92 Auch Ele(e)mosinarius; ein Geistlicher, der für die Verteilung von Almosen zuständig ist, ein Armenpfleger. In der Spätantike bedeutet eleemosynarius „freigiebig"; aus dem Adjektiv wird im Mittelalter die Amtsbezeichnung.

93 Pass 1980, S. 341.

94 Ein Verwalter.

95 Diese Aufgabe wird manchmal auch von einem erwachsenen Sänger übernommen.

96 Pass 1980, S. 364–383.

97 Auch Johann Plevier / Pleuier. „pluvier" ist französisch für Regenpfeifer oder Kiebitz; eventuell ist es eine Übersetzung des Familiennamens. In der Kapelle singt gleichzeitig ein Tenorist namens Ägidius Pluvier.

98 Besoldungsliste vom 12. Mai 1567; siehe Smijers 1919, S. 153.

99 „ch'è o fiamingho o francese, et ch'ha il cervello assai mutabile": Wistreich 2006, S. 262.

100 Scudi = italienische Währung; wahrscheinlich entspricht ein Scudo zu dieser Zeit anderthalb Gulden. 400 Scudi wären demnach 600 Gulden, also 50 im Monat. Maximilian will aber nur 30 Gulden im Monat ausgeben, das war Vaets Gehalt.

101 Josef Fiedler, Relationen venetianischer Botschafter über Deutschland und Österreich im 16. Jahrhundert. Wien 1870, S. 278f.

102 Zitiert mit Senn 1954, S. 80 und Bobeth 2009, S. 188.

103 „Discorso delle cose accadute tra il Signor Odd'Antonio Budi il Signor Camillo Zanotti et me Filippo di Monte", datiert auf den 17.02.1588. Mailand, Biblioteca Ambrosiana, Q. 115 sup., fols. 141r–146v. (142r–v). Siehe Wistreich 2006.

104 Heute ist Saive ein Teil der Gemeinde Blegny in Belgien.

105 Exodus 23:20: „Ecce, mitto angelum meum qui praecedat te et custodiat semper".

106 Wahl- und Krönungshandlung Matthias I (1612). Vgl. Meinert 1956.

107 Smijers 1919, S. 157–8; Hofkammerarchiv Ms 189, ff. 149v–151v.

108 Barchent, Parchent: Ein in der frühen Neuzeit beliebtes Baumwoll-Leinen-Gemisch; das Wort kommt aus dem Arabischen (barrakan = Kamelhaar).

109 Nestel(n): Bänder zum Zumachen der Kleidung; davon abgeleitet ist das Verb nesteln.

110 HHStA, Gedenkbuch 88, fol. 227.

111 Khevenhüller, *Annales*, vol. 9, Spalte 20–21 und vol. 10, Spalte 1417; vgl. Abelin, *Theatrum Europaeum* (1643), S. 34f. Franz Christoph Khevenhüller (1588–1650), Oberster Silberkämmerer, Kammerherr und Geheimer Rat unter den Kaisern Matthias und Ferdinand II.; auch Gesandter in Spanien, als Protestant erzogen, konvertiert zum Katholizismus. Khevenhüller ist auf Ausgleich zwischen den verschiedenen Fraktionen bedacht; 1634 erhält er die Erlaubnis, Hofakten für eine historische Abhandlung über Leben und Regierung Ferdinands II., „des

Andern, Milden", zu verwenden. Die ersten neun Bände der *Annales Ferdinandei* erscheint zwischen 1640 und 1646, also unter Khevenhüllers Aufsicht.

112 Abelin, *Theatrum Europaeum* (1643), S. 34. Johann Philipp Abelin (1600–1634 oder 1637) war Lehrer und Chronist in Frankfurt am Main; Herausgeber des *Theatrum* war der Kupferstecher Matthäus Merian (1593–1650). Merian legte Abelin protestantische „Partheyligkeit" zur Last, und ließ die von ihm geschriebenen Bände nach dessen Tod überarbeiten.

113 Maria, Joseph und Jesus seien die Augen ausgestochen worden.

114 Dominicus Ruzola, *Argumenta psalmorum* (1623).

115 Iubilate Deo, omnis terra / psalmum dicite nomini eius, date gloriam laudi eius. / Dicite Deo: quam terribilia sunt opera tua, Domine! In multitudine virtutis tuae, mentientur tibi inimici tui. Omnis terra adoret te, Deus, et psallat tibi; Psalmum. Alleluja.

116 Khevenhüller, *Annales Ferdinandei* 1721–26, vol. 9, cols. 1628–29.

117 HKA, NöHA, W61/A/36, fols. 986–87.

118 Bericht des venezianischen Botschafters, Saunders 1995, S. 361.

119 Saunders 1995, S. 361, *Das kayserisch Glockhen Hänlin*, A-Wn, cod. 13397, fols. 201–3v. Schwaben war vom Krieg besonders betroffen; es war militärisch schwach, aber dafür reich – Plündern lohnte sich. Das sarkastische „Requiem" bezieht sich auf die hohen Verluste im Land.

120 Relationis historicae, S. 73–74.

121 HKA NöHA, W61/A/36, fol. 1015V – auch fol. 993.

122 „Er" meint den Kaiser selbst. „Musicam, ad laudem & honorem Omnipotentis, & ad conservandum animum hominis hilarem, utilem & idoneam esse, inquit." Status particularis Regiminis S.C. Majestatis Ferdinandi II. (1637), S. 45.

123 Wilhelm Lamormaini, Ferdinandi II. Römische Khaysers Tugenden, S. 86.

124 HKA, NöHA, W61/A/36, fol. 1015v.

125 Alias Musicorum Caesareorum aliorumque ad Musicam Imperialem spectantium ministrorum octoginta circiter numerantur. Status particularis, S. 131.

126 A-Whh Familienarchiv, Familienkorrespondenz A, Karton 11, fol 190 r.

127 Brief vom 29. Juli 1643. A-Whh Familienarchiv, Familienkorrespondenz A, Karton 11, fol 272r.

128 „Insecutus est Symphoniacorum omnium e tota urbe collectorum, et in plures qua vocum, qua instrumentorum, ac etiam tubarum campestrium, ac tympanorum choros divisorum plausus, qui cum Lauretanam elogiorum seriem Augustissimae Matri decanterent, calidam in circumprostato popula devotionem, certamque praesidii fiduciam excitarunt." Wilhelm Slavata, Maria virgo immaculate concepta (Wien 1648), sig. B3r. – Slavata (1572–1652) war böhmischer Oberstkanzler – und eines der Opfer des zweiten Prager Fenstersturzes.

129 Die „Litanei der Seligen Jungfrau Maria" besteht aus einleitenden Anrufen (Kyrie, Christe, Vater, Sohn, Heiliger Geist und Heilige Dreifaltigkeit), gefolgt von Anrufungen Marias als Mutter, Jungfrau, Mittlerin und Königin. – Die Bezeichnung „lauretanisch" bezieht sich auf den Wallfahrtsort Loreto in Italien: Der Legende nach wurde Marias Elternhaus, das „Heilige Haus von Nazareth" von Engeln nach Loreto getragen.

130 Die Kurtine, eigentlich „Vorhang", bezeichnet bei einer Burg den Wall zwischen zwei Bastionen.

131 HHStA, Obersthofmeister-Acten, Hof-Partheys. 1687; das Original ist italienisch. Die deutsche Übersetzung stammt aus La Mara, Musikerbriefe aus fünf Jahrhunderten. Erster Band, 1886, S. 122. La Mara, eigentlich Ida Marie Lipsius (1837–1927), war Musikhistorikerin; sie kannte Liszt und Wagner und befasste sich in einem ihrer Bücher mit zeitgenössischen Musikerinnen.

242 Anmerkungen

132 Der Vorläufer der Wiener Zeitung wird 1703 gegründet; die erste Ausgabe erscheint am 8. August 1703.

133 WD Nr. 111, 20.–23. August 1704.

134 HHStA, OMeA, Prot.7, 215 v.

135 Es ist möglich, dass nicht alle 134 aktiv musizieren; bei manchen könnte es sich um Pensionisten oder sogenannte „Jubilati" (Pensionisten mit vollen Bezügen) handeln.

136 Von 1714–1716 Ferdinand Ernst Graf von Mollard (1648–1716); von 1716–1717 Johann Karl Graf von Kuefstein (1680–1717); von 1717–1721 Joan de Buxados Graf Cavella (?); von 1721–1732 Luigi Antonio Pio di Savoya (? –1755) und von 1732–1740 Johann Ferdinand von Lamberg (1689–1764).

137 Die Oper hat die Nummer KV 310: Ludwig Ritter von Köchel hat nicht nur Mozarts Werke katalogisiert. Sein Werkverzeichnis für Fux ist unvollständig, ein neues Fux-Werkeverzeichnis wird von Thomas Hochradner erstellt.

138 14. September 1716, zitiert nach Maria Breunlich (Hg.), Lady Mary Montagu. Briefe aus Wien (1985), S. 19–24. „I have, indeed, so far wandered from the discipline of the church of England, as to have been last Sunday at the opera, which was performed in the garden of the Favorita; and I was so much pleased with it, I have not yet repented my seeing it. Nothing of that kind ever was more magnificent; and I can easily believe what I am told, that the decorations and habits cost the emperor thirty thousand pounds Sterling. The stage was built over a very large canal, and, at the beginning of the second act, divided into two parts, discovering the water, on which there immediately came, from different parts, two fleets of little gilded vessels, that gave the representation of a naval fight. It is not easy to imagine the beauty of this scene, which I took particular notice of. But all the rest were perfectly fine in their kind. The story of the opera is the enchantment of Alcina, which gives opportunities for great variety of machines, and changes of the scenes, which are performed with a surprising swiftness. The theatre is so large, that it is hard to carry the eye to the end of it, and the habits in the utmost magnificence, to the number of one hundred and eight. No house could hold such large decorations: but the ladies all sitting in the open air, exposes them to great inconveniences; for there is but one canopy for the imperial family; and the first night it was represented, a shower of rain happening, the opera was broke off, and the company crowded away in such confusion, that I was almost squeezed to death."

139 In den erhaltenen Quartierlisten gibt es allerdings keine Hinweise auf Sängerknaben.

140 HHStA, OMeA, Prot. 12, 632 v., 633 r.

141 HHStA, OMeA, Prot. 12, 632 r.

142 Die Zahl ist unsicher, gelegentlich ist auch von 120 die Rede. Kubiska-Scharl und Pölzl 2013, S. 99 schätzen, dass es – mit Dienern, Notenwarten und anderem Personal – insgesamt sogar an die 175(!) Personen sind. Die Gesamtzahl der für die Kapelle zur Verfügung stehenden Musiker sollte laut Reutters Vertrag gleich bleiben. Die von ihm angestellten Musiker sind nicht pensionsberechtigt.

143 Georg August Griesinger, Biographische Notizen über Joseph Haydn, Leipzig 1810, S. 10.

144 „I heard an excellent mass, in the true church style, very well performed; there were violins and violoncellos though it was not a festival. ... All the responses in this service, are chanted in four parts, which is much more pleasing, especially where there is so little melody, than the mere naked canto fermo used in most other catholic churches; the treble part was sung by boys, and very well; particularly, by two of them, whose voices, though not powerful, had been

Anmerkungen 243

well cultivated." Burney, The Present State of Music, 1773, S. 241; die zeitgenössische Übersetzung stammt von Johann Joachim Christoph Bode, s. Paumgartner 1948, S. 22.

145 „There was a procession through the principal streets of this city to day, as an anniversary commemoration of the Turks having been driven from its walls in 1683, by Sobieski king of Poland, after it had sustained a siege of two months. The Emperor came from Laxemberg [sic] to attend the celebration of this festival, and walked in the procession, which set off from the Franciscan's church, and proceeded ... to the Cathedral of St. Stephen, where Te Deum was sung, under the direction of M. Gasman [sic!], imperial maestro di capella. The music was by Reüter, an old German composer, without taste or invention. As there was a very numerous band, great noise and little meaning characterized the whole performance. I hoped something better would have succeeded this dull, dry stuff; but what followed was equally uninteresting. The whole was finished by a triple discharge of all the artillery of the city, and the military instruments were little less noisy now, than the musica had been before." Burney 1773, S. 356; die zeitgenössische Übersetzung stammt wieder von Bode; vgl. Paumgartner 1948, S. 97f.

146 Gedenkbuch N 86, f. 134, zitiert mit Smijers 1920, S. 103.

147 Gedenkbuch N 100, f. 63, zitiert mit Smijers 1920, S. 104.

148 HZAR 1570, fo. 618, vgl. Grobauer 1954, S. 16.

149 E 653, fo. 205›. Siehe Smijers 1919, S. 170.

150 Die Hardenraths hatten eine Kapelle gestiftet, in der täglich eine Messe gesungen werden sollte, und zu diesem Zweck eine eigene, überregional bekannte Singschule gegründet, die auch in anderen Städten auftrat. Tammen 2013, S. 70.

151 Die zeitgenössische Biografie stammt von Samuel Quicckelberg (1529–1567), Arzt, Bibliothekar und Kunstberater am bayerischen Hof; Quicckelberg kannte Lasso. – Der Text findet sich bei Heinrich Pantaleon, *Teutscher Nation warhaffte Helden*, S. 507; einer Sammlung von 1700 ausgewählten „Heldenbiografien", die zunächst auf Latein erscheint, *Prosopographia heroum atque illustrium virorum totius Germaniae*.

152 Whereas we have authorysed our servaunte Thomas Gyles Mr. of the children of the Cathedrall Churche of St. Pauls ... to take upp such apte and meete children as are most fitt to be instructed and framed in the arte and science of musicke and singinge, as may be had and founde out within anie place of this our Realme of England or Wales. Edmund K. Chambers, The Elizabethan Stage II, Oxford 1923, S. 17.

153 Ein Trabant ist ein Leibgardist.

154 Knaus 1967, I 50: Der Sängerknabe Laurenz Scholz stirbt, dadurch wird eine Stelle frei.

155 Vgl. Grobauer 1954, S. 103.

156 Franz Innozenz Lang (1752–1835) unterrichtet Theologie und Latein; 1794 ist er Hauslehrer der Brüder des Kaisers Franz II., 1817/1818 wird er Rektor der Universität Wien. – Franz Schubert widmet ihm 1815 seine zweite Sinfonie.

157 Schlögl 1860, S. 4. Es ist unklar, ob sich das auf ein und dasselbe Ereignis bezieht. Im Dezember 1805 schlägt Napoleon zum ersten Mal Quartier in Schloss Schönbrunn auf, Wild wird am 31.12.1805 dreizehn Jahre alt. – Mit Bräundl ist Joseph Preindl (1756–1823) gemeint, Komponist, Organist und an 1809 Kapellmeister am Stephansdom.

158 Grobauer 1954, S. 81.

159 HMK 1850, fol. 133.

160 Prominente Beispiele: Schubert singt zwei Mal vor, ebenso Hans Richter. Der spätere Hofkapellmeister Herbeck versucht es zwei Mal und wird nicht genommen.

Anmerkungen

161 Der Geiger Karl Hoffmann (1866 Exspektant, 1874 wirkliches Mitglied der Kapelle) und der Fagottist Hermann Thaten (1893 Exspektant, 1901 wirkliches Mitglied der Kapelle); Thaten ist noch dazu ein Hanseat aus Bremen. – Mit dem berühmten Geiger Arnold Rosé (eigentlich Rosenblum, 1863–1946) spielt ab 1903 auch ein jüdischer Musiker in der Hofburgkapelle; seine Tochter Alma (1906–1944) ist ebenfalls Geigenvirtuosin – sie leitet das Mädchenorchester in Auschwitz, bis die Nazis sie 1944 ermorden.

162 OMeA 1863, 59/6.

163 HMK 1868, f.99–100, 102, 103. Vgl. Grobauer 1954, S. 143.

164 Das wird so wohl nicht stimmen. „Damals fiel vor den Augen der Neugierigen aus den Fenstern spähenden Konviktoren ein Haubitzgeschoß auf dem Universitätsplatz und krepierte in einem der Brunnen dort. Plötzlich aber krachte es im Hause selbst: eine Granate war auf das Konvikt gefallen. Sie durchschlug alle Stockwerke bis zum ersten und platzte dort im Zimmer des Präfekten Josef Walch, der eben eintreten wollte." Vgl. Grobauer 1954, S. 199.

165 Brief von Graf Kuefstein an Direktor Lang vom 28. September 1810. Zitiert mit Deutsch 1980, S. 15.

166 Zitiert mit Deutsch 1980, S. 16.

167 1831 wird ein Konkurs vorgezogen, weil die Mutanten nicht mehr singen können.

168 Auch heute singen Sängerknaben und Chormädchen während ihres Stimmbruchs. Die Stimmbildner müssen mit den Jugendlichen gemeinsam die jeweils richtige Lage für die Stimme finden, darauf achten, dass die Sänger*innen sich nicht verspannen. Mit der richtigen Technik sinkt die Stimme einfach ab, bis sie in ihrer endgültigen Lage angekommen ist. Bei Jungen geht es in der Regel um eine Oktave, bei Mädchen um eine Terz.

169 Wisgrill lehrt ab 1824 an der medizinischen Fakultät („psychische Anthropologie"); 1832 gibt er ein mehrbändiges „Handbuch der Vorbereitungslehre für das Studium der Chirurgie" heraus. 1834 wird er zum k.k. Professor ernannt.

170 Peter Winter (1754–1825), ab 1814 Peter von Winter, gilt als einer der wichtigsten Komponisten seiner Zeit. 1780/81 studiert er eine Weile bei Salieri in Wien. Winter ist besonders für seine Bühnenwerke bekannt; 1798 schreibt er zu einem Libretto von Emanuel Schikaneder eine „Fortsetzungsoper" zu Mozarts Zauberflöte.

171 Matth. 3:4: „Er aber, Johannes, hatte ein Gewand aus Kamelhaaren an und einen ledernen Gürtel um seine Lenden; seine Speise aber waren Heuschrecken und wilder Honig."; Schubert denkt an Römer 10:11. – Die Stelle mit den zwei Röcken stammt aus dem Lukas-Evangelium (Lukas 3:11): „Er antwortete aber und sprach zu ihnen: Wer zwei Hemden hat, der gebe dem, der keines hat; und wer Speise hat, tue ebenso." Der Sprecher ist Johannes.

172 Tatsächlich nach der Brühe benannt: Es handelt sich um Spiralen aus Silber oder vergoldetem Silber, die aufgestickt werden. Die technische Bezeichnung ist Kantille.

173 HHStA, 10 HMK fol. 16ff., zitiert nach Wimmer 1999, S. 146.

174 HHStA 5 HMK fol. 5 (7. Mai 1807).

175 Nicht ganz: Im Film ist das Staatswappen nur auf den blauen Uniformen zu sehen; für die weißen Blusen reichte die Zeit nicht.

176 ÖNB, Cod. Ser.n. 4604 (9. November 1819).

177 Damals noch im Haus zum Roten Igel (Wien 1, Tuchlauben 12).

178 Hector Berlioz, Lebenserinnerungen. Ins Deutsche übertragen und hrsg. von Hans Scholz. München 1914, S. 405.

179 Ein Mantel mit Kapuze.

Anmerkungen

180 Lange Hosen: Man trägt jetzt keine Kniebundhosen mehr.

181 Unterhosen; der Begriff kommt aus dem Ungarischen: gatye = Hose.

182 Es wäre interessant zu wissen, wofür der Tanzunterricht gefordert wurde.

183 Zitiert mit Steurer 1998, S. 367.

184 Ofen ist der alte deutsche Name für Buda (Budapest).

185 Heute weiß man, dass Asthmatiker mit einer guten Atemtechnik vom Singen profitieren. Vgl. Adam Lewis et al., in: Primary Care Respiratory Medicine 2016; 26, 16080 (online seit 1. Dezember 2016).

186 Zitiert mit Pagel 2008, S. 108.

187 HMK 1871, fol. 40ff.

188 Für einen Gulden hätte man um 1870 zehn Kilogramm Brot oder zwei Kilogramm Rindfleisch bekommen.

189 Zitiert mit Partsch 1998, S. 163.

190 Mitteilung des ehemaligen Hofsängerknaben Georg Pirkmayer; cf. Grobauer 1954, S. 105.

191 Zitiert mit Partsch 1998, S. 163; siehe Franz Gräflinger, Liebes und Heiteres um Anton Bruckner. Wien 1948, S. 76f. Gelegentlich wird der Ausspruch etwas anders wiedergegeben: „Singen wollts net, aber mei Torten tuts fressen!".

192 Nicht mehr „Hofkapellmeister". Die neue Bezeichnung zeigt, dass Luze einen befristeten Dienstvertrag hat.

193 Der Grund ist mir nicht bekannt; Clemens Krauss wird ein sehr berühmter Dirigent. Zwischen 1929 und 1934 ist er Musikdirektor der Wiener Staatsoper, von 1933 bis 1934 auch künstlerischer Leiter der (dann ehemaligen) Hofmusikkapelle. – Am 31. Dezember 1939 dirigiert Krauss im Wiener Musikverein ein „Außerordentliches Konzert" der Wiener Philharmoniker; im Grunde das erste Neujahrskonzert.

194 Zu dieser Zeit ist die „Deutsche Grammophon-Aktien Gesellschaft", Vorläufer der Deutschen Grammophon, in Wien ansässig und wirbt mit einem großen „Platten-Repertoire", dass „über 15.000 Aufnahmen nur erster Künstler aller Länder" umfasse. – Die Aufnahmen befinden sich heute in der Österreichischen Mediathek.

195 HHStA, OMeA 59/A/12, 1907 (26. September).

196 Robert Führer (1807–1861), ein Kirchenmusiker aus Prag, hat eine schauerliche Biografie, die eine gescheiterte Ehe, Alkoholmissbrauch, Fälschung und Betrug inkludiert; Führer landet schließlich im Gefängnis: dort komponiert er. 1861 stirbt er als Obdachloser im Allgemeinen Krankenhaus in Wien. Es ist immerhin beachtlich, dass die Hofmusikkapelle, noch dazu zum Tod des Kaisers, ein Werk von ihm aufführt.

197 Guido Adler (1855–1941) gilt als Begründer der Wiener Musikwissenschaft.

198 Mindestens vier Palestrina-Messen sind bis 1918 regelmäßig in der Hofmusikkapelle zu hören; Dufay erscheint gar nicht in den Aufzeichnungen. Mainstream-Geschmack sind die frühen Messen aber nicht.

199 Worliczek 1989, S. 15–18.

200 Max Hussarek von Heinlein (1865–1935) ist kein Unbekannter: Als ehemaliger Unterrichtsminister und Ministerpräsident Kaiser Karls I. hat seine Meinung sicher Gewicht.

201 Josef Schnitt, Tagebuch, zitiert bei Worliczek 1989, S. 26.

202 Nicht mehr „Erster Dirigent"; der neue Titel beinhaltet den Hinweis auf die lange Geschichte und Tradition.

203 AVA, BMfU, 15 HMK, Z 3002/24, cf. Schenk 2001, S. 31.

246 Anmerkungen

204 Schnitt hatte das Waldhotel Kreuzstein am Mondsee 1919 erworben; mit Geld, das er von seiner Mutter geerbt hatte.

205 Die Zahl ist nicht verifizierbar; 200 dürfte übertrieben sein.

206 Heinrich Müller (1865–1947), ab 1917 zweiter Hoforganist und ab 1918 Gesangs- und Klavierlehrer der Hofsängerknaben.

207 Tagebuch von Rektor Schnitt, zitiert bei Worliczek 1989, S. 38.

208 Zum 100. Geburtstag von Anton Bruckner veranstaltet das Bundesministerium für Unterricht eine Feier in der Hofburg, bei der die Sängerknaben mit Mitgliedern des Wiener Männergesangvereins die Motette *Locus iste* und alleine *Um Mitternacht* singen; Matthias Schneider singt das Solo.

209 Das Stück wird im April 1927 in Berlin aufgenommen (Parlophon P 9107-1); der Text dazu, „Freude, Königin der Weisen" scheint an ein Gedicht von Johann Peter Utz angelehnt, das Mozart selbst auch vertont hat.

210 Gräfin Hartenau (1865–1951), geboren als Johanna Loisinger in Pressburg (damals Ungarn, heute Bratislava, Slowakei) war eine gefeierte Mozart-Sängerin und Pianistin. 1899 heiratet sie Graf Alexander von Hartenau (= Alexander Prinz von Battenberg, bis zu seinem Thronverzicht 1888 Fürst von Bulgarien). Nach dem Tod ihres Mannes übersiedelt die Gräfin nach Wien und engagiert sich im Musikleben der Stadt.

211 Der Nachlass von Franz Schalk befindet sich heute in der Musiksammlung der Österreichischen Nationalbibliothek.

212 Eigentlich *Lo speziale*, Hob. XXVIII:3 (1768); Die deutsche Fassung stammt vom Wiener Musikwissenschaftler Dr. Robert Hirschfeld (1857–1914).

213 Alois Worliczek.

214 Das englische Wort „sponsor" wird erstmals in den 1650er-Jahren verwendet und bezeichnet einen Taufpaten, abgeleitet vom Lateinischen *spondere* „feierlich versprechen", das wiederum auf eine proto-indoeuropäische Wurzel *spondeio– „(ein Trankopfer) ausgießen" zurückgeht; vgl. Griechisch σπένδω, Deutsch spenden. Im heutigen Sinn taucht der Sponsor erstmals 1931 in England auf, als jemand, der ein Rundfunkprogamm finanziert.

215 Schreiben an das BMfU vom 9. März 1928. AVA, BMfU, 15 HMK Z 7334/28, vgl. Schenk 2001, S. 41 und Worliczek 1989, S. 105f.

216 Straßenbahn.

217 Wiener Zeitung Nr. 104 vom 4. Mai 1929, S. 6; online auf https://anno.onb.ac.at/, Zugriff: 2.5.2023. – Dass Nilius (1883–1962), damals Chef der Wiener Tonkünstler, ein „normales" Sängerknaben-Konzert dirigiert, ist bemerkenswert. Sehr wahrscheinlich wird die Spieloper wie in Berlin mit einem Orchester aufgeführt.

218 Es handelt sich um keine echte Subvention, sondern eine Gage; es gibt ja eine Gegenleistung dafür.

219 Wenn man davon ausgeht, dass die erwähnten 97.000 Schilling diese Kosten beinhalten, bleiben 8900 Schilling für Verwaltung übrig.

220 Eigentlich Salomon Israelevich Gurkov (1888–1974). Zu Huroks Klienten gehörten unter anderen Isadora Duncan, Margot Fonteyn, Emil Gilels, Sviatoslav Richter und Arthur Rubinstein. – Bis heute werden die Wiener Sängerknaben in den USA von Huroks Agentur und deren Nachfolgern, ICM Artists und opus 3 Artists, vertreten.

221 Zitiert nach Schenk 2001, S. 51.

222 Zitiert mit Schenk 2001, S. 54.

Anmerkungen

223 Die Österreichische Radio-Verkehrs-AG wird 1924 gegründet; in den 1950er Jahren wird daraus der ORF.

224 August Eduard Wenzel (1895–1971) ist vor allem für seine Porträts bekannt.

225 Handschriftliches Tagebuch eines Sängerknaben, 1935; Archiv der Wiener Sängerknaben.

226 Franz Burkhart (1902–1978) ist ausgesprochener Chorfachmann; er hat bei Ferdinand Grossmann studiert und komponiert und arrangiert vor allem Werke für Chor.

227 Grubers Chor war 1939 in Australien unterwegs; als Australien in den Krieg eintrat, wurde das Schiff, das den Chor nach Europa zurückbringen sollte, beschlagnahmt. Der Chor saß damit in Down Under fest. Daniel Mannix, der Erzbischof von Melbourne, sorgte dafür, dass die Knaben bei Familien untergebracht wurden. Gruber wurde als Nazi denunziert und verbrachte einige Zeit in einem Internierungslager. Die Knaben sangen alle im Chor der St. Patrick's Cathedral in Melbourne; sie blieben nach dem Krieg in Australien. – Bis heute werden „Vienna Boys Choir" und Grubers schon lange nicht mehr existenter „Vienna Mozart Boys Choir" manchmal verwechselt.

228 Wie viele SA-Leute dabei sind, lässt sich nicht sagen: Grobauer 1999, S. 49f. zitiert zwei Augenzeugen, die über den Vorgang unterschiedliche Angaben machen.

229 Grobauer 1999, S. 48. Der Pianist, Komponist und Dirigent Robert Ernst (1900–197) ist bereits seit 1931 Mitglied der NSDAP.

230 Die Gründe dafür sind unklar; eventuell geht es um die von Schnitt angezeigte Unterschlagung der Gelder aus der Südamerikareise des Gruber-Chores. Auf jeden Fall begibt sich Gruber wenig später mit seinen Mozart-Sängerknaben auf Weltreise.

231 Woher Gombocz das Lied hat und zu welcher indigenen Nation es gehört, lässt sich nicht sagen. In den ersten Jahrzehnten des zwanzigsten Jahrhunderts gibt es in den USA eine große Begeisterung für „all things Indian" und eine große Menge von „indianisch" inspirierter Musik; manches ist reine Erfindung. Ein indianisches Stück als Weihnachtslied zu bezeichnen, ist nicht ganz so absurd, wie es klingt. Das kanadische „Huron Carol" ist ein Beispiel von indigener Musik mit Bezug zur Weihnachtsgeschichte; es geht auf den jesuitischen Missionar und kanadischen Nationalheiligen Saint Jean de Brebeuf (1593–1649) zurück und wurde im Original auf Wendat-Huronisch gesungen.

232 Siehe Vergendo 2014, S. 268, mit genauer Quellenangabe; es ist ein Schriftstück aus dem Amt des Reichsstatthalters.

233 Vergendo 2014, S. 269, mit Quellenangabe.

234 1918 als Aspirant für den technischen Marinedienst in einer Liste der österreichischen Kriegsmarine geführt.

235 Langstroth (1887–1971) stammt ursprünglich aus Kalifornien, zwischen 1921 und 1928 unterrichtet er Komposition und Musiktheorie am Neuen Wiener Konservatorium; er hatte sicher Kontakt zu Grossmann und Gombocz.

236 Joseph Messner (1893–1969) war Kapellmeister am Salzburger Dom.

237 Josef Reiter (1862–1939) lebt von 1886 bis 1908 als erfolgreicher Musiklehrer und Komponist in Wien, 1900 wird eine kurze Oper von ihm in der Hofoper aufgeführt, Gustav Mahler dirigiert. Von 1908 bis 1911 ist Reiter Direktor des Salzburger Mozarteums, ab 1911 lebt er wieder in Wien. Es ist anzunehmen, dass er Hitler schon in dessen Wiener Zeit begegnet. – Anlässlich Reiters Tod im Juni 1939 findet im Wiener Konzerthaus eine Trauerfeier statt; die Trauerrede hält SS-Standartenführer Hans Blaschke, zu diesem Zeitpunkt Leiter des Kulturamtes der Stadt Wien.

Anmerkungen

238 Egon Wellesz' (1885–1974) Missa in C wird am 12. Dezember 1937 in der Hofburgkapelle aufgeführt; Grossmann dirigiert. – Am 12. März 1938 befindet sich Wellesz anlässlich einer Aufführung zufällig in Amsterdam; er flieht von dort nach England.

239 Das Lied findet sich in der Vaudeville-Posse *Die Seeräuber* von Alexander Cosmar (1805–1842); das Textbuch wurde 1840 veröffentlicht, die Musik stammt vom Berliner Komponisten und Musikdirektor Vinzenz Kugler. Cosmars Text zieht den Krieg ins Lächerliche; ob die Melodie von Kugler selbst stammt oder ob ein bekanntes Marschlied zugrunde liegt, ist unklar. – Berühmt und sicher gegen Krieg sind die Versionen von Claire Waldoff (1929) und Marlene Dietrich (1964).

240 Waldemar Falckenthal in der Königsberger Allgemeinen Zeitung vom 20. November 1939.

241 Weil es doch nicht so einfach ist, die großen Traditionschöre zu vereinnahmen, gründen die Nazis ihre eigene Elite-Musikschule in Frankfurt, als „Napola". Direktor ist Kurt Thomas (1904–1973), der es – ähnlich wie Grossmann in Wien – schafft, seine Schule weitgehend frei von nationalsozialistischen Ideologien zu halten. Viele der später bekannten deutschen Chorleiter waren Thomas' Schüler in Frankfurt: u. a. Heinz Hennig (Knabenchor Hannover), Hans-Joachim Rotzsch (Thomanerchor Leipzig), Clytus Gottwald (Schola Cantorum Stuttgart).

242 Zitiert mit Sieb 2007, S. 180.

243 Ohne die Wiener Sängerknaben; Wilhelm Furtwängler dirigiert den Opernchor und die Wiener Philharmoniker.

244 „Es werden Kränze am Stefansdom niedergelegt, wo Mozart eingesegnet worden ist; aber das ganze Placement ist so töricht, daß ich es für richtiger halte, meinen Kranz durch einen Adjutanten niederlegen zu lassen." – Joseph Goebbels, Tagebücher, Band II, Teil 2, S. 440; Eintrag vom 6. Dezember 1941.

245 Goebbels, Tagebücher, Band II, Teil 2, S. 441; Eintrag vom 6. Dezember 1941.

246 Im Sommer 1941 richtet Dr. Richard Roßmayer diese Spieloper für die Sängerknaben ein: *Die Gans des Kalifen* basiert auf Mozarts Opernfragment *L'oca del Cairo* KV 422.

247 Siegfried Melchinger, Wiener Neues Tagblatt, 1. Oktober 1941, S. 2. – Die Premiere war am 30. September 1941; insgesamt gab es bis Juni 1944 18 Aufführungen. Es dirigierten Knappertsbusch und Moralt, lediglich die Dernière am 16. Juni 1944 wurde von Leopold Reichwein geleitet.

248 Peter Weck, War's das?, Wien 2010, S. 23.

249 Karl Krof (1923–2007) macht sich später als Carl de Groof einen Namen als Unterhaltungsmusiker: Er gründet 1953 das ORF-Tanzorchester, spielt in Heinz Conrads Sendung „Was gibt's Neues?" Klavier und schreibt Musik für Filme wie *Die letzte Brücke* (Regie: Helmut Käutner) oder *Der alte Weibsteufel* (Regie: Georg Tressler).

250 Bruckner schreibt die Messe 1867 im Auftrag der Hofmusikkapelle; die Musiker betrachten sie damals allerdings als „unspielbar"; manche erscheinen gar nicht erst zu den Proben. – Die Komposition liegt auf Eis, bis Bruckner sie im Juni 1872 in der Wiener Augustinerkirche uraufführen lässt. Es musiziert der Wiener Singverein, das Opernorchester (in dem auch Musiker der Hofmusikkapelle sitzen); Bruckner dirigiert selbst. In der Hofburgkapelle wird die Messe erstmals am 30. Juli 1876 gesungen – wieder unter Bruckner.

251 Franz Josef Grobauer (1915–2009) ist Autor von zwei Büchern über die Wiener Sängerknaben.

252 Romano Picutti (1908–1956) stammt aus Venedig; nach dem Krieg übernimmt er für kurze Zeit einen der Reisechöre, später zieht er nach Mexiko. Dort übernimmt er einen Knabenchor, Los Niños Cantores de Morelia, den er nach den Methoden der Sängerknaben ausbildet und mit dem er auch auf Tournee geht.

Anmerkungen   249

253 *My Bonnie* ist eine geradezu salomonische Wahl; es ist eigentlich ein schottisches Volkslied, das aber auch in den USA populär ist – dort entsteht 1900 die erste Tonaufnahme des Liedes.

254 Josef Krips (1902–1974) beginnt als Geiger. Als Assistent von Felix Weingartner macht er in den 1920er-Jahren schnell Karriere. 1926 wird er in Karlsruhe zum jüngsten Generalmusikdirektor in Deutschland.

255 Später Henriette Berger-Schmölz; Professorin für Klavier an der Wiener Musikhochschule.

256 Die von Schnitt abgewiesenen Kinder werden von Grossmann und Gillesberger in der eigens gegründeten „Wiener Kantorei" aufgefangen.

257 Maria Jeritza (1887–1982), eigentlich Jedlicka, geboren in Brno, war eine weltberühmte Sopranistin, sie galt als Primadonna assoluta.

258 Dr. Walter Tautschnig, Brief an Dr. Daigoro Arima, 10. Oktober 1955.

259 Gerhard Track, Brief an Dr. Tautschnig vom 23. Dezember 1955, Archiv der Wiener Sängerknaben.

260 Schreiben des Gesandten Dr. Leitner an Rektor Franz Broinger vom 12. Februar 1956. Archiv der Wiener Sängerknaben.

261 Takemiya ist ein Star unter den Mangaka, den Manga-Künstlern; von 2000 bis 2013 hatte sie eine Professur für Mangazeichnen an der Kyoto Seika University inne, von 2014 bis 2018 war sie Präsidentin der Universität.

262 Botshabelo bedeutet „Zuflucht" auf Sesotho.

263 1805 und 1809 nutzen es die Franzosen als Lazarett; nach der Schlacht von Königgrätz 1866 werden im Palais verwundete Offiziere untergebracht.

264 Die erste öffentliche Aufführung findet am 19. Juni 1868 im Wiener Volksgarten statt; Johann Strauß dirigiert selbst.

265 Die Rudi-Carrell-Show am 6. September 1969 (ARD Radio Bremen).

266 „Auf los geht's los" am 20. Oktober 1984 (ARD Südwestfunk).

267 „Wetten dass" am 5. Dezember 1998 (ZDF).

268 „Einer wird gewinnen" am 14. Dezember 1969 (ARD Hessischer Rundfunk, SF, ORF).

269 „Dalli Dalli" am 22. September 1983 (ZDF).

270 Die Peter-Alexander-Show am 19. November 1987 (ORF und ZDF).

271 *Silk Road* (2008), *Bridging the Gap* (2013), *Songs for Mary* (2013) und *Good Shepherds* (2017), in dem Jane Goodall der Erde ihre Stimme leiht.

272 Die Handlung spielt in einem fiktiven „National Boy Choir", mit Dustin Hoffman, Debra Winger und Kathy Bates.

273 Am 7. April 1988 und am 16. Februar 2001.

274 New York Times (NYT) vom 29. September 2009: „Threshold for the Vienna Boys Choir" (Age Ten); NYT vom 15. Januar 2015: „Many a Vienna Boys' Choir boy" (alto). Ähnlich „Home of a famous Boys' Choir" (Vienna), Universal Crossword vom 4. August 2017, „City known for its Boys' Choir" (Vienna), in der LA Times vom 18. März 2013. Am 29. November 2015 fragt die Washington Post nach der Uniform: „Vienna Boys Choir outfit" (sailor suit). Auch die Boulevard-Zeitung Newsday lässt die Sängerknaben erraten, so am 5. Mai 2007 oder am 29. Mai 2015.

275 „Leise flehen meine Lieder" (Österreich 1933; 85 Minuten, schwarz-weiß), Regie: Willy Forst; mit Hans Jaray als Schubert.

276 Regie: Jakob und Luise Fleck, Drehbuch: Friedrich Torberg nach Ludwig Anzengruber, Musik: Viktor Altmann, Karl M. May.

277 Regie: Karl Heinz Martin, Drehbuch: Gerhard T. Buchholz und Erwin Kreker, Musik: Willy Schmidt-Gentner.

250 Anmerkungen

278 Auch „Mit Musik durchs Leben", „Der Edelweißbua", „Der kleine Straßensänger" (Österreich / Niederlande 1936; 82/89 Minuten, schwarz-weiß).

279 Pseudonym von Robert Gilbert, eigentlich David Robert Winterfeld (1899–1978). Gilbert ist in den 1930er-Jahren einer der gefragtesten Texter überhaupt, er schreibt unter anderem für Hanns Eisler, Robert Stolz und Ralph Benatzky, für Heinz Rühmann, Paul Hörbiger und Zarah Leander. Auf dem Höhepunkt seiner Erfolge muss er als Jude emigrieren. Zu seinen Hits gehören *Am Sonntag will mein Süßer mit mir segeln geh'n, Ein Freund, ein guter Freund* und *Oh, mein Papa.*

280 Reno, geboren als Ferruccio Merk Ricordi, war besonders in den 1950er-Jahren in Italien, Österreich und Deutschland sehr erfolgreich.

281 Hans-Georg Noack (1926–2005) erhält 1978 den Großen Preis der Deutschen Akademie für Kinder- und Jugendliteratur für sein Gesamtwerk, 1990 den Friedrich-Bödecker-Preis. In seinen Büchern setzt er sich für Völkerverständigung ein. Sein Roman „Das große Lager" (1960) beschreibt ein internationales Jugendlager in der Nachkriegszeit.

282 So nach einer Friedensversammlung in München im Januar 1932 vom *Illustrierten Beobachter* tituliert.

283 *School for Barbarians – Education under the Nazis*, erscheint 1938 im Exilverlag Querido in Amsterdam auf Deutsch unter dem Titel *Zehn Millionen Kinder. Die Erziehung der Jugend im Dritten Reich.*

284 *Wenn ich ein Zugvogel wär!: Till will singen und fliegt aus dem Nest* (München 1953), *Till bei den Zugvögeln – Auf der Lachburg singt und klingt es* (München 1955), *Die Zugvögel auf Europa-Fahrt – und Till ist dabei* (München 1955), *Die Zugvögel singen in Paris und Rom* (München 1956).

285 Brief von Thomas an Erika Mann vom 7. Juni 1954. Münchner Stadtbibliothek Monacensia, Nachlass Erika Mann, EM B 140.

286 NZZ, 20. November 1959.

287 Alternativer Titel „Born to Sing"; Regie: Steve Previn, Drehbuch: Vernon Harris, nach einer Geschichte von Robert A. Stemmle; Musik: Helmuth Froschauer. *Almost Angels* kam als „Double Bill" mit dem Zeichentrickfilm *Susy und Strolchi* (The Lady and the Tramp) in die Kinos.

288 Das spiegelt sich auch in Howard Thompsons Kritik in der New York Times vom 1. November 1962 wider.

289 Maas 2014, S. 296.

290 Neue Zeitschrift für Musik 1846, S. 189.

291 Es gab in Venedig eine ganze Reihe solcher Ospedale, aus Hospizen und Spitälern hervorgegangene soziale Einrichtungen, in denen vor allem Mädchen eine fundierte musikalische Ausbildung erhielten. An den vier „großen" Ospedale unterrichten im 17. und 18. Jahrhundert etliche berühmte Komponisten: Am Ospedale San Lazzaro dei Mendicanti beispielsweise Giovanni Legrenzi, Johann Adolf Hasse, Antonio Lotti, Baldassare Galuppi; am Ospedale degl' Incurabili – ursprünglich ein Auffangbecken für Syphiliskranke – unterrichteten vor Gassmann Hasse und Lotti; am Pio Ospedale della Pietà Antonio Vivaldi und Nicola Porpora, und am Ospedale Santa Maria dei Derelitti wieder Legrenzi, Porpora und Domenico Cimarosa. Die Mädchenchöre und Orchester der Ospedale waren international berühmt.

292 KV 93 (= KV Anhang A 22). Mozart hat das Werk kopiert und damit geadelt.

Anhang

Biografien

IGNAZ ASSMAYER (1790–1862) stammt aus Salzburg; er ist der Sohn eines Schneiders. Dass er Musiker wird, ist alles andere als selbstverständlich. Immerhin erhält er als Kind Gesangs-, Klavier- und Orgelunterricht, und er ist so gut, dass er seinen Lehrer, den Stadtpfarrorganisten Andreas Brunnmayer schon als Teenager im Salzburger Dom an der Orgel vertreten kann. 1815 übersiedelt Aßmayer nach Wien und wird Schüler von Antonio Salieri – wie gleichzeitig auch Franz Schubert, mit dem er sich anfreundet. 1823 wird Aßmayer Mitglied der Wiener Hofmusikkapelle; bis 1843 unterrichtet er die Sängerknaben in Klavier und Generalbass. 1825 rückt er zum zweiten Organisten auf, 1838 wird er unbezahlter zweiter Vizehofkapellmeister – in der Hoffnung auf den bezahlten Posten. Acht Jahre muss er warten, dann überstürzen sich die Ereignisse. Erst stirbt Joseph Weigl, und Aßmayer wird Vizehofkapellmeister. Dann stirbt auch noch Eybler. Damit ist Ignaz Aßmayer Hofkapellmeister; die Karriereleiter hinaufgefallen.

Allgemein gilt Aßmayer als Vertreter des Klassizismus, also eher konservativ. Er wird daher von zeitgenössischen Kritikern wenig schmeichelhaft gesehen – das gilt zu dieser Zeit als rückständig. Ein Kommentator schreibt bei Aßmayers Dienstantritt: „Es ist übrigens eine traurige Wahrnehmung, dass seit Weigl's und Eibler's Tode ... sich lauter notorische Unfähigkeiten die ersten der musikalischen Hofämter theilen. Man denke nur an die beiden Hofkapellmeister Aßmayer ... und Randhartinger."[290]

JOSEPH BONNO (1711–1788), auch Giuseppe Bonno, ist ein geborener Wiener, der Vater Lucrezio, ein Italiener, ist kaiserlicher Läufer, Kaiser Joseph I. sein Pate. Bonno erhält seinen ersten musikalischen Unterricht als Sängerknabe am Stephansdom; Kaiser Karl VI. lässt ihn anschließend in Neapel bei Francesco Durante weiter ausbilden. 1738 kommt Bonno als Hofscholar für Komposition an den Wiener Hof, 1739 wird er Hofkomponist. Von 1749 bis 1761 ist er – mit Christoph Willibald Gluck und Carl Ditter von Dittersdorf – als Kapellmeister des Prinzen Joseph von Sachsen-Hildburghausen in dessen Schlössern und Palais im Marchfeld und Wien aktiv. Von 1774 bis 1788 ist er Hofkapellmeister, in der gleichen Zeit auch Präses der Tonkünstler-Sozietät. Bonno schafft es, die Hofmusikkapelle entgegen den radikalen Reformplänen Josephs II. zu erhalten.

ANTONIO CALDARA (1670–1736) stammt aus Venedig; seine erste Ausbildung erhält er von seinem Vater, einem Geiger, und als Sängerknabe am Markusdom. 1699 verdingt er sich als *maestro di cappella* beim Herzog von Mantua. 1707 zieht er nach Barcelona. Er wird Kammerkomponist am (königlichen) Hof des späteren Kaisers Karls VI., der zu diesem Zeitpunkt noch hofft, seine Ansprüche auf den spanischen Thron durchsetzen zu können. Caldara schreibt Opern für ihn. 1709 wechselt er nach Rom als Kapellmeister von Francesco Ruspoli. Als Kaiser Joseph I. 1711 in Wien unerwartet stirbt, fühlt Caldara bei Karl vor, dem designierten neuen Kaiser. Allerdings gibt es in der kaiserlichen Kapelle keine freien Kapellmeisterposten. Mit Zianis Tod im Jahr 1716 rückt Johann Joseph Fux zum Hofkapellmeister auf; Caldara wird als Vizehofkapellmeister eingestellt und übersiedelt endgültig nach Wien. Caldara ist ein Vielschreiber, und seine Musik nicht nur bei Hof extrem populär. Unter seinen 3400 Werken finden sich mehr als 80 Opern, 43 Oratorien und etwa 150 Messen, Motetten und Kantaten.

JOSEPH LEOPOLD EYBLER (1765–1846) ist der Sohn des Schullehrers und Chorregenten von Schwechat, wächst also mit Musik auf. Als Sechsjähriger wird er Sängerknabe am Stephansdom, später erhält er Kompositionsunterricht bei Johann Georg Albrechtsberger (1736–1809). Eybler beginnt zwar ein Jus-Studium, schlägt sich dann aber doch lieber als Musiker durch – dabei wird er von Joseph Haydn und Wolfgang Amadeus Mozart unterstützt. Sein Freund Mozart bittet ihn, mit den Sängern der Uraufführung von *Così fan tutte* ihre Rollen einzustudieren. Eybler kann einige seiner eigenen Kompositionen erfolgreich verkaufen und wird Chorregent an verschiedenen Wiener Kirchen. 1801 wird er Musiklehrer der kaiserlichen Familie; damit hat er allerhöchste und karrieremachende Kontakte. 1804 wird er schließlich Vizehofkapellmeister unter Antonio Salieri. Die Sängerknaben sind Eybler ein besonderes Anliegen. Immer wieder macht er Eingaben beim Hofmusikgrafen, um ihre Ausbildung und Betreuung zu verbessern. 1824 wird Eybler Salieris Nachfolger als Hofkapellmeister; er ist hoch angesehen und allgemein beliebt. Nach einem Schlaganfall im Jahr 1833 kann Eybler nicht mehr arbeiten; dennoch wird er aufgrund seiner Verdienste zwei Jahre später noch geadelt.

JOHANN JOSEPH FUX (um 1660–1741) macht wohl eine der erstaunlichsten Karrieren seiner Zeit. Der Bauernsohn aus Hirtenfeld in der Steiermark kann in Graz die Universität besuchen und wird als *musicus* im Ferdinandeum aufgenommen. 1683 wechselt er nach Ingolstadt; dort studiert er weiter und erhält auch eine Stelle als Organist. In den 1690er-Jahren wird er Organist im Wiener Schottenstift. 1698 bestellt Leopold I. Fux zum Hofkomponisten – angeblich gegen den Widerstand der „italienischen Hofpartei". 1701 wird Fux Kapellmeister im Stephansdom. 1711 wird er Vizehofkapellmeister, 1715 Hofkapellmeister Karls VI. 1725 erscheint sein einflussreiches Kompositions- und Kontrapunktlehrbuch *Gradus ad parnassum*, das sich auch in der Bibliothek eines Johann Sebastian Bach findet. Fux ist ein extrem vielseitiger Komponist, der neben Opern, Messen, Motetten und Oratorien – oft anlassbezogen – Partiten und Sonaten schreibt.

Biografien 253

FLORIAN LEOPOLD GASSMANN (1729–1774) kommt als Sohn eines Goldschmieds im nordböhmischen Brüx zur Welt. Er hat eine musikalische Hochbegabung und bekommt früh entsprechenden Unterricht; allerdings hält sein Vater nichts von Musik als Brotberuf. Mit 13 Jahren flieht Gassmann daher erst nach Karlsbad, ein Jahr später nach Venedig und dann nach Bologna. Er schlägt sich zunächst als Harfenist durch; in Bologna studiert er. Später fasst er als Organist in einem Nonnenkloster und als Komponist in Venedig Fuß: Zwischen 1757 und 1762 ist er Chorleiter am Ospedale degl' Incurabili[291]; gleichzeitig schreibt er jedes Jahr eine Oper für den Karneval. 1763 kommt Gassmann nach Wien; er wird Nachfolger von Christoph Willibald Gluck. Ein Jahr später ist er Kammerkomponist von Joseph II. Gassmann unterhält nach wie vor Kontakte nach Venedig; dort lernt er 1766 den fünfzehnjährigen, elternlosen Antonio Salieri kennen und nimmt ihn mit nach Wien. Er kümmert sich um ihn wie um einen Sohn. Später wird Salieri Gassmanns Töchter als Sängerinnen ausbilden.

1771 gibt Gassmann den wichtigen Anstoß zur Gründung der Tonkünstler-Sozietät (auch Pensionsverein für Witwen und Waisen österreichischer Tonkünstler); eine Art Gewerkschaft für Berufsmusiker, die sich zusätzlich um die Versorgung von in Not geratenen Musikern und deren hinterbliebenen Angehörigen kümmert. Aufgenommen werden ausschließlich Musiker, aber nicht jeder Musiker wird aufgenommen: Mozarts Anträge werden wiederholt abgelehnt. Den Kern der Sozietät bilden die Mitglieder der Hofmusikkapelle. Die Gesellschaft finanziert sich über Mitgliedsbeiträge und die von ihr veranstalteten Konzerte.

Nach dem Tod von Hofkapellmeister Reutter wird Gassmann dessen Nachfolger. Viel Zeit bleibt ihm nicht: Florian Gassmann stirbt im Jänner 1774 an den Langzeitfolgen eines Kutschenunfalls, bei dem er sich mehrere Rippen gebrochen hatte; möglicherweise war dabei die Lunge perforiert worden. Als offizielle Todesursache ist „Brustwassersucht" angegeben.

JOSEPH HELLMESBERGER SENIOR (1828–1893) stammt aus einer Musikerdynastie. Er ist der Sohn von Georg Hellmesberger senior, einem Violinvirtuosen (Hofsängerknabe von 1810 bis 1812); wie der Vater und sein jüngerer Bruder geigt auch er. Als 17-Jähriger hat er bereits Soloauftritte mit dem Hofopernorchester, mit 21 gründet er ein Streichquartett, in dem er natürlich die erste Geige spielt. Nur ein Jahr später wird er künstlerischer Direktor der Gesellschaft der Musikfreunde. 1860 wird er Konzertmeister des Hofopernorchesters, 1863 Erster Violinist der Hofmusikkapelle. 1876 wird er Vizehofkapellmeister; nach Herbecks Tod Hofkapellmeister. Nebenbei ist Joseph Hellmesberger geistreich und schlagfertig. Seine Anekdoten und Schüttelreime füllen noch lange nach seinem Tod ganze Bücher.

JOSEPH HELLMESBERGER JUNIOR (1855–1907), genannt „Pepi", ist der Sohn von Joseph Hellmesberger senior. Mit 15 spielt er im Streichquartett des Vaters mit, mit 18 im Hofopernorchester. Nach einem Zwischenspiel in der Militärmusik wird Hellmesberger junior 1878 Sologeiger in der Hofmusikkapelle und an der Hofoper. Er wird Professor am Konservatorium der Gesellschaft der Musikfreunde; 1890 wird er zum Hofkapellmeister ernannt. Nach dem Skandal im Jahr 1903 legt er alle seine Funktionen in Wien nieder.

JOHANN HERBECK (1831–1877) wird in Wien geboren; als Kind wird er Sängerknabe im Stift Heiligenkreuz. Eine formelles Musikstudium absolviert er nicht, Herbeck studiert Philosophie, später Jus. Und doch lässt ihn die Musik nicht los, 1852 wird er Chordirektor bei den Piaristen, 1856 Chormeister des Wiener Männergesangs-Vereins. 1858 wird der Autodidakt sogar Professor für Gesang am Konservatorium der Gesellschaft der Musikfreunde und leitet deren Singverein. Damit nicht genug: Drei Jahre später holt Herbeck Anton Bruckner an das Konservatorium. Am 22. November 1861 wird Bruckner auf Kontrapunkt und Nieren geprüft; er soll über ein vorgegebenes Thema eine Fuge improvisieren. Eigentlich sind vier Takte gefordert; Herbeck will die Schwierigkeit um weitere vier Takte steigern. Die anderen Prüfer finden das grausam, aber Herbeck bleibt hart. Ahnt er, dass Bruckner das kann? Bruckner setzt sich an die Orgel, denkt eine Weile nach und verwandelt dann das achttaktige Thema in eine formvollendete freie Fuge. Der Erzählung nach jubelt die gesamte Prüfungskommission; Herbeck selbst ist restlos begeistert: „Er hätte uns prüfen sollen!" Und ergänzt: „Wenn ich den zehnten Teil von dem wüsste, was der weiß, wäre ich glücklich."

1865 gelingt ihm ein Sensationsfund, als er das Autograf von Schuberts „Unvollendeter Sinfonie" entdeckt. Noch im gleichen Jahr dirigiert er die Uraufführung im Redoutensaal der Wiener Hofburg. 1866 ist er dann auf dem Höhepunkt seiner Laufbahn angekommen, er wird Erster Hofkapellmeister. 1874 erhebt ihn der Kaiser in den erblichen Ritterstand.

Zu seinen Lebzeiten sind Herbecks eigene Kompositionen durchaus beliebt; ihn überlebt hat vor allem eine: Der cantus pastoralis („Hirtengesang") *Pueri concinite*, für Tenor- oder Sopransolo, Chor und kleines Ensemble wird heute noch jedes Jahr von den Wiener Sängerknaben gesungen und gehört zu den absoluten Hits der Weihnachtszeit.

CARL LUYTHON (um 1557–1620) wird in Antwerpen geboren und kommt als Neunjähriger an den Wiener Hof von Kaiser Maximilian II., wahrscheinlich bringen ihn entweder Regnart oder Vaet von einer ihrer Reisen nach Flandern mit nach Österreich. Luython lernt von den Besten: Gesang und Musiktheorie von Vaet und später de Monte, Orgel mit einem der Hoforganisten, Wilhelmus Formellis, Wilhelm von Mülin oder Paul van Winde. Nach dem Stimmbruch erhält Luython ein Stipendium von 50 Gulden. Er geht damit nach für fünf Jahre nach Italien; im Mai 1576 wird er Mitglied der kaiserlichen Kammermusik – für zehn Gulden im Monat. Als Maximilian II. stirbt, übernimmt der neue Kaiser Rudolf II. dessen Musiker, auch Luython. Der arbeitet sich hoch, verdient zusätzliches Geld als *unndergwardaroba* (etwa Untergewandmeister); wird dritter, zweiter und schließlich erster Hoforganist.

Gleichzeitig ist Luython ein produktiver, experimentierfreudiger und auch erfolgreicher Komponist. Luythons Vokalmusik zeigt den Einfluss seines Lehrers de Monte, einmal weist der Text sogar ausdrücklich darauf hin: *Sacro monte mio dolce* findet sich in einer Sammlung von Madrigalen, die der Komponist Jakob Fugger widmet. Die Rudolf II. gewidmete Messe super basim *Caesar vive* enthält einen eigens komponierten Cantus firmus, in dem neben dem Kaiser selbst auch dessen astrologische Experimente gefeiert werden. Luython wird für seine Werke und die 35 Jahre treuer Dienste mit einem „Wappen mit Lehenart" und Geldgeschenken bedacht – die sind allerdings eher fiktiv. Eine versprochene Pension von 200 Gulden pro Jahr erhält der Komponist nie; nach Rudolfs Tod 1612 entlässt der neue Kaiser Matthias dessen Musiker, und von ausständigen Gehältern will er nichts wissen. Luython ist gezwungen, seinen gesamten Besitz nach und nach zu verkaufen; 1620 stirbt er verarmt. Die 2200 Gulden, die ihm noch zustünden, können von seinen Erben nie eingefordert werden.

PIETER MAESSINS (um 1505–1562) stammt aus Gent. Seine erste Ausbildung erhält er als Sängerknabe in der Kapelle der Margarete von Österreich in Mecheln. Maessins hat eine bewegte Biografie; nach einigen Jahren als Student verpflichtet er sich als Söldner und kämpft in der Armee Karls V. Er ist 1529 während der Türkenbelagerung Wiens unter den Verteidigern der Stadt; 1530 ist er bei der Kaiserkrönung Karls V. in Bologna; 1535 wird er vom Kaiser für seine Tapferkeit mit dem Titel *eques auratus*, „Ritter vom güldenen Sporn", geehrt. 1538 kehrt er nach Flandern zurück und dem Soldatenleben den Rücken. Im Jahr darauf erhält er die niederen Weihen in Tournai, und am 19. Juli 1540 wird er Kapellmeister an der *Onze Lieve Vrouwkerk* in Kortrijk – allerdings wird er Ostern 1543 gefeuert, weil er angeblich seine Pflichten vernachlässigt und zu viel trinkt. Da trifft es sich gut, dass Ferdinand I. einen Assistenten für seinen Hofkapellmeister Arnold von Bruck sucht. Maria von Ungarn (1505–1558), die Statthalterin der Spanischen Niederlande und Ferdinands Schwester, empfiehlt den ungestümen Maessins für den Posten, und der greift zu. In Wien macht Maessins Karriere: Am 1. Januar 1546 wird er Arnolds Nachfolger als Hofkapellmeister.

In dieser Funktion unternimmt Maessins eine Reihe von Reisen, um Knaben für die Hofkapelle zu rekrutieren; darunter wahrscheinlich auch Lambert de Sayve. Immer wieder setzt Maessins sich für die Knaben ein – seine Pflichten als Kapellmeister nimmt er sehr ernst. 1558 wird er von Kaiser Ferdinand für seine Dienste geadelt.

Neben geistlichen und weltlichen Motetten pflegt der ehemalige Söldner auch andere Interessen; so veröffentlicht er einen Band mit lateinischen Gebeten und einen astronomischen Kalender. 1562 erhält er das kaiserliche Privileg, eine Reihe geistlicher Bücher herauszugeben; aber dazu soll es nicht mehr kommen: Im Dezember 1562 stirbt Maessins bei einem Kutschenunfall im Elsass.

PHILIPPE DE MONTE (1521–1603) wird in Mecheln geboren und als Sängerknabe an der Kathedrale St. Rombout in seiner Heimatstadt ausgebildet. Als jungen Mann findet man ihn in Neapel als Musiklehrer der Kinder eines Bankiers; mit der Familie bleibt de Monte sein ganzes Leben verbunden. Zwischen 1550 und 1560 ist er in Flandern unterwegs, hat vielleicht eine Stelle als *petit vicaire*, als Sänger mit niedrigen Weihen an der Kathedrale von Cambrai. 1554 reist er mit der Hofkapelle Philipps II. nach London; Philipp heiratet Mary Tudor. Bei dieser Gelegenheit lernt de Monte William Byrd kennen, mit dem er auch später Kontakt hält. Er bleibt nicht bei der Kapelle, es zieht ihn wieder nach Flandern und nach Italien; seine Kompositionen widmet er Familienmitgliedern der Medici und der Orsini, eine Weile ist er als Domkapellmeister in Venedig im Gespräch. Als ihn die Agenten des römisch-deutschen Kaisers als Kapellmeister Maximilians II. engagieren, lebt de Monte wieder in Neapel.

Im Sommer 1568 tritt de Monte seinen Dienst am Wiener Hof an; als Chef der Kapelle ist er auch für die Sängerknaben verantwortlich – darunter Lambert de Sayve und Carl Luython. Er reist nach Flandern, um Nachwuchs für die Kapelle zu rekrutieren. Gleichzeitig beginnt er fast im Akkord zu komponieren, es entstehen gewissermaßen „ökumenische" Motetten. Ein musikalischer Höhepunkt ist sicher die Hochzeit von Erzherzog Karl II. mit Maria Anna von Bayern. Kaiser Maximilian will seinem Hofkapellmeister eine Pfründe in Cambrai zuschanzen, indem er ihn zum Schatzmeister ernennt; allerdings weigert sich das Domkapitel, die Ernennung anzuerkennen – der Komponist muss seine Ansprüche mühsam durchsetzen.

Nach Maximilians unerwartetem Tod 1576 folgt ihm Rudolf II. als Kaiser nach. Rudolf zeigt wenig Interesse an Musik; wenn überhaupt, kann er sich mehr für Instrumentalmusik erwärmen. Aber weil die Kantorei nun einmal zum Repräsentieren gehört, übernimmt Rudolf die Musiker seines Vaters – und überlässt sie im Wesentlichen sich selbst. Den berühmten Hofkapellmeister will er dennoch nicht gehen lassen. Als de Monte um seine Entlassung bittet, lacht Rudolf ihn einfach aus.

Philippe de Monte ist einer der wichtigsten Komponisten seiner Zeit; sein Werk umfasst etwa 40 Messen und 250 Motetten und über 1200 Madrigale. Als sein letztes Madrigalbuch im Druck erscheint, ist de Monte schon über 80 Jahre alt.

LUCA ANTONIO PREDIERI (1688–1767) stammt aus einer Bologneser Musikerdynastie; er ist zunächst als Violaspieler und Violinist, später als Kapellmeister an verschiedenen Kirchen in Bologna belegt. Predieri macht sich in seiner Heimatstadt auch als Komponist einen Namen und wird schließlich Vorstand der dortigen philharmonischen Akademie. 1739 wird er – gefördert von Fux – in Wien Vizekapellmeister der Hofmusikkapelle als Nachfolger von Caldara. Nach Fux' Tod übernimmt er dessen Aufgaben, hat aber Schwierigkeiten, sich vor allem gegen den aufstrebenden Georg Reutter durchzusetzen. 1747 wird ihm als Erstem Kapellmeister die weltliche Hofmusik übertragen, Reutter als Zweiter oder „anderter" bekommt die Kirchenmusik; wahrscheinlich zieht sich Predieri zunehmend zurück. 1751, als Reutter die gesamte Kapelle übertragen bekommt, wird Predieri beurlaubt und geht 1765 endgültig nach Bologna. Seinen Titel behält er bis zu seinem Tod. Predieri ist zu Lebzeiten neben Nicola Porpora und Leonardo Vinci einer der wichtigsten Komponisten.

BENEDICT RANDHARTINGER (1802–1893) stammt aus Ruprechtshofen bei Melk in Niederösterreich; sein Vater ist Dorfschullehrer. Von ihm erhält Randhartinger Unterricht in Klavier und Singen. Nach dem Tod des Vaters wird er von seinem Stiefvater weiter unterrichtet. Im September 1812 – Benedict ist gerade zehn geworden – melden ihn die Eltern zum Vorsingen für eine der drei frei gewordenen Hofsängerknabenstellen an; 40 Kandidaten sind dabei. Aber Benedict, der über einen gewaltigen Stimmumfang (vom c′ bis zum f′′′) verfügt, kann sich durchsetzen und wird als Hofsängerknabe aufgenommen. Er zieht in das k.k. Stadtkonvikt und bleibt dort sieben Jahre. Für ihn werden eigene Soli maßkomponiert; er selbst berichtet später, dass Kronprinz Ferdinand ihn nach einem besonders schönen Solo in der Burgkapelle zum Frühstück einlädt und mit Goldmünzen beschenkt.

Nach dem Stimmbruch studiert er Jus; dazu bekommt er – wie vor ihm Franz Schubert – Kompositionsunterricht von Antonio Salieri. 1832 bewirbt er sich an der Hofmusikkapelle als Tenorist. Er erhält die Stelle, zunächst unbezahlt. Sein Geld verdient sich Randhartinger recht erfolgreich mit öffentlichen Konzerten, als Sänger und als Organist. 1835 schreibt er seine erste Messe für den Hof und wird daraufhin prompt fest angestellt, mit einem Gehalt von 800 Gulden pro Jahr, plus 120 Gulden „Quartiergeld“. Daneben gibt er weiter Konzerte in und um Wien und in Sopron, und er dirigiert im Hofoperntheater. Das alles führt dazu, dass er 1844 Vizehofkapellmeister wird – wieder einmal zunächst unbesoldet. 1846, nach dem Ableben von Weigl und Eybler, wird er offiziell Vizehofkapellmeister unter Ignaz Aßmayer – und dafür auch bezahlt. 1862 folgt er Aßmayer als Hofkapellmeister; 1866 wird er bei vollen Bezügen nicht ganz freiwillig pensioniert und zieht sich ins Privatleben zurück, um „nur noch“ zu komponieren: über 2000 Werke stehen zu Buch.

JACOB REGNART (um 1540–1599) wird in Douai geboren, das damals zu Flandern zählt; er stammt aus einer Musikerfamilie. Er kommt als Sängerknabe an die Hofkapelle Erzherzog Maximilians, des späteren Kaisers. Hofkapellmeister Jacob Vaet wird sein Lehrer; Regnart verbringt sein ganzes Leben in Diensten der Habsburger, als Sänger, als Kapellmeister und Komponist. 1564 ist er als Sänger bei Maximilians Kaiserkrönung in Frankfurt dabei, 1566 begleitet er Maximilian zum Reichstag in Augsburg. Zwischen 1568 und 1570 nimmt er sich eine Art Sabbatical in Italien; die meiste Zeit hält er sich in Venedig auf. Im Herbst 1570 wird er Präzeptor, Singmeister der Sängerknaben. Er komponiert und publiziert; 1573 wird sein Gehalt erhöht, und er bekommt ein Wappen. Nach Maximilians Tod wird Regnart von Rudolf übernommen und zum Vizekapellmeister befördert – damit ist er für die Knaben hauptverantwortlich. Als Rudolf seinen Hof nach Prag verlegt, wechselt Regnart an den Hof des erzkatholischen Erzherzogs Ferdinand II. in Innsbruck. 1585 wird er dessen Kapellmeister, eine Stelle, die er bis zu Ferdinands Tod und der Auflösung der Kapelle 1595 innehat. Ende 1596 kehrt Regnart an den Hof von Kaiser Rudolf zurück und wird Vizekapellmeister unter Philippe de Monte; 1599 stirbt er.

GEORG REUTTER D.J. (1708–1772), mit vollem Namen Johann Adam Joseph Carl Georg Reutter (auch Reuter oder Reiter), ist der Sohn des gleichnamigen Dom- und Hoforganisten. Schon als Kind assistiert er seinem Vater, später bekommt er Unterricht bei Antonio Caldara. 1731 wird er zum Hofkomponisten ernannt, 1738 zum ersten Kapellmeister am Stephansdom. In dieser Funktion holt er 1740 den achtjährigen Joseph Haydn nach Wien. 1740 erhebt Kaiser Karl VI. Reutter in den Adelsstand. Unter Maria Theresia macht er richtig Karriere; ab 1746 ist er als Kapellmeister für die höfische Kirchenmusik verantwortlich (die Ernennung erfolgt 1747), ab 1751 für die gesamte „Tafel-, Kammer- und Kirchenmusik". 1756 – als ob das nicht alles ohnehin schon genug wäre – übernimmt er zusätzlich noch die Stelle des zweiten Kapellmeisters im Stephansdom, beim Gnadenbild von Maria Pötsch. 1769 – nach Predieris Tod – wird Reutter offiziell erster Hofkapellmeister. Reutters Schaffen umfasst an die 700 Werke. Bis 1740 komponiert er vorwiegend Opern, danach verlegt er sich ganz auf geistliche Musik; darunter an die 80 Messen. Reutter ist bei Zeitgenossen durchaus angesehen und wird als Komponist geschätzt; sein *De Profundis*, eine Vertonung des 129. Psalms, geht eine Weile sogar als Komposition von Mozart durch.[292]

HANS RICHTER (1843–1916) kommt 1843 in Raab (heute Győr) als Sohn des dortigen Regens chori Anton Richter zur Welt. Er spielt schon als Kleinkind Klavier, als Zehnjähriger wird er Hofsängerknabe. Nach seiner Sängerknabenzeit studiert er Violine, Horn und Musiktheorie am Konservatorium der Gesellschaft der Musikfreunde. Er wird Hornist am Kärntnertortheater; 1867 wechselt er auf Empfehlung Richard Wagners nach München, wo er Kapellmeister unter Hans von Bülow wird. Zwischen 1871 und 1875 ist er Kapellmeister am Nationaltheater in Pest, 1875 holt man ihn an die Wiener Hofoper. Richter dirigiert 23 Jahre lang die Philharmonischen Konzerte, zehn Jahre ist er Konzertdirektor der Gesellschaft der Musikfreunde. Von 1893–1900 ist er Erster Hofkapellmeister; danach dirigiert er vor allem in England und in Bayreuth.

ANTONIO SALIERI (1750–1825) wird als Sohn eines wohlhabenden Kaufmanns in Legnago (Venetien) geboren. Sein älterer Bruder bringt ihm Violine, Cembalo und Gesang bei. Salieri verliert seine Eltern als Teenager. Er zieht nach Venedig und nimmt weiter Musikunterricht. 1766 begegnet er Hofkapellmeister Florian Leopold Gassmann, der den Teenager mit nach Wien nimmt. Dort lernt er unter anderem den Hofdichter Pietro Metastasio und den Hofkomponisten Christoph Willibald Gluck kennen; Gluck nimmt

Salieri unter seine Fittiche. Nach Gassmanns Tod 1774 wird Salieri kaiserlicher Kammerkomponist und Kapellmeister der (italienischen) Oper. Die Oper wird 1776 geschlossen, und Salieri reist nach Mailand, Rom und Neapel – überall werden seine Opern aufgeführt. 1780 kehrt er nach Wien zurück und führt seine ersten deutschen Singspiele auf.

Der liebenswürdige Salieri kommt gut an; er arbeitet erfolgreich mit Kollegen wie Joseph Haydn oder Louis Spohr, auch mit Wolfgang Amadeus Mozart. 1788 wird er als Nachfolger von Joseph Bonno Hofkapellmeister, eine Stelle, die er bis kurz vor seinem Tod 1824 innehat. Salieri nimmt die Aufgaben als Hofkapellmeister sehr ernst; er schreibt jetzt weniger Opern, dafür jede Menge Kirchenmusik: sechs Messen, zwei Requiem, 14 Gradualien, 31 Offertorien, neun Psalmen, zwei Litaneien, neun Hymnen, sechs Motetten, 17 Introitus und sieben weitere kleine geistliche Werke.

Antonio Salieri ist ein äußerst beliebter und erfolgreicher Pädagoge, zu seinen Schülern gehören prominente Komponisten, darunter Ludwig van Beethoven, Luigi Cherubini, Johann Nepomuk Hummel, Ignaz Moscheles, Franz Liszt. Als Gesangslehrer ist Salieri besonders gefragt: 1816 verfasst er ein eigenes Lehrbuch, die *Scuola di canto*. 1817 wird er – zu seinen Aufgaben bei Hof – Oberleiter der Wiener Singschule, und sechs Jahre danach ist er an der Gründung des Konservatoriums der Gesellschaft der Musikfreunde maßgeblich beteiligt. Eine ganze Reihe ehemaliger Sängerknaben unterrichtet er nach deren Ausscheiden privat weiter, darunter Joseph Eybler, Benedict Randhartinger und natürlich Franz Schubert. Für den Letzteren sind die Stunden sogar gratis.

JACOBUS VAET (um 1529–1567) kommt aus Kortrijk. 1543 ist er als 13-Jähriger an der Onze Lieve Vrouwkerk in Kortrijk belegt. Nach dem Stimmbruch besucht er die Universität von Löwen; 1550 erscheint er als verheirateter Tenor in den Akten der Hofkapelle Karls V. Vier Jahre später ist er schon Kapellmeister in der Kapelle von Erzherzog Maximilian von Österreich, dem späteren Kaiser Maximilian II., für den er Motetten mit heimlichem protestantischem Inhalt komponiert. Maximilian erweist sich als sehr großzügig gegenüber Vaet; seinen Tod betrauert der Kaiser sogar in seinem persönlichen Tagebuch.

Vaet ist zu Lebzeiten ein hoch geschätzter Komponist; er schreibt vor allem Motetten und Messen. Eine Reihe von Kollegen komponieren Elegien auf seinen Tod, darunter Jacobus Regnart und Jacobus Gallus.

JOSEPH WEIGL (1766–1846) ist der Sohn eines Cellisten in der Hofkapelle der Esterházys – und das Patenkind von Joseph Haydn. Als er drei Jahre alt ist, zieht die Familie nach Wien. Als Jugendlicher wird er Schüler von Antonio Salieri. Obwohl er eigentlich Medizin und Jus studiert, „rutscht" er in den Musikbetrieb am Hof. Mit noch nicht einmal 20 Jahren übernimmt er die Einstudierung von Opern in den Hoftheatern, darunter auch Mozarts *Le nozze di Figaro*. Im Januar 1827 wird er Vizehofkapellmeister unter Joseph Eybler. Weigl beendet seinen Dienst 1838, bleibt nominell aber bis zu seinem Tod Vizehofkapellmeister – und bezieht wohl auch das damit verbundene Gehalt.

Marc' Antonio Ziani (1653–1715), der Neffe von Pietro Andrea Ziani, wird als Sänger und Organist am Markusdom ausgebildet; mit 26 schreibt er seine erste große Oper. 1686 wird er Kapellmeister von Herzog Fernando Carlo von Gonzaga-Nevers in Mantua; damit ergibt sich fast automatisch der Kontakt zum Wiener Hof. 1700 wird Ziani Vizehofkapellmeister von Leopold I., 1712 Hofkapellmeister Karls VI. Ziani ist für seine Vokalmusik berühmt; etwa 45 Opern, 16 Oratorien, 15 Messen und mehr als 100 kleinere geistliche Werke sind bekannt.

Literatur (Auswahl)

Antonicek, Theophil, *Die Stände der Wiener Hofmusik-Kapelle von 1867 bis zum Ende der Monarchie*, in: Studien zur Musikwissenschaft, Band 29 (1978), S. 171–195.

Antonicek, Theophil et al. (Hg.), Die Wiener Hofmusikkapelle I. Georg von Slatkonia und die Wiener Hofmusikkapelle. Wien 1999.

Badura-Skoda, Eva, *Schuberts Konviktszeit, seine Schulfreunde und Schulbekanntschaften*, in: Eva Badura-Skoda et al. (Hg.), Schubert und seine Freunde. Wien [u.a.] 1999.

Biba, Otto, *Die Ausbildung der Wiener Hofsängerknaben*, in: Hartmut Krones (Hg.), Alte Musik und Musikpädagogik. Wien-Köln-Weimar 1997, S. 177–184.

Bobeth, Gundela, *Kapellstrukturen bei Habsburger Herrschern des 16. Jahrhunderts: Fragen und Perspektiven*, in: Institutionalisierung als Prozess. Organisationsformen musikalischer Eliten im Europa des 15. und 16. Jahrhunderts, hrsg. v. Birgit Lodes und Laurenz Lütteken, Lilienthal 2009 (= Analecta Musicologica 43), S. 179–196.

Boynton, Susan und Eric Rice (Hg.), Young Choristers 650–1700. Studies in Medieval and Renaissance Music, 7. Woodbridge 2008.

Comberiati, Carmelo Peter, Late Renaissance Music at the Hapsburg Court. New York 1987.

Cuyler, Louise, The Emperor Maximilian I and Music. London 1973.

Deutsch, Otto Erich, Schubert unter den Wiener Sängerknaben nach meist ungedruckten Quellen. Wien 1928.

Deutsch, Otto Erich, *Das k.k. Stadtkonvikt zu Schuberts Zeit nach Akten des Wiener Staatsarchivs*, in: Die Quelle 78/4, Wien 1928, S. 477–490.

Deutsch, Otto Erich, Schubert. Die Dokumente seines Lebens. Erweiterter Nachdruck der zweiten Auflage. Leipzig 1980.

Endler, Franz, Die Wiener Sängerknaben. Salzburg 1974.

Even-Lassmann, Bénédicte, Les musiciens liégeois au service des Habsbourg d'Autriche au XVIème siècle. Tutzing 2006.

Fichtner, Paula Sutter, mit Andrew H. Weaver, *Politics, Religion, and Music at the Early Modern Habsburg Courts*, in: Andrew H. Weaver (Hg.), A Companion to Music at the Habsburg Courts in the Sixteenth and Seventeenth Centuries. Leiden 2021, S. 16–55.

Fritz-Hilscher, Elisabeth Theresia et al. (Hg.), Die Wiener Hofmusikkapelle II. Krisenzeiten der Hofmusikkapellen. Wien 2006.

Gasch, Stefan, *«Hic jacet...Isaci discipulus» – Heinrich Isaac als Lehrer Ludwig Senfls*, in: Ulrich Tadday (Hg.), Heinrich Isaac. Musik-Konzepte Neue Folge 148/149. München 2010, S. 150–169.

Gasch, Stefan, *Capellani, Cantores und Singerknaben – Zur geistlichen Hofmusik der Habsburger im 15. Jahrhundert*, in: Mario Schwarz (Hg.), Die Wiener Hofburg im Mittelalter. Wien 2015, S. 356–371.

Grassl, Markus, *«... Ain Cappellen aufzurichten fürgenommen» – Zu den habsburgischen Hofkapellen im 15. und 16. Jahrhundert*, Österreichische Musikzeitschrift 1/1998, S. 9–16.

Grassl, Markus, *Die Musiker Ferdinands I. – Addenda und Corrigenda zur Kapelle*, in: Wissenschaftliches Jahrbuch der Tiroler Landesmuseen 5 (2012), S. 24–50.

Green, Helen, *Meetings of City and Court: Music and Ceremony in the Imperial Cities of Max-*

262 Literatur (Auswahl)

imilian I, in: Sieglinde Hartmann und Freimut Löser (Hgs.), Kaiser Maximilian I. (1459–1519) und die Hofkultur seiner Zeit. Jahrbuch der Oswald von Wolkenstein-Gesellschaft, Band 17 (2008/2009), S. 261–274.

Grobauer, Franz Josef, Die Nachtigallen aus der Wiener Burgkapelle. Horn 1954.

Grobauer, Franz Josef, Dem Gesang ich dien, meine Stadt heißt Wien. Wiener Sängerknaben 1938–1945. Wien 1999.

Grossegger, Elisabeth, Theater, Feste und Feiern zur Zeit Maria Theresias 1742–1776. Nach Tagebucheinträgen des Fürsten Johann Joseph Khevenhüller-Metsch, Obersthofmeister der Kaiserin. Eine Dokumentation. Österreichische Akademie der Wissenschaften, philosophisch-historische Klasse, Sitzungsberichte, 476. Band. Wien 1987.

Haas, Maximilian, Karrieremöglichkeiten in der Wiener Hofmusikkapelle während der Regentschaft Kaiser Karls VI. (1711–1740). Eine Darstellung anhand der Hofparteienprotokolle. Masterarbeit, Universität Wien 2014.

Helmrath, Johannes, Ursula Kocher und Andrea Sieber (Hg.), Maximilians Welt. Kaiser Maximilian I. im Spannungsfeld zwischen Innovation und Tradition. Göttingen 2018.

Herrmann-Schneider, Hildegard, Status und Funktion des Hofkapellmeisters in Wien (1848–1919). Innsbrucker Beiträge zur Musikwissenschaft, V. Innsbruck 1981.

Hilscher, Elisabeth, Mit Leier und Schwert: die Habsburger und die Musik. Graz [u.a.] 2000.

Hindrichs, Thorsten, *Die Hofkapelle Kaiser Maximilians II. auf dem Reichstag zu Speyer 1570 und während seiner Wahl zum polnischen König in Wien 1576. Zur „musikalischen Propaganda" in der frühen Neuzeit*, in: Mitteilungen der Arbeitsgemeinschaft für mittelrheinische Musikgeschichte 74/75, 2002, S. 191–209.

Hirzel, Bruno, *Dienstinstruktion und Personalstatus der Hofkapelle Ferdinands I. aus dem Jahre 1527*, in: Sammelbände der Internationalen Musikgesellschaft 10, 1908/09, S. 151–158.

Holzer, Rudolf und Josef Schnitt, Die Wiener Sängerknaben. Wien 1953.

Houben, Ferdy, Ton- und Bildträger der Wiener Sängerknaben 1907–2012. Maastricht 2012 (privater Druck).

Kelber, Moritz, Die Musik bei den Augsburger Reichstagen im 16. Jahrhundert. Münchner Veröffentlichungen zur Musikgeschichte, Band 79. München 2018.

Kendrick, Robert L., Passiontide Music Theater in Habsburg Vienna. Oakland, Ca. 2019.

Knaus, Herwig, Die Musiker im Archivbestand des Kaiserlichen Obersthofmeisteramtes (1637–1705) I–III. Graz und Wien 1967–1969.

Knaus, Herwig, Franz Schubert. Vom Vorstadtkind zum Compositeur. Wien 1997.

Koczirz, Adolf, *Exzerpte aus den Hofmusikakten des Wiener Hofkammerarchivs*, in: Studien zur Musikwissenschaft, Heft 1, 1913, S. 278–303.

Koczirz, Adolf, *Die Auflösung der Hofmusikkapelle nach dem Tode Kaiser Maximilians I.*, in: Zeitschrift für Musikwissenschaft XIII, 1930–31, S. 531–540.

Köchel, Ludwig von, Die Pflege der Musik am österreichischen Hofe: vom Schlusse des XV. bis zur Mitte des XVIII. Jahrhunderts. Wien 1866.

Köchel, Ludwig von, Die kaiserliche Hof-Musikkapelle in Wien von 1543 bis 1867 nach urkundlichen Forschungen. Wien 1869.

Körndle, Franz, *So loblich, costlich und herlich, das darvon nit ist ze schreiben. Der Auftritt der Kantorei Maximilians I. bei den Exequien für Philipp den Schönen auf dem Reichstag zu Konstanz*, in: Stefan Gasch und Birgit Lodes (Hg.), Tod in Musik und Kultur: zum 500. Todestag Philipps des Schönen. Tutzing 2007.

Krones, Hartmut, Theophil Antonicek und Elisabeth Theresia Fritz-Hilscher (Hg.), Die Wiener Hofmusikkapelle III. Gibt es einen Stil der Hofmusikkapelle? Wien 2011.

Krones, Hartmut, *Die Hofkapellen Maximilians I. und die Trauermotetten*, in: K. Herbers und N. Jaspert (Hg.), „Das kommt mir spanisch vor" – Eigenes und Fremdes in den deutsch-spanischen Beziehungen des späten Mittelalters (Geschichte und Kultur der iberischen Welt, 1). Münster 2004, S. 359 – 382.

Kubiska-Scharl, Irene und Michael Pölzl, Die Karrieren des Wiener Hofpersonals 1711–1765. Eine Darstellung anhand der Hofkalender und Hofparteienprotokolle.Innsbruck [u.a.] 2013.

Leuchtmann, Horst, *Der Tod des kaiserlichen Kapellmeisters Pieter Maessins*, in: Acta Musicologica 41 (1969), S. 239–240.

Lindell, Robert, *Die Neubesetzung der Hofkapellmeisterstelle in den Jahren 1567–1568: Palestrina oder Monte?* in: Studien zur Musikwissenschaft 36 (1985), S. 35–52.

Lodes, Birgit und Laurenz Lütteken (Hg.), Institutionalisierung als Prozess. Organisationsformen musikalischer Eliten im Europa des 15. und 16. Jahrhunderts. Beiträge des internationalen Arbeitsgespräches im Istituto Svizzero di Roma in Verbindung mit dem Deutschen Historischen Institut in Rom, 9.–11. Dezember 2005 (Analecta Musicologica 43). Laaber 2008.

Maas, Susanne, Chöre im Spielfilm. Eine Untersuchung zur Darstellung von Bildung durch Chorsingen im fiktionalen Film. Berlin [u.a.] 2014.

Mann, Erika, Die Zugvögel. Sängerknaben auf abenteuerlicher Fahrt. Bern-Stuttgart 1959.

McDonald, Grantley, *The Chapel of Maximilian I: Patronage and Mobility in a European Context*, in: Stefan Gasch, Markus Grassl und Valentin August Rabe (Hrsg.), Henricus Isaac (c.1450/5–1517). Composition, Reception, Interpretation. Wien 2019.

Meconi, Honey, *The Court Chapels of the Habsburg-Burgundian Line: From Emperor Maximilian I to Emperor Charles V*, in: Andrew H. Weaver (Hg.), A Companion to Music at the Habsburg Courts in the Sixteenth and Seventeenth Centuries. Leiden 2021, S. 59–95.

Meinert, Hermann, Von Wahl und Krönung der deutschen Kaiser zu Frankfurt am Main. Mit dem Krönungsdiarium des Kaisers Matthias aus dem Jahre 1612. Frankfurt am Main 1956.

Niemöller, Klaus Wolfgang, *Die Musik im Bildungsideal der allgemeinen Pädagogik des 16. Jahrhunderts*, in: Archiv für Musikwissenschaft 17/4, 1960, S. 243–257.

Nowak, Leopold, *Zur Geschichte der Musik am Hofe Kaiser Maximilians I.*, in: Mitteilungen des Vereines für Geschichte der Stadt Wien 12 (1932), S. 71–91.

Paduch, Arno, *Festmusiken zu Frankfurter Kaiserwahlen und Krönungen des 17. und 18. Jahrhunderts*, in: Die Musikforschung 59/3 (2006), S. 211–232.

Pagel, Maria Benediktine, Die kk (kuk) Hofsängerknaben zu Wien 1498–1918. Wien 2009.

Pangerl, Daniel Carlo, *Kaiser Friedrich III. und die Musik: Komponisten, Sänger und Instrumentalisten am spätmittelalterlichen Hof der Habsburger*, in: Mediaevistik 25, 2012, S. 147–160.

Partsch, Erich Wolfgang, *Die Hofmusikkapelle in der zweiten Hälfte des 19. Jahrhunderts*, in: Musica Imperialis. Tutzing 1998, S. 151–170.

Partsch, Erich Wolfgang, *Benedict Randhartinger im Netzwerk musikalischer Institutionen*, in: Andrea Harrandt und Erich Wolfgang Partsch (Hg.), „Die Emporbringung der Musik in allen ihren Zweigen", Musikalische Institutionen im Biedermeier. Tutzing 2014, S. 9–16.

Partsch, Erich Wolfgang, *Benedict Randhartinger in der Wiener Hofmusikkapelle*, in: Andrea Harrandt und Erich Wolfgang Partsch (Hg.), „Die Emporbringung der Musik in allen ihren Zweigen", Musikalische Institutionen im Biedermeier. Tutzing 2014, S. 123–132.

Literatur (Auswahl)

Pass, Walter, Musik und Musiker am Hof Maximilians II. Wiener Veröffentlichungen zur Musikwissenschaft, Band 20. Tutzing 1980.

Paumgartner, Bernhard, Dr. Charles Burney's musikalische Reise durch das alte Österreich (1772). Wien [1948].

Pfohl, Jonas, *The Court Chapels of the Austrian Line (I): From Emperor Ferdinand I to Emperor Matthias*, in: Andrew H. Weaver (Hg.), A Companion to Music at the Habsburg Courts in the Sixteenth and Seventeenth Centuries. Leiden 2021, S. 131–175.

Pietzsch, Gerhard, *Zur Musikkapelle Kaiser Rudolfs II.*, in: Zeitschrift für Musikwissenschaft 16, 1934, S. 171–176.

Pietzsch, Gerhard, *Fürsten und fürstliche Musiker im mittelalterlichen Köln*, in: Beiträge zur rheinischen Musikgeschichte, Heft 66. Köln 1966.

Polk, Keith, *Patronage, Imperial Image, and the Emperor's Musical Retinue: On the Road with Maximilian I.*, in: Walter Salmen (Hg.), Musik und Tanz zur Zeit Kaiser Maximilian I. Bericht über die am 21. und 22. Oktober 1989 in Innsbruck abgehaltene Fachtagung. Innsbruck 1992, S. 79–88.

Polk, Keith, *Musik am Hof Maximilians I.*, in: Kurt Drexel und Monika Fink (Hg.), Musikgeschichte Tirols I, Innsbruck 2001, S. 629–651.

Pons, Rouven, „Wo der gekrönte Löw hat seinen Kayser-Sitz". Herrschaftsrepräsentation am Wiener Kaiserhof zur Zeit Leopolds I. Egelsbach 2001.

Poole, Lucy und Sarah MacDonald, *Voice Change and the Professional Girl Chorister*, in: abcd Choral Research Journal 2, 2021, S. 23–39.

Riedel, Friedrich W., Kirchenmusik am Hofe Karls VI. (1711–1740). München-Salzburg 1977.

Saunders, Steven, Cross, Sword, and Lyre: Sacred Music at the Imperical Court of Ferdinand II of Habsburg (1615–1637). Oxford 1995.

Scheicher, Elisabeth, *Quellen zu den Festen Kaiser Maximilians I.*, in: Walter Salmen (Hg.), Musik und Tanz zur Zeit Kaiser Maximilian I. Bericht über die am 21. und 22. Oktober 1989 in Innsbruck abgehaltene Fachtagung. Innsbruck 1992, S. 9–19.

Schenk, Karlheinz, *Hofmusikkapelle ohne Hof. Die Entwicklung der Institution nach dem Ende der Monarchie 1918*, in: Österreichische Musikzeitschrift 2/1998, S. 27–36.

Schenk, Karlheinz, Die Wiener Hofmusikkapelle (1900–1955). Tutzing 2001.

Scheutz, Martin, *Die Elite der hochadeligen Elite. Sozialgeschichtliche Rahmenbedingungen der obersten Hofämter am Wiener Kaiserhof im 18. Jahrhundert*, in: Gerhard Ammerer, Elisabeth Lobenwein, Martin Scheutz (Hg.), Adel im 18. Jahrhundert. Innsbruck; Wien [u.a.] 2015, S. 141–194.

Schlögl, Friedrich, Franz Wild: Blätter der Erinnerung. Wien 1860.

Schwindt, Nicole (Hg.), Die Rekrutierung musikalischer Eliten. Knabengesang im 15. und 16. Jahrhundert. Jahrbuch für Renaissancemusik 10. Kassel 2013.

Schwindt, Nicole, Maximilians Lieder. Weltliche Musik in deutschen Landen um 1500. Kassel 2018.

Schwindt, Nicole, *Jenseits der Repräsentation. Dimensionen und Funktionen informeller Musik bei Maximilian und in seiner Umgebung*, in: Markus Debertol et al. (Hgs.), «Per tot discrimina rerum» Maximilian I. (1459–1519), Wien; Köln 2022, S. 275–283.

Seifert, Herbert, *Die kaiserliche Hofkapelle im 17.–18. Jahrhundert*, in: Österreichische Musikzeitschrift 2/1998, S. 17–26.

Senn, Walter, Musik und Theater am Hof zu Innsbruck. Geschichte der Hofkapelle vom 15. Jahrhundert bis zu deren Auflösung 1748. Innsbruck 1954.

Senn, Walter, *Maximilian und die Musik*, in: Erich Egg (Hg.), Maximilian I. Ausstellungskatalog. Innsbruck 1969, S. 73–85.

Sieb, Rainer, Der Zugriff der NSDAP auf die Musik. Zum Aufbau von Organisationsstrukturen für die Musikarbeit in den Gliederungen der Partei. Dissertation Universität Osnabrück, 2007.

Silies, Michael, Die Motetten des Philippe de Monte (1521–1603). Abhandlungen zur Musikgeschichte 16. Göttingen 2009.

Silver, Larry, Marketing Maximilian: the Visual Ideology of a Holy Roman Emperor. Princeton 2008.

Smijers, Albert, *Die kaiserliche Hofmusik-Kapelle von 1534–1619*, in: Studien zur Musikwissenschaft (1919), S. 139–186.

Smijers, Albert, *Die kaiserliche Hofmusik-Kapelle von 1534–1619 (II. Teil)*, in: Studien zur Musikwissenschaft (1920), S. 102–142.

Sparber, Margaretha, *Ferdinand Grossmann als Stimmbildner*, in: Österreichische Musikzeitschrift 3–4, 2003, S. 17–20.

Srbik, Robert von, Maximilian I. und Gregor Reisch. Archiv für österreichische Geschichte 122/2. Graz 1961.

Steurer, Richard, Das Repertoire der Wiener Hofmusikkapelle im neunzehnten Jahrhundert. Tutzing 1998.

Strohm, Reinhard, The Rise of European Music, 1380–1500. Cambridge 1993.

Tammen, Björn R., *Die Hand auf der Schulter – ein Topos der spätmittelalterlichen Gesangsikonographie zwischen Gestik, Performanz und Gruppenidentität*, in: Nicole Schwindt (Hg.), Die Rekrutierung musikalischer Eliten. Knabengesang im 15. und 16. Jahrhundert. Jahrbuch für Renaissancemusik 10. Kassel 2013, S. 53–90.

Theuring, Günther, *Ferdinand Grossmann – Dirigent und Chorpädagoge*, in: Österreichische Musikzeitschrift 3–4, 2003, S. 9–16.

Tschmuck, Peter, Die höfische Musikpflege in Tirol im 16. und 17. Jahrhundert. Innsbruck und Wien 2001.

Vergendo, Johann, Die Wiener Sängerknaben 1924–1955. Innsbruck 2004.

Wessely, Othmar, Arnold von Bruck. Leben und Umwelt, mit Beiträgen zur Musikgeschichte des Hofes Ferdinands I. von 1527 bis 1545. [Habilitationsschrift Universität Wien] 1958.

Wessely, Othmar, *Die späten Jahre des Arnold von Bruck*, in: Elisabeth Theresia Hilscher (Hg.), Österreichische Musik – Musik in Österreich. Tutzing 1998, S. 43–50.

Wiesflecker, Hermann, *Kaiser Maximilian I. und seine Hofmusikkapelle*, in: Herwig Ebner et al. (Hg.) Forschungen zur Geschichte des Alpen-Adria-Raumes. Festgabe für em. o. Univ.-Prof. Dr. Othmar Pickl zum 70. Geburtstag. Graz 1997.

Wimmer, Constanze, Die Hofmusikkapelle in Wien unter Leitung von Antonio Salieri von 1788–1824. [Diplomarbeit Universität Wien] 1998.

Wistreich, Richard, *Philippe de Monte: New Autobiographical Documents*, in: Early Music History 25 (2006), S. 257–308.

Wolfsgruber, Cölestin, Die Hofkirche zu St. Augustin in Wien. Augsburg 1888.

Wolfsgruber, Cölestin, Die k.u.k. Hofburgkapelle und die k.u.k. geistliche Hofkapelle. Wien 1905.

Literatur (Auswahl)

Worliczek, Alois, Wir sind keine Lipizzaner geworden. Eine Chronik der Wiener Sängerknaben der Zwischenkriegszeit. Wien 1989.

Wührer, Jakob und Martin Scheutz, Zu Diensten Ihrer Majestät. Hofordnungen und Instruktionsbücher am frühneuzeitlichen Wiener Hof. Wien 2011.

Zur Nedden, Otto, *Zur Geschichte der Musik am Hofe Kaiser Maximilians I.*, in: Zeitschrift für Musikwissenschaft 15 (1932/33), S. 24–32.

online

Coffey, Helen, *Music for a Royal Entry: The Vienna Double Wedding of 1515*, in: *Musikleben des Spätmittelalters in der Region Österreich*, https://musical-life.net/essays/music-royal-entry-vienna-double-wedding-1515_(2016).

Coffey, Helen, *Life as an Emperor's Musician*, https://musical-life.net/kapitel/schlaglicht-life-emperors-musician

Grassl, Markus, *„Kontinuität und Wandel. Die Kapelle Ferdinands I. in den 1520er Jahren"*, in: Musikleben des Spätmittelalters in der Region Österreich, https://musical-life.net/essays/kontinuitaet-und-wandel-die-kapelle-ferdinands-i-den-1520er-jahren (2022).

Kornberger, Monika, Art. „Welleba, Leopold Columban Josef", in: Oesterreichisches Musiklexikon online, Zugriff: 29.1.2021 (https://www.musiklexikon.ac.at/ml/musik_W/Welleba_Leopold.xml)

Abkürzungen

AVA	Österreichisches Staatsarchiv, Allgemeines Verwaltungsarchiv
A-Wn	ÖNB Bibliothekssigel
BM	Bundesministerium
BMfU	Bundesministerium für Unterricht
E	Österreichisches Staatsarchiv, Evidenzbücher
Fl (Rh), fl	Gulden, (rheinische) Gulden
Fol.	Folio, Blatt
HHStA	Österreichisches Staatsarchiv, Haus-, Hof- und Staatsarchiv
HKA	Österreichisches Staatsarchiv, Hofkammerarchiv
HMK	Hofmusikkapelle
HZAR	Österreichisches Staatsarchiv, Hofzahlamtsrechnungen
NöHA	Österreichisches Staatsarchiv, Niederösterreichische Herrschaftsakten
OMeA	Obersthofmeisteramt
ÖNB	Österreichische Nationalbibliothek
r.	recto
RI	Regesta Imperii
WD	Wiener Diarium
v.	verso

Abbildungsnachweis

Abb. 1–10, 12, 16–17, 20–23, 25–31, 34–38, 41–46, 48, 58–60, 74, 80–94, 96–100: Lukas Beck.

Abb. 51, 53, 61, 63–70, 73, 75–79: Archiv der Wiener Sängerknaben.

Abb. 11: Bayerische Staatsbibliothek München, 2 Inc.c.a. 1861.

Abb. 13: Eidgenössische Chronik des Diebold Schilling d.J., Korporation Luzern, S. 23, S. 472.

Abb. 14: Fürstlich und Gräflich Fuggersche Stiftungen, Augsburg.

Abb. 15: Grafische Sammlung Albertina, Wien, Inv.-Nr. DG1949/416.

Abb. 18 und 19: ÖNB, Sammlung alter Handschriften und Drucke, Cod. Min. 77, fol. 11.

Abb. 24: Ullstein Bild, Foto Wolfgang Weber.

Abb. 32 und 33: CC-BY-SA 4.0: Historisches Museum Frankfurt, Dauerleihgabe Städel Museum (N33243).

Abb. 39: Kunsthistorisches Museum Wien, Österreichisches Theatermuseum GS_GFeS3322 (online: https://www.theatermuseum.at/online-sammlung/detail/633837/).

Abb. 40: Kunsthistorisches Museum Wien, Österreichisches Theatermuseum GS_GFeS3339 (online: https://www.theatermuseum.at/online-sammlung/detail/633852/).

Abb. 47: Musiksammlung der ÖNB, F 42 Welleba 331/2.

Abb. 49 und 50: Musiksammlung der ÖNB, Mus HS 3250/I-II.

Abb. 52: Ullstein Bild 00293908.

Abb. 54: Musiksammlung der ÖNB, F 42 Welleba 331/10.

Abb. 55: Musiksammlung der ÖNB, F 42 Welleba 331/5.

Abb. 56: Musiksammlung der ÖNB, F 42 Welleba 331/6.

Abb. 57: Musiksammlung der ÖNB, F 42 Welleba 331/4.

Abb. 62: Ullstein Bild 00293907, Foto: P. Patak.

Abb. 71: Ullstein Bild 00072762, Foto Ruth Wilhelmi.

Abb. 72: Ullstein Bild 01660544, Foto Otfried Schmidt.

Abb. 95: Foto Franzi Kreis.

Die Autorin hat sich bemüht, alle Rechteinhaber ausfindig zu machen. In Fällen, wo dies nicht gelungen ist, bittet der Verlag um Mitteilung.